Das achtzehnte Jahrhundert und Österreich

Jahrbuch der Österreichischen Gesellschaft zur Erforschung des achtzehnten Jahrhunderts

Band 7/8

VWGÖ Wien

Gefördert durch das Bundesministerium für Wissenschaft und Forschung in Wien,
aus Mitteln des Kulturamtes der Stadt Wien,
durch den Verband der wissenschaftlichen Gesellschaften Österreichs (VWGÖ)

Eigentümer und Herausgeber: Österreichische Gesellschaft zur Erforschung des 18. Jahrhunderts
Redaktion: Andrea Seidler, Peter Urbanitsch

CIP-Titelaufnahme der Deutschen Bibliothek

Das achtzehnte Jahrhundert und Österreich:
Jahrbuch der Österreichischen Gesellschaft zur Erforschung des achtzehnten Jahrhunderts / Österreichische Gesellschaft zur Erforschung des 18. Jahrhundert. – Wien: Verb.der Wiss. Ges. Österr. (VWGÖ).
Erscheint jährlich. - Früher verl. von der Österr. Ges. zur Erforschung des 18. Jh., danach im Verl. Böhlau, Wien u.a. – Aufnahme nach Bd.5. 1988/1989 (1991)
Bd.1 (1984) u.d.T.: Das achtzehnte Jahrhundert
Bd.5 1988/89 (1991) –
Verl.-Wechsel

ISBN 3-85369-908-1

Druck: Anton Riegelnik, A-1080 Wien, Piaristengasse 19
Satz: Wolfram Seidler, Wien

Inhalt

Miscellen

Rezensionen

Vorwort

von

GUNNAR HERING

Wie im Vorwort des letzten Bandes angekündigt, erscheint das Jahrbuch erstmals mit einem thematischen Schwerpunkt: Es sind Aspekte der Kommunikation im 18. Jahrhundert, denen die Beiträge gewidmet sind. Der interdisziplinären Zielsetzung der Gesellschaft und ihres Jahrbuches entsprechend sollten Kommunikationsbereiche von unterschiedlichen Fragestellungen und wissenschaftlichen Disziplinen her erschlossen werden. So erstreckt sich die Thematik des vorliegenden Bandes auf den organisierten Postverkehr und auf diplomatische, Handels-, Kavaliers- und "musikalische" Reisen, auf das Buchwesen und die Auseinandersetzung mit der Französischen Revolution in Österreich. Daneben enthält der Band die bereits angekündigten Rezensionen von einigen wichtigen Neuerscheinungen. Zuletzt veröffentlichen wir diesmal eine vollständige Liste der Mitglieder der Gesellschaft.

Das Interesse der Mitglieder am Jahrbuch dokumentierte sich in der stattlichen Anzahl der Manuskripte, die bei der Radktion eingingen. So war es uns möglich, einen Doppelband herauszubringen und damit auch bei der Zählung den Anschluß an das aktuelle Kalenderjahr zu finden.

Im nächsten Band des Jahrbuchs (Bd. 9, 1994) werden vor allem Studien zur *Volksfrömmigkeit im 18. Jahrhundert* veröffentlicht. Obwohl seinem Umfang engere Grenzen gesetzt sind als dem vorliegenden Doppelband und daher bei der Auswahl der Beiträge strenge Maßstäbe anzulegen sind, wird sich die Redaktion bemühen, wiederum eine möglichst große Spannweite der Themen zu wahren und verschiedene Weisen des Zugriffs zur Geltung kommen zu lassen.

Wiederholen möchte ich an dieser Stelle die im Vorwort zum letzten Band geäußerte Bitte des Vorstands und der Redaktion, die Arbeit am Jahrbuch durch Anregungen, Hinweise, Vorschläge und Kritik zu unterstützen.

Wie jedes Jahr haben wir auch heure die angenehme Pflicht, dem Generalsekretär des Verbandes der wissenschaftlichen Gesellschaten Österreichs. Herrn. Dr. Rainer Zitta, für sein Entgegenkommen und seine Hilfsbereitschaft bei der Drucklegung und dem Bundesministerium für Wissenschaft und Forschung für die großzügige Förderung zu danken.

Österreichisch-italienische Postgeschichte im 18. und 19. Jahrhundert

Werkstattbericht

von

BRIGITTE MAZOHL-WALLNIG

I. Zur "Relevanz" des Themas Postgeschichte

Die Geschichtswissenschaft neigt aus nicht ganz einsichtigen Gründen noch stärker als andere Geisteswissenschaften dazu, ihre eigene Legitimation bevorzugt von der "gesellschaftlichen Relevanz" ihrer Fragestellungen her zu begründen.

So sehr man dieser selbstauferlegten Verpflichtung nun generell das Argument entgegenhalten könnte, die meisten wissenschaftlichen Erkenntnisse wären mit dem ängstlichen Blick auf den gesellschaftlichen Bedarf ihrer selbst vermutlich nicht erfolgt, so wenig hat umgekehrt ein Thema wie Postgeschichte, das a priori mit "altmodisch" konnotiert wird wie die Post selbst, die Relevanzforderungen des Aktualitätsdiskurses zu scheuen. Es genügt in diesem Falle ein kleiner sprachlicher Trick: anstelle von "Post" von "Kommunikation" zu sprechen, und "Postgeschichte" durch "Geschichte der Kommunikation" zu ersetzen. So gewendet, wird niemand mehr die historische und zeitgenössische Relevanz des Themas "Kommunikation" in Zweifel ziehen.

Wie unterschiedlich die beiden Begriffe "Post" und "Kommunikation" semantisch und wissenschaftsgeschichtlich besetzt sind, zeigt bereits ein flüchtiger Blick in Bibliothekskataloge. Während sich nur einige wenige ältere (und noch weniger neuere) Publikationen zum Thema "Post" dort finden, zeigt sich umgekehrt eine Flut von mittlerweile kaum noch überschaubaren Publikationen, die dem Stich- bzw. Schlagwort "Kommunikation" gewidmet sind.

Verbunden mit der "Geschichte" allerdings ist das Ergebnis eines solchen Katalogüberblicks bei "Kommunikation" und "Post" hinsichtlich der Dürftigkeit durchaus vergleichbar.

Auch dies wiederum scheint mir in der unterschiedlichen Konnotation der beiden Begriffe begründet zu sein: Kommunikation nimmt für sich in Anspruch, ein *gegenwärtiges* und damit vorrangig aktuelles Thema der Wissenschaft zu sein, dessen *historische* Dimension daher von durchaus zweitrangiger Bedeutung ist.

Post hingegen - so sehr sie in Vergangenheit und Gegenwart entscheidende Voraussetzungen für Kommunikation als deren eigentliches Mittel überhaupt erst geschaffen hat und schafft - ist als selbstverständliche Dienstleistung des täglichen Lebens bisher noch kaum in den Genuß wissenschaftlicher Betrachtung gekommen: Bar jeden Aktualitätsbezugs scheint mit dem Terminus "Post" ohnehin nur die Nostalgie einer längst versunkenen Ära mitzuschwingen.

In beiden Fällen - wenn auch von unterschiedlichen Wertungen her - scheint mir das falsch verstandene Relevanzdiktat einer dringend erforderlichen wissenschaftliche Aufarbeitung von Kommunikations- und Postgeschichte im Wege zu stehen: Im ersten Falle gerät die historische Dimension von Kommunikation gerade *wegen* der ihr zuerkannten Gegenwartsaktualität aus dem Blickfeld, im zweiten Falle läßt der (scheinbare) *Mangel* einer solchen ein historisches Interesse gar nicht erst entstehen.

Tatsächlich aber stellt die Post - im Gegensatz zum nostalgischen Klang ihres Namens - heute in ihrer Funktion als modernes Dienstleistungsunternehmen einen Wirtschaftsfaktor ersten Ranges dar. Mit Betriebseinnahmen von 47.863 Millionen öS. und Ausgaben von 42.159 Millionen öS. erwirtschaftete die Post im Jahr 1990 einen Betriebsüberschuß von 5.703 Millionen öS.; für Investitionen wurden im gleichen Zeitraum 16.970 Millionen öS. eingesetzt.[1]

Die Post verfügt über mehr als 57.000 Beschäftigte (darunter eine einzige promovierte Historikerin, was das mangelnde historische Bewußtsein des Unternehmens doch auch recht deutlich signalisiert)[2]; ihre Organisation umfaßt 2317 Postämter, 5 Rundfunkämter, 6 Fernmeldebetriebsämter und 13 Fernmeldebauämter[3]; sie beförderte im Jahr 1990 allein im Inland 2.903 Millionen Briefe, 445 Millionen Massensendungen, 839 Millionen Zeitungen und 53 Millionen Pakete.[4] Zählt man zu diesen Zahlen noch die 111 Millionen

---

1 Bundesministerium für öffentliche Wirtschaft und Verkehr, Generaldirektion für die Post- und Telegraphenverwaltung (Hg.), Geschäftsbericht 1990, Wien 1991, S.33.

2 ebd., S.107. Die Historikerin Ministerialrätin Dr. Christine Kainz leitet die Abteilung Dokumentation und Information bei der Generaldirektion der Post.

3 ebd., S.6.

4 ebd., S.13.

Fahrgäste hinzu, die auf 659 Inlandlinien der Post befördert wurden, und stellt die 452.489 Gebührenstunden in Rechnung, die von insgesamt 3 Millionen 223.000 privaten Telephonanschlüssen geführt wurden, so zeigt sich die heutige, uns so selbstverständliche, volkswirtschaftliche Bedeutung der Post mit aller Deutlichkeit.[5]

Trotz oder vielleicht gerade wegen dieses ihres gegenwärtigen aktuellen Ranges als unverzichtbarem Wirtschaftsfaktor legt die Post selbst auf ihre historische Identität und daher auf die Aufarbeitung ihrer Geschichte keinen Wert: "Historie riecht", wie es die Leiterin der Abteilung Information und Dokumentation bei der österreichischen Generalpostdirektion, Christine Kainz, treffend zum Ausdruck gebracht hat, "nach Staub, und ein solches Image kann ein modern ausgerichtetes, zukunftsorientiertes Unternehmen... nicht brauchen."[6]

Ein bescheidenes dünnes Bändchen ist anläßlich des fünfhundertjährigen Jubiläums der Post im Jahr 1990 auch von der österreichischen Post herausgebracht worden, treffend mit "Aus Österreichs Postgeschichte" betitelt, denn viel mehr als stimmungsvolle Impressionen ("Streiflichter auf die Vergangenheit", wie Sektionschef Sindelka einleitend feststellte) konnten in diesem Rahmen wohl nicht geboten werden.[7] Sehr viel gewichtiger nimmt sich dagegen ein zwei Jahre zuvor erschienener Bildband aus, der den Titel "Die Post auf dem Weg ins Informationszeitalter" trägt, und der sehr viel wirkungsvoller das "moderne" Marketingverständnis und die Zielrichtung des Unternehmens Post zu verdeutlichen vermag[8]: Was zählt, ist der Blick in die Zukunft, die Vision vom dritten Jahrtausend - der historisch zurückgewandte Scheinwerfer, der die eigene (bedeutsame) Vergangenheit ins Licht rücken könnte, ist innerhalb dieses Selbstverständnisses nicht gefragt.

Seit Jahren gibt es auch in Österreich Versuche, eine - der deutschen vergleichbare - Gesellschaft für Postgeschichte ins Leben zu rufen, welche die wissenschaftliche Aufarbeitung der österreichischen Postgeschichte institutionell und mittels eigener Publikationsorgane koordinieren und betreuen könnte, doch bis heute war die österreichische Post nicht bereit, für eine ernsthafte wissenschaftliche Aufarbeitung ihrer Geschichte in ausreichendem Maße Gelder zur Verfügung zu stellen.

So sehr also die Relevanzfrage allein mit dem Hinweis auf die gegenwärtige Bedeutung des Unternehmens Post gerechtfertigt wäre, da die Kennt-

5 ebd., S.15-17.

6 Informationsschreiben von Christine Kainz an Brigitte Mazohl-Wallnig, 15./16. Juli 1991, Privatarchiv Mazohl-Wallnig.

7 500 Jahre europäische Postverbindungen. Aus Österreichs Postgeschichte. Ein Kaleidoskop, Wien 1990, S.3.

8 Generaldirektion für die Post- und Telegraphenverwaltung (Hg.), Die Post auf dem Weg ins Informationszeitalter, Wien 1988.

nis von dessen Geschichte wohl um nichts weniger "gesamtgesellschaftlich" aufschlußreich ist als die Geschichte von Parlament, Zentralstaat und politischen Parteien, so sehr reicht die eigentliche Bedeutung des Themas über die rein "institutionengeschichtliche" Dimenson der Organisation Post hinaus.

Erneut muß in diesem Zusammenhang das Augenmerk auf das Stichwort "Kommunikation" gelenkt werden. Post und Kommunikation sind zwar fraglos nicht als Synoyme anzusehen, dennoch aber gilt es zu bedenken, daß bis zur Durchsetzung der Eisenbahnen, dem Telegraph und später dem Telephon, die Post das einzige regelmäßig organisierte und allgemein zugängliche *Mittel* der Kommunikation gewesen ist.

Und auch über den Zeitpunkt der "technischen Revolution" hinaus, d.h. bis weit ins 19. Jahrhundert hinein, muß von einer geradezu notwendigen Koexistenz von Post und Eisenbahnen ausgegangen werden, da die Teilstrecken der Eisenbahn nur durch die verbindende "Zulieferung" durch die Post überhaupt funktionsfähig waren, und die Bahn vor allem auf die postalische Erschließung der Peripherie angewiesen war.[9]

Sehr anschaulich läßt sich diese Unverzichtbarkeit der postalischen Infrastruktur aus einem Vergleich der beiden beigefügten Karten Italiens zeigen (s. Abb. 1 und 2), auf denen einerseits das dichte Straßennetz Anfang der Vierziger Jahre des 19. Jahrhunderts, andererseits die wenigen, nicht miteinander verbundenen Eisenbahnkilometer - nur wenige Jahre später - erkennbar sind: Wieviele und welche Personen und Güter hätten die Eisenbahnen ohne die Verbindung durch die Straße, d.h. durch die Post, in dieser Zeit befördern können?[10]

Es ist in diesem Zusammenhang überhaupt eine merkwürdige und im Grunde nicht reflektierte historiographische Privilegierung des Phänomens Technik (und das heißt auch der Techniken von Kommunikation), dieses erst ab jenem "spektakulären" industrialisierten Standard an zu beobachten, der jene breite mediale Rezeption und damit die Öffentlichkeitswirksamkeit seiner selbst erst ermöglicht hat. Auf diese Weise stellen in unserem Geschichtsbewußtsein Eisenbahnen und Telegraph zwar die allseits wahrgenommenen "großartigen technische Neuerungen" des 19. Jahrhunderts dar, während (im historiographischen Diskurs) in der Zeit "vorher" die Menschen zwar selbstverständlich ebenfalls "reisen", von einem Ort zum anderen gelangen, sich "Briefe schreiben", diese Tätigkeiten aber nur lakonisch festgestellt werden und als wissenschaftliche Fragestellung sui generis schlicht ausgeklammert

---

9 Einen detailreichen Überblick über die finanziellen und organisatorischen Probleme zwischen Post und Eisenbahn in den von der Taxispost dominierten deutschen Territorien gibt der Band von Klaus HERRMANN, Thurn- und Taxis-Post und die Eisenbahnen. Vom Aufkommen der Eisenbahnen bis zur Aufhebung der Thurn- und Taxis-Post im Jahre 1867, Kallmünz 1981.

10 John DAY, Strade e vie di communicazione, in: Storia d' Italia. Vol 5. Tomo 1, Turin 1973, S.89-120, Abb. 1: Fig. 3: Le strade di posta nel 1841, Abb. 2: Fig.4: Le ferrovie nel 1848.

Le strade di posta nel 1841.

Abb.1

Le ferrovie nel 1848.

Abb.2

bleiben. Das "Zeitalter der technischen und industriellen Revolution" beginnt mit Dampfmaschine und Eisenbahn, die organisatorischen *und* technischen Innovationen der *vor*industriellen Kommunikation (die "Erfindung" des Fahrplans, die Modernisierung von Straßen- und Kutschenbau) bleiben außerhalb unserer historischen Wahrnehmung.

Auf diese Weise stellt sich die Frage nach der Geschichte der Post als längst fälliger und notwendiger Versuch dar, jenes entscheidende (und bis ins 19. Jahrhundert hinein *einzige*) Instrument von Kommunikation aus dem Dunkel populärer Alltagsklischees herauszuheben und einer ernsthaften wissenschaftlichen Untersuchung zuzuführen.

II. Forschungslage

Daß dies bisher noch nicht geschehen ist, mag zum Teil daran liegen, daß sich für ein Thema wie "Post" trotz oder vielleicht gerade wegen seiner eminent integrativen Struktur (die Kontrolle und Organisation von Kommunikation umfaßt notwendigerweise politische, ökonomische, technische, gesellschaftliche Aspekte in ihrer Wechselwirkung) keine "Spezialdisziplin" verantwortlich fühlt; möglicherweise prägt die unausgesprochene Selbstverständlichkeit, mit der die Geschichtswissenschaft ihre historischen Persönlichkeiten und Gruppen miteinander kommunizieren und zusammenkommen läßt, unsere historische Perspektive bis heute.

Tatsächlich hat sich bislang in Österreich, von wenigen Ausnahmen abgesehen, dem Thema "Post" vor allem die Leidenschaft von Philatelisten, Brief- und Briefmarkensammlern, d.h. von Hobbyhistorikern zugewendet. Symptomatisch für diesen Tatbestand ist das seit 1978 in Tribuswinkel erscheinende "Jahrbuch für Postgeschichte und Philatelie", dessen durchaus informative Beiträge (unter Verzicht auf jede Form von wissenschaftlichem Anmerkungsapparat) ganz offensichtlich vorrangig an ein philatelistisch interessiertes und nicht an ein wissenschaftliches Publikum gerichtet sind.[11]

Auch die von der Generaldirektion der Post selbst herausgegebene, monatlich erscheinende "Postrundschau" dient in erster Linie "der Information ... insbesondere der Bediensteten der PTV über historische, aktuelle und geplante Belange aller Betriebssparten" und ist von ihrer Zielsetzung her wohl "um die Weiterbildung" ihrer Mitglieder bemüht, ohne dabei allerdings ein wissenschaftliches Forum für Postgeschichtsforschung sein zu wollen.[12]

---

11 Rüdiger WURTH (Hg.), Österreichisches Jahrbuch für Postgeschichte und Philatelie, Tribuswinkel 1978 ff.

12 Postrundschau 3 (1985), S.55.

Diese österreichische Situation ist umso bedauerlicher, wenn man sie mit der Lage in der Bundesrepublik Deutschland vergleicht, wo einerseits die vom Bundesministerium für Post- und Fernmeldewesen herausgegebene Zeitschrift "Archiv für das Post- und Fernmeldewesen" seit mehr als 40 Jahren ein bedeutendes wissenschaftliches Publikationsorgan darstellt[13], andererseits die schon erwähnte Gesellschaft für deutsche Postgeschichte mit ihrem "Archiv für deutsche Postgeschichte" eine weitere renommierte posthistorische Zeitschrift der wissenschaftlichen Öffentlichkeit zur Verfügung stellt, die nicht unwesentlich zum Aufschwung der deutschen Postgeschichtsforschung beigetragen hat[14], von den regionalgeschichtlichen posthistorischen Blättern in den einzelnen deutschen Ländern ganz zu schweigen.[15]

Die Tatsache, daß eine der führenden deutschen Zeitschriften, die Historische Zeitschrift nämlich, vor kurzem in einem ausführlichen Literaturbericht über eine Reihe von Neuerscheinungen zur Post- und Kommunikationsgeschichte berichtet hat, scheint mir überdies ein recht deutliches Indiz für das wachsende wissenschaftliche Interesse an Fragen der Post- und Kommunikationsgeschichte in der Bundesrepublik zu sein.[16]

Der vor kurzem erschienene Sammelband "Reisekultur", der dem Reisen als multikulturellem Akt ebenso wie als multidisziplinären wissenschaftlichem Thema (diesbezüglich der Post vergleichbar) gewidmet ist[17], ließe sich hier als Exempel ebenso anführen wie Klaus Beyrers "Postkutschenreise", ein Buch, das, bereits 1985 erschienen, ein frühes und faszinierendes Beispiel für die Untrennbarkeit von Technik- bzw. Wirtschaftsgeschichte und Mentalitätsgeschichte im Zusammenhang mit Postgeschichte darstellt.[18]

Seit den späten siebziger Jahren wurde in der Bundesrepublik darüber hinaus eine umfassende Quellenedition aus den Beständen des Thurn- und Taxisarchivs in Regensburg in drei Bänden erarbeitet, eine Forschungsaufgabe, von der die Möglichkeiten und Ressourcen der österreichischen Postge-

---

13 Archiv für das Post- und Fernmeldewesen. Zeitschrift für Rechts-, Verwaltungs- und Verkehrswissenschaft der Deutschen Bundespost, 1948 ff.

14 Archiv für deutsche Postgeschichte, 1953 ff.

15 Vgl. etwa das von der Gesellschaft zur Erforschung der Postgeschichte in Bayern herausgegebene "Archiv für Postgeschichte in Bayern".

16 Vgl. Heinz-Dieter HEIMANN, Neue Perspektiven für die Geschichte der Post. Zur Methode der Postgeschichte und ihrem operativen Verhältnis zur allgemeinen Geschichtswissenschaft in Verbindung mit einem Literaturbericht zum Postjubiläum 1490-1990, in: HZ 253 (1991), S.661-674. Es werden in diesem Beitrag nicht nur die wichtigsten Neuerscheinungen vorgestellt, sondern es wird auch sehr gründlich über die Entstehungsgeschichte, bzw. die Defizite von Postgeschichtsforschung nachgedacht.

17 Hermann BAUSINGER, Klaus BEYRER, Gottfried KORFF (Hg.): Reisekultur. Von der Pilgerfahrt zum modernen Tourismus, München 1991.

18 Klaus BEYRER, Die Postkutschenreise, Tübingen 1985.

schichtsforschung, soferne von einer solchen überhaupt die Rede sein kann, noch sehr weit entfernt sind.[19]

Die historischen Anfänge der Postgeschichtsforschung freilich waren auch in Österreich vielversprechend gewesen, wenngleich heute der politische Kontext dieser Anfänge kritisch mitreflektiert werden muß. Das aus dem nationalsozialistischen Deutschland importierte Interesse für Kommunikationsfragen hatte in den vierziger Jahren auch in Österreich Fuß gefaßt: Auf Initiative des Historikers Wilhem Bauer war im Jahr 1943 ein "Institut für Geschichte des Postwesens" begründet worden und der ehemalige Postrat Erhard Riedel hatte dessen wissenschaftliche Leitung übernommen. Als wissenschaftliches Institut der Universität Wien zugeordnet und institutionell dem Reichspostministerium unterstellt, stand dieser posthistorischen Forschungseinrichtung für ihre wissenschaftlichen Aktivitäten allerdings nur eine kurze Zeitspanne zur Verfügung. Das Institut wurde 1945 - auf Grund der nationalsozialistischen Parteimitgliedschaft Erhard Riedels seit dem Jahr 1935 - aufgelöst und nicht wieder errichtet.[20]

Dennoch darf die Bedeutung dieses posthistorischen Forschungsinstituts trotz seiner kurzen Dauer nicht unterschätzt werden. Erhard Riedel, welcher im übrigen - neben den Arbeiten von Frau Kainz - eine der wenigen fundierten historischen Arbeiten zur österreichischen Postgeschichte verfaßt hat[21], gelang es mit der Hilfe von zwei Mitarbeitern in kurzer Zeit, die bedeutenden posthistorischen Archivbestände des Wiener Hofkammerarchivs zu inventarisieren: In 21 Bänden, ergänzt durch vier Registerbände (Orts-, Sach-, Namensregister) wurden auf diese Weise die Materialien des Bestandes "Camerale: Postwesen", die neuere Zeit (1762-1820) betreffend, für die weitere Bearbeitung zugänglich gemacht; weitere vier Inventarbände wurden für die sogenannten "Paar-Akten" erstellt (die Familie Paar, Oberstpostmeister der österreichischen Erbländer seit der ersten Hälfte des 16. Jahrhunderts, stellten gewissermaßen die "österreichische" Konkurrenz der "Reichspostmeister" Thurn und Taxis dar); drei weitere Registerbände erschließen die Materialien zur Geschichte der Post von 1764, die sogenannten "Alte(n) Postakten".[22]

---

19 Vgl. Martin DALLMEIER (Hg.), Quellen zur Geschichte des europäischen Postwesens 1501-1806, Kallmünz 1977-1987.

20 Vgl. zur Geschichte dieses Postinstituts Edith SAURER, Institutsneugründungen 1938-1945, in: Gernot HEIß u.a. (Hg.), Willfährige Wissenschaft. Die Universität Wien 1938-1945, Wien 1988, S.320 ff.
Archivalische Akten zur Institutsgründung befinden sich in der Bibliothek des Archivs der Reichspostdirektion, Dok. 141 I.

21 Erhard RIEDEL, Österreichische Postgeschichte, Wien 1957. Christine Kainz publiziert im Jahrbuch für Postgeschichte und Philatelie und zeichnet für alle historischen Beiträge in der Gedenkschrift 500 Jahre europäische Postverbindungen (wie Anm. 7) verantwortlich.

22 Vgl. die diesbezüglichen Inventar- und Registerbände im Hofkammerarchiv in Wien.

Angesichts einer durch derartige Vorarbeiten außerordentlich erleichterten Bearbeitungssituation ist es umso unverständlicher, wenn ein so reichhaltiges Quellenmaterial bis zum heutigen Tage noch keine systematische Auswertung erfahren hat, obwohl es - weit über die heutigen Grenzen Österreichs hinaus - für die Postgeschichte nicht nur Mittel- und Westeuropas, sondern auch des Südostens (Konstantinopel) von größter Bedeutung ist.

Von besonderem Interesse ist dieses Quellenmaterial - durch die gemeinsame Geschichte erklärlich - naturgemäß für die postalischen Beziehungen zwischen "Italien" und "Österreich", ganz besonders im 18. und frühen 19. Jahrhundert: Der Postverkehr und seine Organisation zwischen Wien und Mailand, Venedig, Florenz, Rom, Neapel sind in den Wiener Beständen in unerwarteter Dichte dokumentiert, was eine wesentliche Ergänzung zu den ebenfalls in reichem Maße vorhandenen posthistorischen Quellen in den entsprechenden italienischen Archiven darstellt.

In Italien ist man diesbezüglich freilich - ähnlich wie in der Bundesrepublik - auch schon um einiges weiter: Es gibt nicht nur ein "Istituto di studi storici postali" in Prato, in welchem unter der Leitung von Aldo Cecchi das berühmte Archivio Datini betreut und bearbeitet wird, und wo auch regelmäßig Seminare zu Postgeschichte abgehalten werden,[23] es haben sich darüber hinaus eine Reihe von prominenten Historikern und Wirtschaftshistorikern wie Bruno Caizzi, Giulio Guderzo, Clemente Fedele, Silvio Furlani posthistorischen Themen zugewendet, und diese damit in den Rang ernsthafter wissenschaftlicher Fragestellungen erhoben.[24] Und auch der oben bereits erwähnte Band der "Storia d' Italia. Einaudi", welcher dem Thema Verkehr breiten Raum gibt, zeigt eine sehr viel größere Sensibilität gegenüber post- und verkehrsgeschichtliche Fragen südlich der Alpen auch im allgemeinen historischen Bewußtsein an.[25]

Angesichts dieser Situation nimmt es nicht wunder, daß anläßlich der Fünfhundertjahrfeiern der europäischen Post die österreichische Generalpost-

---

23 An zweien dieser Seminare (Juni 1988 in Bologna, September 1991 in Ravenna), die allerdings auch von philatelischen Vereinen mitgetragen und -finanziert wurden, habe ich über den Stand der Postgeschichtsforschung in Österreich (!) referiert, in Ravenna stand darüber hinaus auch ein Referat über "Austria e poste veneziane" am Programm. Bisher publiziert ist der in Bologna gehaltene Vortrag, vgl. Tavola rotonda: La storia postale, importante componente negli insegnamenti storici. Brigitte MAZOHL-WALLNIG, in: Memorie dell'Accademia italiana di studi filatelici e numismatici IV/1 (1989), S. 74-77. Das Institut gibt überdies eine Zeitschrift, die "Quaderni di storia postale", heraus.

24 Vgl. etwa Bruno CAIZZI, Il ducato di Mantova, cuore della Padania. Poste e comunicazioni prima della rivoluzione, in: Società e storia 37 (1987), S.563-580; Giulio GUDERZO, Le vie di communicazione. Milano si apre all' Europa, in: Il tramonto di un regno. Il Lombardo-Veneto dalla restaurazione al risorgimento (1814-1859), Milano 1988, S.237-278; Clemente FEDELE, Gli storici e la storia postale in Italia, in: Cursores 9 (1982), S.33-36; Silvio FURLANI, La politica postale di Metternich e l' Italia, in: Quaderni di storia postale 8 (1987), S.7-103.

25 Storia d' Italia. Einaudi. Vol. 5: I Documenti, Torino 1973.

direktion sich die Regie von den deutschen und belgischen Postdirektionen völlig aus der Hand nehmen ließ. Und dies, obwohl der erste historisch dokumentierte Postkurs nachweislich zwischen *Innsbruck* und Mecheln (in Belgien) geführt wurde: Anläßlich der offiziellen Feiern und Repräsentationen in den Medien war - neben den Generalpostdirektoren der anderen europäischen Länder - Österreich ausschließlich in der Person von Frau Ministerialrätin Kainz vertreten, der es nicht gelungen war, den österreichischen Verantwortlichen klar zu machen, daß eigentlich *Österreich* zu feiern hätte und nicht die deutsche Bundespost...[26]

III. Forschungsziele - Problemstellung

Bei dem hier und heute zu präsentierenden Forschungsvorhaben einer "österreichisch-italienischen Postgeschichte des 18. und 19. Jahrhunderts" geht es um nichts weniger als um die wissenschaftliche Erfassung und Aufarbeitung der *organisierten verkehrstechnischen Infrastruktur als Voraussetzung für die Kommunikation* zwischen "Österreich" und "Italien" in der vorindustriellen Ära, also *vor* den Eisenbahnen und den anderen technischen Neuerungen des späteren 19. Jahrhunderts.

1. Die *zeitliche* Dimension ist also, jedenfalls was den terminus ad quem betrifft, auf diese Weise recht eindeutig definiert und erstreckt sich bis etwa zur Mitte des 19. Jahrhunderts. Schwieriger ist es, den terminus ab quo genauer zu bestimmen: Denn tatsächlich reichen die entsprechenden organisierten Verbindungen häufig ins 16. Jahrhunderts zurück. Dennoch soll der Schwerpunkt, insbesondere hinsichtlich der archivalischen Quellen, auf dem 18. Jahrhundert und der ersten Hälfte des 19. Jahrhunderts liegen, jenem Zeitpunkt also, da sich nahezu überall die *staatliche* Organisation der Postverbindungen durchgesetzt hat, und da jener entscheidende qualitative Sprung - auf Grund der quantitativen Veränderungen - einsetzt, den ich als *Demokratisierung* der Kommunikation bezeichnen möchte. Denn es ist dieser Prozeß der Demokratisierung von Kommunikation, in welchem ich mit eine der wesentlichsten und entscheidendsten Ursachen und Folgeerscheinungen des allgemeinen Demokratisierungsprozesses sehe.

Dies soll gleich vorweg als eine der leitenden Arbeitshypothesen formuliert werden: Wenn man von der "Verbreitung demokratischer Vorstellungen" oder von der "Verbreitung der Ideen der französischen Revolution" spricht, welche eine neue Ära in der europäischen Geschichte eingeleitet haben - so liegt meine Betonung auf der *Verbreitung* und nicht auf den Vorstellungen

---

[26] Christine Kainz an Brigitte Mazohl-Wallnig, Informationsschreiben vom 15./16. Juli 1991, Privatarchiv Mazohl-Wallnig.

und Ideen. Denn nicht zuletzt die *materielle* Möglichkeit der "Verbreitung" hat das Kursieren der Ideen, damit aber auch die durch sie geforderten politischen und sozialen Veränderungen erst möglich gemacht.

2. In *geographischer* Hinsicht ist eine präzise Abgrenzung der "österreichischen" bzw. "italienischen" Territorien ebenfalls nicht so einfach. "Österreich" kann im Kontext von Postgeschichte nicht nur als das spätere Kaisertum Österreich allein betrachtet werden, mit "Österreich" ist, jedenfalls bis zum Jahre 1806, posthistorisch gesehen, immer auch das "Heilige Römische Reich" mitzudenken, sodaß mit der Frage der österreichischen Post immer auch die Thurn und Taxissche Reichspost aufs engste verwoben und verzahnt ist. Mit dieser hinwiederum war - seit den Zeiten Karls V. - Spanien und die spanische Post verbunden, da von Spanien aus bis ins 17. Jahrhundert hinein die Reichspost finanziert worden war, wobei für den italienischen Aspekt die Verbindung mit Spanien vor allem für die Entwicklung der Mailänder Post von Bedeutung gewesen ist.[27]

"Italien" umgekehrt bedeutet innerhalb des zu untersuchenden Zeitraums viererlei verschiedene Regierungssysteme: die Republik Venedig, das Großherzogtum Toskana, das Herzogtum Mailand, (Anfang des 18. Jahrhunderts überdies noch das Herzogtum Mantua), ab 1815 schließlich das Königreich Lombardo-Venetien. Wobei zusätzlich die Päpstliche Post, die Post der kleineren Herzogtümer und die des Königreich beider Sizilien zumindest von der Literatur her mit in Betracht zu ziehen sein werden, wenngleich der Schwerpunkt, was die Archivmaterialien betrifft, bisher vor allem Venedig, Florenz und Wien gewesen sind, und die Bestände von Mailand in einem nächsten Schritt erhoben werden sollen.[28] Ähnlich wie in Wien liegt auch in den italienischen Archiven ein Großteil einer umfassenden posthistorischen Quellendokumentation noch weitgehend unbearbeitet brach: Besonders in Florenz begegnete man - trotz der Nähe zu Prato - meinem ausgeprägten Interesse an diesen Materialien mit einer Mischung von distanziertem Erstaunen und geschmeichelter Anteilnahme; in Venedig hingegen war man offensichtlich an Forscher mit exotischen Wünschen dieser Art schon besser vorbereitet, was wohl mit der außerordentlichen Bedeutung der venezianischen Post von den Anfängen eines organisierten Postwesens an erklärbar ist.

---

27 Vgl. Wolfgang BEHRINGER, Thurn und Taxis. Die Geschichte ihrer Post und ihrer Unternehmen, München, Zürich 1990, S.34-62.

28 Reiches Material zur Postgeschichte befindet sich in den Archiven von Venedig und Florenz; in Venedig (Archivio di stato) gibt es einen eigenen Bestand der "Compagnia dei Corrieri", der die Dokumentation der Postgeschichte der Republik enthält, sowie für die österreichische Zeit eigene Sektionen "Poste" innerhalb der Bestände "Governo". In Florenz (Archivio di stato) dokumentiert der Bestand "Direzione delle Poste" das 18. Jahrhundert, der Bestand "Poste" das 19. Jahrhundert bis zum Ende der österreichischen Ära.

Das eigentliche Problem jeder genaueren geographischen Bestimmung und damit auch jeder politischen Zuordnung der Post liegt nun freilich darin, daß sie als Organisationsstruktur per definitionem übergreifend im geographischen ebenso wie im politischen Sinne war und jeweils in das Territorium - ebenso wie in das Hoheitsgebiet - der "anderen" hineingereicht hat, ja hineinreichen mußte.

Eine weitere Schwierigkeit sowohl zeitlicher wie territorialer Art besteht darin, daß zwischen dem Ende des 18. und dem Beginn des 19. Jahrhunderts jeweils zeitlich unterschiedliche "französische Epochen" liegen, in denen die verschiedenen Postsysteme "französisiert" wurden, was *nach* der französischen Periode entweder die Beibehaltung des französischen Systems (Lombardei), oder aber die Rückkehr zum alten System (Toskana) bedeuten konnte. Und eine zusätzliche Komplikation bedeutet natürlich die Situation in Venedig, wo mit dem Ende der staatlichen Selbständigkeit der Republik überhaupt das Ende eines ehemals "souveränen" Postsystems verbunden war.

3. Die *thematisch - inhaltliche* Fragestellung ist zunächst und scheinbar einfacher zu umreißen:

- Ein *erstes* und entscheidendes Untersuchungsfeld bildet die Frage der *institutionellen Organisation* der Post selbst.

Auch hier aber mischen sich bei genauerer Betrachtung sogleich *rechtliche* und *ökonomische* Aspekte, läßt sich doch - als generalisierbarer Entwicklungsgang - in der Ausbildung eines modernen verstaatlichten Postsystems folgender Weg nahezu überall nachzeichnen: Es werden Privatleute seitens der "staatlichen" Obrigkeit dafür bezahlt, daß sie ein Staffettensystem einrichten und erhalten; meist sind diese Zahlungen mit Schulden verbunden, weil die Zahlungsfähigkeit seitens der Obrigkeit nicht gegeben ist. Als Kompensation werden Titel und Privilegien verliehen, oder es wird in Naturalien bezahlt. Um sich wirtschaftlich über Wasser halten zu können, bieten die Unternehmer ihre Dienstleistung zunehmend "Privatleuten" an, das Geschäft wird auf diese Weise noch einträglicher, die Unternehmer versuchen, ihre Gestion als Monopol (im Reich und in Österreich als erbliches Lehen) zu erhalten, was gegen Abgabe einer fixen Summe gelingt. Es dreht sich an diesem Punkt nun allerdings das Verhältnis um: Die Postunternehmer zahlen nun dafür, daß sie ihre Gestion unterhalten dürfen. Als letzter Schritt wird seitens der Obrigkeit erkannt, oder besser, durch die von ihr beauftragten Juristen in einer Fülle von Traktaten nachgewiesen, daß das Recht dieser Gestion ausschließlich ihr zustehe, so daß - vor allem in dem uns interessierenden Zeitraum - das Verhältnis sich wiederum umkehrt und nun seitens des Staates versucht wird, die Organisation der Post als *staatliches* Monopol nicht nur zu definieren, sondern auch zu betreiben, die Unternehmer zu seinen Beamten zu machen, die Einnahmen zu kassieren und die "Beamten" dafür mit einem staatlichen Gehalt zu bezahlen.

Dieser Prozeß spielt sich nun in den unterschiedlichen Zeiträumen in unterschiedlicher Konsequenz und Geschwindigkeit ab: Die "Reichspost" der Thurn und Taxis etwa hat sich über das "Reich" hinaus gehalten, und wurde erst im Jahr 1867 von Preußen "abgelöst"[29], die "Inkamerierung" der erbländisch-österreichischen Post erfolgte 1722 gegen hohe Abfertigungssummen gegenüber den Generalerblandpostmeistern Paar[30]; demgegenüber gelang in der Republik Venedig bis zum Ende der Republik die vollständige Verstaatlichung nicht: Dort war zunächst der gesamte bzw. nach der Reform von 1754 nur mehr der auswärtige Postverkehr in den Händen der sogenannten "Compagnia dei Corrieri", die seit dem Jahre 1305 ihre eigenen Statuten und das Monopol für die venezianische Post fest in ihrer Hand hatte. Und erst im Jahre 1824 wurde in Venetien, als es bereits Teil des (österreichischen) lombardo-venetianischen Königreiches war, die Post ebenso verstaatlicht, wie sie es in Mailand durch die entsprechende Übertragung der österreichischen Postordnungen auf die "Lombardia austriaca" bereits im 18. Jahrhundert gewesen war.[31]

Die postalischen Verhältnisse, welche die österreichische Verwaltung in Venedig, zunächst anläßlich der "prima dominazione" im Jahre 1797, aber auch noch 1815 vorfand, bieten überhaupt ein besonders anschauliches Exempel für die Vielschichtigkeit der "vorstaatlichen" Organisationsformen im Sinne eines "politischen" ebenso wie "geographischen" Übergreifens in "fremdes" Territorium und Hoheitsgebiet hinein - jenseits aller späterer "nationalstaatlicher" Grenzen. Sahen sich doch die neuen österreichischen Machthaber neben der "nationalen" (d.h. "inneren") Post der "Compagnia dei Corrieri" im Rahmen der "äußeren" verschiedenen Postorganisationen (der

---

29 Zur Reichspost vgl. neben BEHRINGER, Thurn und Taxis, noch Wolfgang LOTZ (Hg.), Deutsche Postgeschichte, Berlin 1989; als älteres, aber immer noch nützliches Standardwerk vgl. Heinrich VON STEPHAN, Geschichte der preußischen Post bis 1858. Neubearbeitet und fortgeführt bis 1868 von K. Sautter, Berlin 1928.

30 Rüdiger WURTH, Der Brief in Vergangenheit und Gegenwart, in: Österreichisches Jahrbuch für Postgeschichte und Philatelie 1 (1978), S. 48 ff., wo das Postpatent Karls VI. aus dem Jahr 1722 abgedruckt ist.

31 Zur Post in Venedig vgl. Stato di poste nello stato Veneto, in: Venedig, Archivio di Stato, Governo 1a dominazione, Karton 72; Poste in Venezia e Stato Veneto (ex 1806), in Haus-Hof- und Staatsarchiv Wien, Staatskanzlei Provinzen: Lombardo-Venetien, Karton 30 (neu); das Statutenbuch der Compagnia dei Corrieri (Mariegola dei Corrieri della Repubblica di Venezia) befindet sich im Museo Correr (MSS.IV. Nr. 134) und in Kopie im Archivio di stato (Compagnia dei Corrieri); eine umfassende, wenn auch leider bereits 1959 erschienene Bibliographie zur Literatur über die italienische Postgeschichte, die vor allem auch gedruckte Quellen verzeichnet, stellt die Zusammenfassung von Luigi PILONI, Bibliografia della posta e filatelia italiane, Firenze 1959, dar; als älteres Standardwerk vgl. Enrico MELILLO: Poste e telegrafi negli antichi stati italiani, 3 Bde., Rom 1910-1911.

"Posta di Firenze", der "Posta di Roma" etc.) nun ihrerseits mit einer Reichspost (der "Posta di Fiandra") ebenso wie mit einer erbländisch österreichischen Post (der "Posta di Vienna") konfroniert, die in ökonomischer und rechtlicher Hinsicht voneinander völlig unabhängige Institutionen darstellten: Die "Posta di Fiandra"[32], die kaiserliche Reichspost, von Ruggiero Taxis (Tassis) im Jahre 1541 unter Karl V. eingerichtet, führte von Venedig über die Valsugana (Primolano - Bassano) nach Trient, um sich dort an den Reichshauptkurs (Innsbruck - Augsburg - Brüssel) anzuschließen, die "Posta di Vienna"[33] hingegen, die erbländisch-österreichische Post also, 1584 auf Initiative von Erzherzog Karl von der Steiermark durch die Postmeister Paar angelegt, führte demgegenüber von Venedig über Treviso - Palma, dann durch die Steiermark direkt nach Wien.[34] Es läßt sich angesichts dieser Situation ermessen, welche Schwierigkeiten die "Verstaatlichung" und Vereinheitlichung des Postwesens mit sich bringen mußte, und welche Finanzmittel aufgewendet werden mußten, um den "privaten" und "halbprivaten" Postinhabern bzw. Lehensträgern diese ihre "öffentlichen" Rechte abzulösen. Dem letzten Lehensinhaber der flandrischen Reichspost, Graf Colloredo, wurde beispielsweise sein Postlehen im Jahre 1804 um 10.000 Gulden abgekauft.[35]

Es geht also - auf dieser Ebene der Fragestellung - um die Parallelität zwischen den steigenden Einkünften durch die postalische Organisation einerseits und die Entwicklung der juristischen Konzeption des Postregals im Sinne des modernen Staates andererseits - und um die unterschiedlichen Stadien, die ein letztlich identischer Vorgang in den unterschiedlichen Regionen genommen hat.

Institutionengeschichtlich ist dabei wichtig, sich vor Augen zu halten, daß man bis zur Vereinheitlichung durch *eine* zentrale Organisation, die dann - dem französischem Vorbild mehr oder weniger folgend - durchgehend erst im 19. Jahrhundert erfolgt ist, nicht von einer flächendeckenden netzartigen Organisation ausgehen kann, sondern daß jeder einzelne "Kurs" seine eigene Geschichte hat; daß die Geschichte der Post, jedenfalls für ihre vorindustrielle Zeit, prinzipiell nicht netz-, sondern linienartig zu begreifen ist, was aus der jeweiligen Notwendigkeit heraus, in improvisierten Einrichtungen zwei bestimmte Orte miteinander zu verbinden, erklärbar ist; daß man daher nicht von *der* Institution Post, sondern nur von den verschiedenen Postkursen aus-

---

32 Vgl. Abb. 3: Posta di Fiandra, Venedig, Archivio di Stato, Compagnia dei Corrieri, Karton III.

33 Vgl. Abb. 4: Posta di Vienna, Venedig, Archivio di Stato, Compagnia dei Corrieri, Karton V.

34 Zu diesem Kurs, dessentwegen es zwischen der Republik Venedig und Österreich immer wieder zu Streitigkeiten gekommen ist, der daher auch bestens archivalisch dokumentiert ist, vgl. Ferdinand MENCIK, Die Post in Venedig im Jahre 1693, in: Zeitschrift für Post und Telegraphie 36 (1900), S.281-282.

35 Vgl. die diesbezüglichen Unterlagen im Archivio di stato in Venedig, Governo 1a dominazione, Karton 69, enthaltend unter anderem ein Promemoria über die Posta di Fiandra aus der Feder Colloredos selbst aus dem Jahr 1803.

zugehen hat, und diese wiederum "übergreifend" im geographischen wie politischen Sinne, d.h. durch die einzelnen "Staaten" hindurchgehend zu denken sind.

Daß freilich mit der juristischen Konzeption eines ausschließlich öffentlich-rechtlich (d.h. als staatliches Monopol) definierten Jus postale längerfristig auch "außenpolitisch" die "Nationalisierung" der Post einhergehen mußte, liegt auf der Hand: Im Rahmen dieser "modernen" Rechtsauffassung bedeutete nun die Gestion der traditionellen "übergreifenden" Kurse die Verletzung der jeweiligen "nationalen" Hoheitsrechte. Die "Verstaatlichung" der Post kann auf diese Weise auch als anschauliches Exempel für die gleichzeitige "Nationalisierung" *und* "Internationalisierung" der Kommunikation im Laufe des 18. Jahrhunderts dienen, denn erst durch die modernstaatliche Organisationsstruktur wurden die "internationalen" Abkommen zwischen den einzelnen Staaten hinsichtlich der wechselseitigen Anschlüsse der postalischen Verbindungslinien zugleich nötig und möglich, und sie wurden daher auch im Laufe des 18. Jahrhunderts in reichlichem Maße realisiert.[36]

Hier wird nun die eminent *politische* Dimension von Postgeschichte deutlich: Während im Rahmen der "vorstaatlichen" Organisationsform mit der Erlaubnis des jeweiligen Souveräns ein "fremder" Kurs im "fremden" Territorium errichtet werden konnte (zu beiderseitigem Vorteil), war nun die Zielsetzung darauf gerichtet, die eigenen "nationalen" Kurse möglichst innerhalb des eigenen staatlichen Territoriums zu legen, ohne die Grenzen anderer Souveränitäten passieren zu müssen. Die österreichischen Bemühungen Ende des 18. Jahrhunderts, die Verbindungsroute nach Mailand und Rom - unter Ausklammerung venetianischen Hoheitsgebiets - nicht über das venetianische Verona, sondern über das mittlerweile zur Lombardei gehörende Mantua zu führen, müssen in diesem Zusammenhang gesehen werden.[37]

- Eine *zweite* Fragestellung, die allerdings aufs engste mit der institutionellen Frage verbunden ist, liegt in der *sozialgeschichtlichen* Dimension des Trägerpersonals.

An der Spitze der Pyramide, wie beispielsweise im Falle Thurn und Taxis oder Paar, läßt sich der sozialgeschichtliche Werdegang von Posthaltern bzw. Postunternehmern (als Paradebeispiel sozialen Aufstiegs) naturgemäß

---

36 Vgl. etwa die Convenzione tra Austria e Venezia vom Jahr 1785, Venedig, Archivio di stato, Compagnia dei Corrieri, Karton IX. Eine Fülle von ähnlichen Convenzioni vom Ende des 18. Jahrhunderts befindet sich im Bestand Compagnia dei Corrieri, Karton VI. Zum Thema der internationalen Verträge vor allem im 19. Jahrhundert, vgl. Silvio FURLANI, Aspetti politicoeconomici della lega postale austro-italica del 1850, in: Nuovi Annali della Facoltà di Magistero dell' Università di Messina 8 (1990), S.1-26.

37 Vgl. die betreffenden Unterlagen und Vereinbarungen in Venedig, Archivio di stato, Compagnia dei Corrieri, Karton II.

Coup. Con. III (18)

ASU, Coup. Con. III 15

Posta di Fiandra.

1518. Francesco de Taxis creato da Massimiliano I. Imperatore Mastro di Posta Generale. † Morì Celibe 1518. Chiusole Tavola 271. @ 646. — Obs. Tempo della Guerra di Cambrai.

NB. Nessuno dei Diplomi si trova nei Pubblici Archivj.

Documenti Privati della Famiglia.

NB. Radix omnium malorum.

1541. 20. Luglio. Diploma di Carlo V. Imperatore dato in Ratisbona. Conferma a Ruggero de Taxis la concessione al medesimo fatta da Francesco de Taxis suo Consobrino in vigore de' suoi Privilegj vita sua durante l' Offizio di Maestro delle Poste Imperiali nella Città di Venezia col Salario, Emolumenti, Superiorità, Onori, e Pesi incombenti ad esso Offizio, e colla facoltà pure di sostituire secondo che più pienamente si contiene nelle Lettere, 8. Luglio di quell' anno.

NB. Dice il Chiusole l. c., che questa Famiglia ottenne da Massimiliano I. l' Offizio Generale, ed Ereditario delle Poste nella Germania, Italia, e Paesi Bassi.

Obs. Carlo V. era Imperatore in Germania, ed avea come Re di Spagna lo Stato di Milano, e le Fiandre compresa la Olanda riconosciuta in libertà nei Trattati 1648. al tempo della Pace Vestfalica.

Esortando, hortantes, il Doge, il Senato, e il Dominio di Venezia, e li di lui Offiziali, e Ministri, e precettando al suo Oratore, ed agli altri Offiziali, Ministri, e Sudditi suoi così nello stesso Dominio come altrove in Italia, e negli altri Regni, e Terre sue Ereditarie commette di porlo, e mantenerlo nel possesso, o quasi di detto Offizio con tutti li dritti, ed utilità, e di esser difeso da quelli, ai quali conviene, per quas decet, e di osservar, e far

Abb.3

ASV, Comp. Con. | V | 3

Comp. Con. V (2)/2

IV.

Indice

Posta di Vienna: Sua Istoria.

Prima del 1579. non v'era Posta per Gratz pag. 2. La Famiglia Negroni di Bergamo, poi detta de Bar, o di Baar fatta pratica nel Mestiere delle spo sizioni negli Uffizj dei Tassis aveva intrapreso il privato negozio della corrispon denza delle lettere dello Stato Veneto cò Paesi Arciducali servendosi del mezzo d'espressi Pedoni, che spediva, e riceveva da quelle parti senza prefis so ordine de tempi 13. Passati i Negroni, o Bar ad esercitare il Carico della Posta in Gratz destinarono suo Sostituto in Venezia Ventura Cattaneo Ber gamasco. Vedi Baar, e Tadoldi nell'indice **III**. Le lettere di Vienna, e delle parti superiori pervenivano colla Posta dei Sig.ri Tassis **II**.

1579. Carlo Arciduca di Gratz, che aveva erette le Stazioni di Posta trà Gratz e Vienna fà proporre alla Repubblica dal Segretario Cesar d'instituire per parte sua anche l'altra da Gratz sino al Confin Veneto per aprire una più facile corrispondenza trà Vienna, e Venezia, quando la Repubblica dal canto suo instituir volesse le mancanti Stazioni di Posta nella Provincie della Marca, e della Patria pag. 1., e seg.ti

1583. Il Tassis Mastro della Posta in Vienna studia d'impedire l'esecu zione del progetto dell'Arciduca Carlo di aprire la corrispondenza di lettere trà Venezia, e Vienna per la via di Gratz. 6. Ruggiero Tassis fà lo stesso Venezia 7.

1583. Gio Batta Baar eletto dall'Arciduca Carlo Mastro delle Poste, e

Abb.4

am leichtesten verfolgen. Die geographische Herkunft beider Familien liegt in Oberitalien (beide Familien stammen aus der Lombardei, die Tassis nachweislich aus Bergamo), was von Posthistorikern des Mittelalters immer wieder als Indiz für die "Fortschrittlichkeit" der verkehrstechnischen Infrastruktur des oberitalienischen Raumes angeführt wird.[38] Tatsächlich stammte in beiden Fällen die verkehrsorganisatorische Kompetenz der späteren Postdynastien aus der ganz offensichtlich durch vielfältige kaufmännische Aktivitäten geborenen Notwendigkeit, möglichst effiziente Kommunikationsmöglichkeiten für die wachsenden Bedürfnisse ihrer Geschäftsverbindungen zu schaffen: Und die jeweiligen Machthaber (Maximilian I., Karl V., Erzherzog Karl) wußten diese Kompetenzen gezielt für ihre eigenen Interessen und Bedürfnisse einzusetzen.

So deutlich sich also im Falle Thurn und Taxis bzw. Paar die ursprüngliche soziale Herkunft aus dem Kaufmannsmilieu, gefolgt von einem beispiellosen sozialen und ökonomischen Aufstieg in die bedeutendsten und vermögendsten Familien des Hochadels hinein nachweisen läßt, so unbekannt ist bis heute die Sozialgeschichte anderer Postunternehmer oder aber - auf einer niedrigeren sozialen und institutionellen Stufe - jener Postmeister, die, durch die Betriebsführung der einzelnen Stationen, letztlich das ganze System getragen haben. Freilich ist eine genaue definitorische Abgrenzung zwischen Postunternehmern, Posthaltern, Postmeistern nicht ganz einfach, indem vielfach Postmeister zugleich Organisatoren eines ganzen Kurses waren: Begriff und Bedeutung variieren für die unterschiedlichen zeitlichen Perioden, beides hängt jeweils auch vom organisatorischen und ökonomischen Status der einzelnen Kurse ab.

Dennoch aber ist - unabhängig von der Bezeichnung und der oft unterschiedlichen Kompetenz - in den Postmeistern auf jeden Fall eine frühmoderne Unternehmerschicht zu sehen, deren sozialer Werdegang (vom einfachen Gastwirt zum organisatorischen Betreuer einer ganzen Strecke, oder aber vom ursprünglichen Streckeninhaber bis zum Betreiber eines eigenen Kurses) innerhalb der traditionellen Kategorien von "bürgerlichen" Berufen sozialhistorisch schwer einzuordnen und daher von der Geschichtswissenschaft bis heute übersehen worden ist.

Ein wirtschaftsgeschichtlich, aber auch rechts- und sozialgeschichtlich besonders interessantes Phänomen stellen in dieser Hinsicht auch wiederum die "Corrieri veneti" dar, welche beispielsweise als "Mastri di Posta" ihre "Rechte" verpachteten, wobei diese Rechte von ihren "Pächtern" dann wieder unterverpachtet wurden. Auf diese Weise entstand ein dichtes ökonomisch-rechtliches System von vielfältigen Subsystemen nicht nur postalischer, son-

[38] Vgl. Luciana FRANGIONI, Organizzazione e costi del servizio postale alla fine del Trecento, Prato 1983 (Quaderni di storia postale 3).

dern auch sozialer Art, an dessen Spitze schließlich im 19. Jahrhundert (als nach sechshundertjähriger Tradition das Ende der "Compagnia dei Corrieri" sich abzeichnete) immer noch die kleine Zahl jener 32 mittlerweile längst nicht mehr mit der Gestion selbst betrauten "Inhaber" stand, die sich als "Compagnia" im 14. Jahrhundert in dieser beschränkten Anzahl konstituiert hatte: Namentlich bis in ihre historischen Anfänge hinein dokumentiert, läßt sich die Sozialgeschichte dieser "Unternehmergruppe", die am Beginn ihrer zukunftsträchtigen Organisation unter "Einsatz des Lebens"[39] die Strecke zwischen Venedig und Rom, zunächst zu Fuß und dann beritten, zurückgelegt hatte, bis zu den Rentenbeziehern des 18. und 19. Jahrhunderts herauf verfolgen: eine bisher ungenutzte Möglichkeit, an einem konkreten Beispiel nicht nur den Wandel einer scheinbar identischen Profession über die Jahrhunderte hinweg nachzuzeichnen, sondern, mit ihr verbunden, den sozialen Wandel ihrer Träger bzw. Inhaber von vormodernen "Abenteurern" zu modernen "Rentiers" verfolgen zu können.

Auch auf dieser sozialhistorischen Dimension geht es allerdings immer wieder um das rechtlich-institutionelle und ökonomische Verhältnis zwischen "staatlicher Obrigkeit" bzw. Generalpostmeistern und der nächst unteren Instanz, jenen Postunternehmern nämlich, die die einzelnen Stationen zu unterhalten und für ihren Streckenabschnitt Sorge zu tragen hatten. Im Zuge der "Verstaatlichung", und d.h. auch der Professionalisierung und Bürokratisierung des Systems mußte naturgemäß mit all diesen Subunternehmern ein neues Reglement getroffen werden, da vorher deren (Zeit-) Verträge zumeist auf privatwirtschaftlicher Basis erstellt worden waren, und nun eine einheitliche Regelung im Rahmen staatlicher Beamtenorganisation erfolgte. Dasselbe gilt über die Postmeister hinaus in gleicher Weise für das bisher von diesen beschäftige "untergeordnete" Personal der Kutscher, Postillone, Boten und Kuriere, für diejenigen also, die nicht seßhaft, sondern unterwegs waren, und die nun ebenfalls eine eigene Berufsbranche innerhalb des wachsenden Heeres von "Staatsdienern" bildeten.

- Eine *dritte* Frage, wiederum eng mit den beiden anderen verknüpft, ist nun die ganz konkrete Frage nach der erbrachten Dienstleistung. Diese wiederum umfaßt zwei verschiedenen Bereiche: die *Fahr*post und die *Brief*post.

Es geht in dem hier präsentierten Forschungsvorhaben ausdrücklich um beide Bereiche, wenngleich stets mitzudenken ist, daß sich die fahrende Post erst sehr viel später und auf der bereits vorgegebenen Infrastruktur der Brief-

---

39 In den Petitionen, welche die Compagnia dei Corrieri an die verschiedenen Obrigkeiten zur Erweiterung bzw. Beibehaltung ihrer Privilegien im Verlauf der Jahrhunderte richtete, wird dieser Sachverhalt immer wieder mit Nachdruck unterstrichen, zuletzt auch gegenüber den Österreichern, vgl. Bericht und Petition der Compagnia dei Corrieri vom 1. Februar 1803, in Venedig, Archivio di stato, Governo 1a dominazione, Karton 72.

post entwickelt hat, was zugleich bedeutet, daß die staatlichen Monopolisierungstendenzen gegenüber dem Personenverkehr erst sehr viel später und weniger durchgreifend als bei der Briefbeförderung einsetzten.

Lange Zeit hindurch muß von der Parallelität und Koexistenz von offizieller Briefpost und inoffizieller Personenbeförderung ausgegangen werden: Erst im 18. Jahrhundert wird der staatliche Zugriff auf das private Fuhrwesen verschärft, und es kommt immer häufiger zu Sanktionen gegen die nicht durch die Post organisierte Personenbeförderung. Die Konkurrenz und Rivalität zwischen ("privaten") Vetturini und ("öffentlicher") Fahrpost zählt daher zu den alltäglichen Reiseerfahrungen jedes Italienreisenden noch im 19. Jahrhundert, vollinhaltlich allerdings konnte sich begreiflicherweise für die Fahrpost - im Gegensatz zur Briefpost - das staatliche Monopol niemals durchsetzen.

Mit dem ersten Aspekt, der Fahrpost, ist als weiteres erkenntnisleitendes Interesse die Frage nach den territorialen und geographischen Verbindungslinien, d.h. den Straßen und deren Verdichtung zwischen dem beginnenden 18. und der Mitte des 19. Jahrhunderts, sowie nach den auf ihnen angebrachten Relaisstationen verbunden. Es zeigt sich hier einerseits die Persistenz besonders dauerhafter Strukturelemente, indem die Etablierung von Poststationen generell dort erfolgt, wo bereits traditionellerweise Gasthäuser und Herbergen vorhanden waren. Andererseits aber bedeutet eine etappenweise angelegte, für Erholung von Mensch und Tier systematisch organisierte Reiseroute, wie sie - mit regionalen Unterschieden - im Laufe des 18. Jahrhunderts überall einsetzt, doch auch eine zutiefst veränderte Wahrnehmungs- und Bedeutungsschiene, die den Raum und das Territorium neu zu erschließen begann, was zugleich die "Institutionalisierung" einer nun auswegslos vorgegebenen Struktur bedeutet, auf der sich die Reisenden bewegen müssen. Es stellt sich in diesem Zusammenhang die Frage, ob die "klassische" Italienreise, der mehr oder weniger alle Italienreisenden folgten und folgen mußten, tatsächlich einer durch die "Kunstdenkmäler" vorschriebenen Bildungsroute entsprach, oder ob nicht vielmehr die Bildungsroute entlang der vorgegebenen Straßenstruktur erst entwickelt werden mußte.[40]

Das Element der "Verstaatlichung" ist auch hier wiederum von größter Bedeutung, indem sukzessive - durch ihre zunehmende Monopolstellung - nur mehr die Betreiber von offiziellen Poststationen für die Versorgung vor allem der Pferde eine staatliche Lizenz vorweisen konnten, eine Reise abseits der vorgegebenen Route also mit größeren Schwierigkeiten verbunden sein konnte und daher wenig ratsam schien.

---

[40] Vgl. zum Komplex der Italienreisen das immer noch nützliche Buch von Ludwig SCHUDT, Italienreisen im 17. und 18. Jahrhundert, Wien, München 1959.

Es geht also in diesem Sinne um die Geschichte des "organisierten" Personenverkehrs, der in dieser Form (verbunden mit exakten Fahrplänen und detaillierten Informationen über Aufenthaltszeiten und Anschlußverbindungen) lange vor den Eisenbahnen bereits entwickelt und funktionsfähig war; und der als solcher auch - insbesondere seit Einführung der Eilpost in den zwanziger Jahren des 19. Jahrhunderts, wo man bereits mit Geschwindigkeiten von ca 14-15 km/h unterwegs sein konnte - als bedeutende und bahnbrechende Innovation und Revolution von den Zeitgenossen erlebt und empfunden wurde.[41]

Mit dem zweiten Aspekt, der Briefpost, ist vor allem die Frage nach der explosionsartig ansteigenden Zahl der Briefe - vom Ende des 18. Jahrhunderts an und dann im 19. Jahrhundert - verbunden, was wiederum mit der Verbesserung und der daraus folgenden Verbilligung der Briefbeförderung zusammenhängt: ein wirtschaftshistorisch klassisches Exempel sowohl für die Wechselwirkung zwischen Angebot und Nachfrage als auch für die durch sie bedingte, rasant steigende Konjunktur eines Wirtschaftssektors.

Es ist dies ein Bereich, wo man von der Quellenlage her systematisch quantifizierend vorgehen könnte, indem es beispielsweise seit der französischen Zeit bereits möglich ist, in den Postdirektionen der größeren Städte (Mailand, Florenz, Venedig, aber auch in kleineren Städten) die Zahl der monatlich und jährlich beförderten Briefe, erweitert durch die Information ihres Aufgabe- ebenso wie ihres Zielortes, zu erfassen, weil sie alle in den Postdirektionen registriert und in genauer Buchführung erfaßt werden mußten.[42]

Daß dabei die "Richtung" der Briefe im Zusammenhang mit der Verschlechterung der Beziehungen zwischen "Italien" und "Österreich" ebenfalls eine bedeutende Rolle spielen wird, versteht sich von selbst. Hier liegt nämlich eine konkrete Möglichkeit, der Kommunikation zwischen den "Nationen" auf der Basis des Briefverkehrs nachzuspüren, indem sich beispielsweise exakt feststellen läßt, wieviel Briefe zwischen Venedig und Wien oder aber zwischen Turin, Mailand und Venedig im Laufe der Jahre gewechselt wurden. Was sich auf diese Weise erheben ließe, wäre nichts weniger als eine Geschichte des italienischen Risorgimento auf der Basis der "nationalen" Briefkultur, das sich - vergleichbar den "Ideen der französischen Revolution" - letztlich nur dank der hervorragenden kommunikativen Infrastruktur zu jener Bewegung entwickeln konnte, die das Ende der österreichischen Herrschaft in Italien eingeleitet hat.

Die allgemeine Fragestellung nach der *Demokratisierung von Kommunikation* wird auf diese Weise am Beispiel der österreichisch - italienischen Postgeschichte des 18. und 19. Jahrhunderts konkretisiert. Auf verschiedenen

---

41 Vgl. BEYRER, Postkutschenreise, S.35 ff.

42 Entsprechende Materialien (also die genaue Registrierung der eingegangenen und abgesendeten Briefe nach Monaten aufgeschlüsselt) habe ich - abgesehen von den Archiven von Florenz und Venedig - auch in den Postbeständen der Archive von Lucca und Siena vorgefunden.

Ebenen setzt diese Demokratisierung ein: institutionell durch die zunehmende "Verstaatlichung" des Systems, sozialgeschichtlich durch die Herausbildung jener wachsenden Gruppe von "professionellen" Posthaltern und Postmeistern, die nicht nur selbst eine neue "bürgerliche" Aufstiegsschicht repräsentieren, sondern die überdies eine vormoderne Dienstleistung erbringen, die ihrerseits wiederum dazu beiträgt, daß sehr viel mehr Menschen sehr viel häufiger miteinander kommunizieren und zueinander gelangen können.

Die besondere Herausforderung des solcherart konkretisierten Untersuchungsgegenstandes liegt, wie mir scheint, darin, daß im Falle Italiens und Österreichs das Element der wachsenden nationalen Differenzen diesen (allgemeinen) Prozeß der Demokratisierung von Kommunikation begleitet hat. Es wird, wie ich hoffe, zu beweisen sein, daß jener Prozeß der Demokratisierung nicht unwesentlich die "Nationalisierung" der wechselseitigen Beziehungen mitverursacht hat, daß, mit anderen Worten, die "staatliche" österreichische Post die "nationale" italienische Kommunikation erst hervorgebracht hat.

Γράφε καθὼς ὁμιλεῖς.

Überlegungen zur Epistolographie in der Zeit der griechischen Aufklärung*

von

MARIA A. STASSINOPOULOU

Fragestellung und Problemabgrenzung zur griechischen Epistolographie im ausgehenden 18. und beginnenden 19. Jahrhundert können erst dann formuliert werden, wenn die Verbindung zu früheren Zeitabschnitten hergestellt ist. Für den griechischen Brief nach 1453 liegen allerdings kaum Studien vor, die ihn nicht vornehmlich als historische Quelle behandeln. Während gattungsspezifische Studien für den altgriechischen und byzantinischen Brief zumindest über manche Fragen vorliegen, wurde der Brief der Zeit der Türkenherrschaft aus sprach-, literatur- und sozialhistorischer Perspektive eher stiefmütterlich behandelt, obwohl ihn sprachgewandte Gelehrte, Kaufleute und andere Korrespondentenkategorien als Vehikel für ihre Gedanken verwendeten und sich darin die Entwicklung sprachlicher und sozialer Differenzierungen manifestiert.

Die Tatsache, daß noch im 18. und 19. Jahrhundert auch die von berühmten Autoren oder ihren Schülern zusammengestellten Briefsammlungen fast ausschließlich handschriftlich verbreitet wurden, erleichtert den Zugang zu den Briefen nicht. Aber auch in den ersten philologisch-historischen Briefeditionen aus dem Briefwechsel bedeutender Persönlichkeiten im ausgehenden 19. Jahrhundert werden Briefe meistens isoliert ediert, so daß sich das Zusammenstellen eines Briefkorpus als schwierige Aufgabe erweist. K.Th. Dimaras hat die

---

* Die griechische Aufklärung soll in dieser Arbeit hauptsächlich als Zeitindikator (um 1750– um 1821) gelten und weniger auf die Briefkategorien hindeuten, die hier behandelt werden. Zu den Zeitgrenzen s. K. Th. DIMARAS, Νεοελληνικὸς Διαφωτισμός [Neugriechische Aufklärung], Athen ^{3}1983, S. 1; Paschalis M. KITROMILIDES, Tradition, Enlightenment and Revolution: Ideological Change in Eighteenth and Nineteenth Century Greece, Diss. Harvard, Cambridge/M. 1978, S. 57–59; Panagiotis KONDYLIS, Ὁ Νεοελληνικὸς Διαφωτισμός. Οἱ φιλοσοφικές ἰδέες [Die neugriechische Aufklärung. Die philosophischen Ideen], Athen1988, S. 9; Nikos K. PSIMMENOS (Hg.), Ἡ Ἑλληνικὴ φιλοσοφία ἀπὸ τὸ 1453 ὥς τὸ 1821 [Die griechische Philosophie von 1453 bis 1821], 2, Athen 1989, S. 17–19. Die im Titel zitierte Empfehlung zum natürlichen Stil (Schreibe wie Du sprichst!) entnehme ich dem 1808 in Wien erschienenen Briefsteller von Dimitrios Darvaris (s. unten 36), S. 16. Den Teilnehmern der Lehrveranstaltung "Übungen zum Frühen Neugriechisch" (Univ. Wien, SS 1992) möchte ich an dieser Stelle für Anregungen und Hinweise danken.

Notwendigkeit einer Edition des gesamten Briefkorpus der Tourkokratia konstatiert[1]. Selbst die viel bescheidenere Forderung Spyridon Lampros', des Pioniers der neugriechischen Philologie auch auf diesem Gebiet, einen Katalog der byzantinischen und nachbyzantinischen Briefe mit den wichtigsten Daten (Absender, Empfänger, incipit) zu erstellen, der vor allem Vergleiche zwischen den verschiedenen Briefcodices erleichtern sollte[2], bleibt weiterhin ein *pium desiderium* — wie der Autor selbst befürchtete und M. Manoussacas 1950 in seiner leider nicht gedruckten Pariser Dissertation über die neugriechische Epistolographie mit Bedauern feststellte[3].

Als Textform mit eigenen Regeln und einer weit zurückreichenden Tradition bleibt der neugriechische Brief ein Thema, mit dem sich die Herausgeber von einzelnen Briefen oder Briefcodices auch heute noch nur am Rande befassen, während vor allem die historischen Informationen der Briefe ausgewertet werden. Aspekte der Kontinuität und der Brüche in Form und Sprache und der Abhängigkeit von den gesellschaftlichen Veränderungen werden kaum berücksichtigt[4].

Die Briefforschung beschäftigt sich meist mit Briefen gelehrter Provenienz und insbesondere mit solchen, die über eine einfache Nachrichtenübermittlung hinausgehen, weil diese auch für die Literaturwissenschaft von größerem Interesse sind. Zudem haben gelehrte Briefe schon von vornherein höhere Chancen als andere Briefe überliefert zu werden und sind leichter zugänglich. Der nicht einheitlichen Kategorie der nichtliterarischen, jedoch von Gebildeten verfaßten

---

1 Zuletzt im Vorwort des Nachdrucks der Zeitschrift Logios Hermes, Ἑρμῆς ὁ Λόγιος (ND) 1, Vorwort K. Th. DIMARAS, Einleitung Emm. FRAGKISKOS, Athen 1988, S. ζ'–η'. Dimaras hat auch als erster eine Auswahl griechischer Briefe jener Zeit veröffentlicht, Νεοελληνικὴ Ἐπιστολογραφία [Neugriechische Epistolographie] (Βασικὴ Βιβλιοθήκη 43), Athen o.J., und die neue Ausgabe der Briefe von Korais initiiert, K. Th. DIMARAS u.a. (Hg.) Ἀδαμάντιος Κοραής, Ἀλληλογραφία [Adamantios Korais, Briefwechsel], 6 Bde., Athen 1964–1984.

2 Spyridon LAMPROS, Ἀρχοτέλειαι ἐπιστολῶν [Incipit und Desinit der Briefe], in: Νέος Ἑλληνομνήμων 12, 1915, S. 421–434. Lampros hielt auch die Aufnahme der *desinit* für notwendig aber nicht ausführbar wegen des sehr großen Umfangs einer solchen Auflistung, s. S. 423–424.

3 Ebd., 426; Man. MANOUSSACAS, Contribution à l'étude de l'épistolographie néohellenique. Thèse pour le Doctorat d'Université présentée à la Faculté des Lettres de l'Université de Paris, Paris 1951, über Lampros' Vorschlag S. IV. Ich möchte auch an dieser Stelle meinen innigen Dank Herrn Professor Manousakas aussprechen, der mir eine Kopie seiner Dissertation anvertraut hat. Eine Zusammenfassung der wichtigsten Schlüsse bringt Manoussacas in seinem Artikel "Problèmes de l'épistolographie Néohellenique", in: Studi Bizantini e Neohellenici a cura di Silvio Giuseppe Mercati, 7, 1953 (Atti dello VIII Congresso Internazionale di Studi Bizantini. Palermo 3–10 Aprile 1951 1), S. 147–152, über Lampros, S. 147–148.

4 Pan. MOULLAS, Ὁ λόγος τῆς ἀπουσίας. Δοκίμιο γιὰ τὴν ἐπιστολογραφία μὲ σαράντα ἀνέκδοτα γράμματα τοῦ Φώτου Πολίτη (1908–1910) [Das Wort der Abwesenheit. Essay über die Epistolographie mit vierzig unedierten Briefen von Fotos Politis (1908–1910)], Athen 1992, bietet in seinem Essay über die Epistolographie Gedanken über den Brief als selbständigen Bereich des Schriftlichen und Material zu einer Geschichte des Briefes in griechischer Sprache von der Antike bis ins 20. Jahrhundert in allen seinen Ausformungen einschließlich der vom Verfasser weit gefaßten Literatur in Briefform. Interessant in unserem Zusammenhang ist vor allem der Fragenkatalog zur Entwicklung des neugriechischen Briefstellers seit dem 18. Jahrhundert, S. 189–190.

Briefe, die Kessler in Anlehnung an Skrwarczyńska *utilitäre* Briefe nennt[5], wird zwar in Hinblick auf die Informationen über Alltagssituationen, vor allem jene, die das Schreiben eines Briefes notwendig machen, Bedeutung beigemessen, in sprachlicher und formaler Hinsicht wurden sie jedoch bis jetzt nicht eingehend untersucht.

Eine weitere Frage, die mehr Aufmerksamkeit verdient, ist die Entwicklung der utilitären Briefformen, wie man sie vom Papyrusbrief kennt[6], in der Volkssprache. Obwohl keine volkssprachlichen Privatbriefe aus der byzantinischen Zeit erhalten sind, darf man annehmen, daß diese dennoch existiert haben[7]. Briefe von Privatpersonen in Korrespondenz mit offiziellen Stellen, die wenig an die gelehrte byzantinische Tradition erinnern, obwohl sie teilweise Gruß- und Abschlußformeln übernehmen[8], sowie Privatbriefe in der Volkssprache[9] kennen wir jedoch erst ab dem 15. Jahrhundert. Briefe fremder Kanz-

---

5 Wolfgang KESSLER, Brief und Briefwechsel im 18. und 19. Jahrhundert als Quelle der historischen Kulturbeziehungsforschung. Einige Anmerkungen, in: Alexander DUŢU u.a. (Hg.), Brief und Briefwechsel im 18. und 19. Jahrhundert (Studien zur Geschichte der Kulturbeziehungen in Mittel- und Osteuropa 7/1), Essen 1989, S. 341–348, hier S. 341–342.

6 Die allgemein nützliche Arbeit von Heikki KOSKENNIEMI, Studien zur Idee und Phraseologie des griechischen Briefes bis 400 n.Chr. (Annales Academiae Scientiarum Fennicae Ser. B 102,2), Helsinki 1956, ist auch bezüglich des Papyrusbriefes informativ; s. auch Giuseppe TIBILETTI, Le lettere private nei papiri greci del III e IV secolo d.C. Tra paganesimo e christianesimo, Mailand 1979.

7 Antonio GARZYA, Testi letterari d'uso strumentale, in: JÖB 31/1, (16. Internationaler Byzantinistenkongreß, Wien 4.–9. Okt. 1981. Akten I/1), S. 263–287, faßt treffend zusammen, S. 270: "L'epistola privata dotta è, possiamo dire, l'epistola bizantina par eccellenza". Die Normen der alltäglichen nicht gelehrten Korrespondenz der spätbyzantinischen Zeit wären in die Nähe von in einer gemischten Sprach- und Stilebene abgefaßten Texten wie z.B. aus dem Patriarchatsregister von Konstantinopel oder aus Klosterakten anzusiedeln. Zur Sprache des Patriarchatsregisters, s. Herbert HUNGER, Zum Stil und zur Sprache des Patriarchatsregisters von Konstantinopel, in: Herbert HUNGER (Hg.), Studien zum Patriarchatsregister von Konstantinopel 1 (Österr. Akad. Wiss., phil.-hist. Kl., SB 383), Wien 1981, S. 11–60; die Überlegungen von Carolina CUPANE, Ein Index zur Byzantinischen Gebrauchssprache, in: Wolfram HÖRANDNER und Erich TRAPP (Hg.), Lexicographica Byzantina (Byzantina Vindobonensia 20), Wien 1991, S. 91–100, hier S. 99–100, stellen einen konstruktiven Beitrag zur Erfassung der komplexen Problematik der ineinander verwobenen Sprachebenen dar.

8 J. DARROUZES, Lettres de 1453, in: Revue des Etudes Byzantines 22, 1964, S. 72–127; Jacques LEFORT, Documents Grecs dans les archives de Topkapi Sarayi. Contribution à l'histoire de Cem Sultan, Türk Tarih Kuruma Yayıları 7/76, Ankara 1981 (Briefe aus dem 16. Jh.); A. GALLOTA / G. BOVA, Documenti dell'archivio di Stato di Venezia concernenti il principe ottomano Gem, in: Studi Magrebini 12, 1980, S. 175–199, bieten einen guten Überblick der Problematik und der Literatur zum Thema des Griechischen als Korrespondenzsprache von Nichtgriechen.

9 M. I. MANOUSAKAS, Ἕνα παλιὸ (1420;) ἰδιωτικὸ γράμμα σὲ Κρητικὴ διάλεκτο. Τὰ παράπονα τοῦ ξενιτεμένου Μανουὴλ Χαντακίτη γιὰ τὴν ἀπονιὰ τοῦ πατέρα του [Ein alter (1420?) Privatbrief im kretischen Dialekt. Die Klagen des ausgewanderten Manouil Chantakitis über die Herzlosigkeit seines Vaters], Sonderdruck aus: Κρητικὴ Πρωτοχρονιά, Athen 1962; Spyridon LAMPROS, Τρεῖς ἐπιστολαὶ τοῦ καρδιναλίου Βησσαρίωνος ἐν τῇ δημώδει γλώσσῃ [Drei Briefe des Kardinal Bessarion in der Volkssprache], in: Νέος Ἑλληνομνήμων 5, 1908, S. 19–39.

leien, die sich der griechischen Umgangssprache[10] als *lingua franca* bedienen, sind ebenfalls erst ab diesem Jahrhundert in größerer Zahl erhalten[11]. Ältere griechische Briefe fremder Kanzleien sind in einer einfachen Hochsprache mit umgangssprachlichen Elementen verfaßt und bewegen sich eindeutig im Rahmen der gelehrten Brieftradition[12].

Auch aus der Zeit nach 1453 sind Briefe nicht oder wenig gebildeter Schreiber kaum erhalten und selbst wenn sie überliefert wurden, werden sie meistens von der Forschung vernachlässigt. Solche Texte vermitteln kein exaktes Bild der gesprochenen Sprache und weisen wie jede schriftliche Festlegung sprachlicher Ausdrucksformen den Einfluß der schriftlichen Kultur auf das gesprochene Wort auf[13]. Sie wurden selten von der unterschreibenden Person selbst verfaßt, sondern meistens diktiert und von einem mehr oder weniger gebildeten Schreiber umformuliert. Es ist jedoch anzunehmen, daß sie der gesprochenen Umgangssprache nahestehen und mit Einschränkungen als Zeugnis dafür dienen können. Die Auseinandersetzung mit ihnen würde unter anderem auch Einblicke in den schriftlichen Ausdruck der Wenigschreiber und in die Rezeption von Stilmitteln aus anderen Sprachstufen ermöglichen.

Eine umfangreiche Gruppe stellen die Geschäftsbriefe dar, die in sprachlicher und stilistischer Hinsicht weitgehend unerforscht sind. Die Korrespondenten verwenden das ihrem Beruf eigene Idiom, eine je nach Bildungsgrad des Anwenders den Normen der Hochsprache mehr oder weniger angepaßte, mit fremden (zumeist venezianisch/italienischen) Termini durchsetzte Umgangs-

---

10 Der Terminus Umgangssprache, noch besser Umgangssprachen, scheint mir trotz aller ihm entgegengebrachten Skepsis für den Fall des sehr breiten Spektrums von Varietäten, die die griechische Sprache zwischen Hochsprache und Dialekten mit ihrer strengen Normierung umfaßt, gerade wegen seiner nicht genau definierbaren Grenzen geeignet. Ulf BICHEL, Umgangssprache, in: Hans Peter ALTHAUS u.a. (Hg.), Lexikon der germanistischen Linguistik 1, Tübingen ²1980, S. 379–383, behandelt u.a., S. 382, die Entwicklung der Mundart zur Umgangssprache, "die meist in Anlehnung an den Sprachgebrauch eines zentralen Ortes [...] und mit mehr oder weniger starker Orientierung an der Schriftnorm" entsteht.

11 Spyridon LAMPROS, Ἡ Ἑλληνικὴ ὡς ἐπίσημος γλῶσσα τῶν σουλτάνων [Das Griechische als offizielle Sprache der Sultane], in: Νέος Ἑλληνομνήμων 5, 1908, S. 40–78; DERS., Ἑλληνικὰ δημόσια γράμματα τοῦ σουλτάνου Βαγιαζὶτ Β΄ [Griechische öffentliche Schreiben des Sultan Bajezid II.], in: Νέος Ἑλληνομνήμων 5, 1908, S. 155–189. Die älteren Publikationen zu den griechischen Urkunden der osmanischen Kanzlei stellt Herbert HUNGER, Ein griechischer Brief Sultan Bajezids II. an Lorenzo de' Medici, in: JÖBG 11/12, 1962/63, S. 116–120, 1 Taf., s. auch DERS., Piraterie in der Aegaeis anno 1504. Brief Bajezids II. an Leonardo Loredan, in: Byzantion 40, 1970, S. 361–376.

12 S. LAMPROS, Ἡ Ἑλληνικὴ ὡς ἐπίσημος γλῶσσα [Das Griechische als offizielle Sprache], 43–54, über die Korrespondenz zwischen Lusignan und Seldjuken.

13 Ich würde hier jedoch nicht so radikal formulieren wie Henry E. STEEN, Les clichés épistolaires dans les lettres sur papyrus grecques, in: Classica et Mediaevalia 1, 1938, S. 119–176, hier S. 123, der die Wiedergabe der gesprochenen Sprache nur als Ergebnis der Bemühungen von Personen hoher Bildung für möglich hält. Ein wenig gebildeter Briefschreiber wird sich zwar mit Erleichterung der ihm bekannten Klischees und der vereinfachenden Anleitungen eines Briefstellers bedienen, doch ist es anzunehmen, daß sich Elemente der gesprochenen Sprache in den Brief hinüberretten. Das bekannteste Beispiel der bewußten Verwendung der Volkssprache in der Frühen Neuzeit sind wohl die Briefe und der Briefsteller von Fragkiskos Skoufos, s. MANOUSSACAS, Contribution, 27ff, 85ff; DERS., Problèmes, 150.

sprache. Vorwiegend für diese Briefschreiber werden im 18. Jahrhundert die neuen Briefsteller, die mit der alten Tradition teilweise brechen, konzipiert und immer wieder neu aufgelegt[14]. Zur Zeit der verstärkten Berührung zwischen Bildungs- und Handelsschicht um die Wende vom 18. zum 19. Jahrhundert werden Versuche unternommen, Sprache und Stil des Geschäftsbriefes an die Vorbilder aus gelehrten Kreisen anzunähern. So sieht sich Nikolaos Papadopoulos zu Beginn des 19. Jahrhunderts in seiner Handelsenzyklopädie veranlaßt, das Schreiben von Geschäftsbriefen in einer von fremden Wörtern gereinigten Sprache zu empfehlen, und regt im Einklang mit den Vorschlägen von Korais die Anreicherung der Terminologie mit Hilfe des altgriechischen Wortschatzes an[15].

Mit welchen Kriterien wählten Briefschreiber, die mehrere Stil- und Sprachstufen beherrschten, die für das jeweilige Schreiben geeignete? Die Briefsituation bedingte zweifellos die Wahl, jedoch ist diese Erklärung nicht in allen Fällen hinreichend. Ein zusätzliches Problem stellt die Tatsache dar, daß vorwiegend Briefe von allgemeinem Interesse weiterkopiert wurden, während Briefe rein privaten Charakters derselben Autoren selten in Sammlungen aufgenommen wurden. Einer der bedeutendsten Briefautoren, Alexandros Mavrokordatos, von dem ausschließlich hochsprachliche Briefe erhalten sind, trennt zwischen Privatbrief mit literarischen Ansprüchen in archaisierender Sprache und familiärem oder Freundschaftsbrief, der auch in einfacher Sprache geschrieben sein kann[16]. Evgenios Voulgaris, der vorwiegend die Hochsprache in seiner Korrespondenz verwendete, hat Briefe in der Volkssprache, sogar dialektal gefärbt geschrieben[17]. Aber auch Evgenios Giannoulis, Anastasios Gordios und sein Bruder Athanasios sowie der bekannteste neugriechische Briefautor

---

[14] S. Triantafyllos E. SKLAVENITIS, Τὰ ἐμπορικὰ ἐγχειρίδια τῆς Βενετοκρατίας καὶ Τουρκοκρατίας καὶ ἡ Ἐμπορικὴ Ἐγκυκλοπαιδεία τοῦ Νικολάου Παπαδόπουλου [Die Handelshandbücher während der Venezianer- und Türkenherrschaft und die Handelsenzyklopädie von Nikolaos Papadopoulos] (Ἑταιρεία Μελέτης Νέου Ἑλληνισμοῦ, Παράρτημα περιοδικοῦ Μνήμων 5), Athen 1991, S. 30–33.

[15] Nikolaos PAPADOPOULOS, Ἑρμῆς ὁ Κερδῷος ἤτοι Ἐμπορικὴ Ἐγκυκλοπαιδεία [Hermes der Gewinnbringende, eine Handelsenzyklopädie] 1, Konstantinopel 1815, S. ιε΄: "καὶ σεῖς γενικῶς, ὦ απόγονοι τῶν γλαφυρῶν Ἑλλήνων, μὴ καταδέχεσθε νὰ βαρβαρίζητε μήτε εἰς αὐτὴν τὴν ἐπιστολογραφικὴν ἀνταπόκρισίν σας, μήτε εἰς τὴν συνομιλίαν σας ἰταλίζοντες, καὶ τουρκίζοντες ὡς τάχα εὐγενῶς ἢ πολυμαθέστερα ἐκφραζόμενοι", vgl. das Beispiel eines von Fremdwörtern gereinigten Satzes aus einem Geschäftsbrief, ebd., S. ις΄.

[16] S. den Brief von Alexandros Mavrokordatos ἐξ ἀπορρήτων an seinen Sohn Nikolaos, in: Ἐπιστολάριον ἐκ διαφόρων ἐρανισθὲν καὶ τυπωθέν ... [Briefsteller aus Verschiedenen zusammengetragen und gedruckt ...], Konstantinopel 1804, S. 212–214, hier S. 212: "Ἑλληνιστὶ καὶ τῇ ἀγοραίᾳ διαλέκτῳ γεγραμμένας δύω ἐπιστολὰς ἐδεξάμην χθὲς, καὶ ἐπ' ἀμφοτέραις ὡς οὐδέποτ' ἥσθην. Τῇ μὲν γὰρ ἐπὶ λεπτοῦ διεσάφισας τὰ κατ' οἶκον, καὶ τοῖς ἐμοῖς γράμμασιν ἀπεκρίθης, καὶ τὰ μὲν ἄλλα συνιεὶς αὐτῆς ἠγάπηκα, καὶ τὸ ἐπιμελὲς ἠγάσθην. τῆς δὲ τὴν ἐκλογὴν τῶν λέξεων, καὶ τὴν συνθήκην ἐπαινῶ". Brief 46 (14.12.1696) des Katalogs von Dimitris G. APOSTOLOPOULOS, Ἡ ἑλληνικὴ ἐπιστολογραφία τοῦ Ἀλεξάνδρου Μαυροκορδάτου τοῦ ἐξ Ἀπορρήτων. Ἡ ὀργάνωση μιᾶς ἔρευνας [Der griechische Briefwechsel des Alexandros Mavrokordatos ἐξ Ἀπορρήτων. Der Aufbau eines Forschungsprojektes], in: Ὁ Ἐρανιστής 16, 1980, S. 151–189.

[17] K. Th. DIMARAS, Ἱστορία τῆς Νεοελληνικῆς Λογοτεχνίας [Geschichte der neugriechischen Literatur], Athen [7] 1985, S. 135.

Adamantios Korais, die nicht extreme Sprachstufen bevorzugen, schreiben eine keineswegs einheitliche Sprache.

Im beginnenden 19. Jahrhundert ist die Verwendung der archaisierenden Sprache in Privatbriefen entweder ein literarisches Spiel oder die konsequente Umsetzung der entsprechenden Position im Rahmen des Sprachenstreits[18]. Markante Beispiele für die zweite Kategorie liefern Neofytos Doukas und Stefanos Kommitas[19]. Ein Beispiel für den ersten Fall stellen die Briefe von Stefanos an Konstantinos Oikonomos während der Reise des ersteren von Tsaritsani nach Wien dar[20]. Der erste und der letzte Brief sind im archaisierenden Griechisch, die beiden anderen in einer gepflegten Umgangssprache verfaßt. Die ersteren sowie ein weiterer Brief aus Wien beinhalten ausschließlich Eindrücke der Reise und der besuchten Städte und erheben, wie es scheint, einen gewissen literarischen Anspruch, während die beiden umgangssprachlichen Briefe aus Smyrna hauptsächlich Nachrichten über den technischen Ablauf der Reise und den allgemeinen Zustand der Reisenden vermitteln wollen. Auch praktische Gründe bestimmen hier wahrscheinlich die gewählte Stilstufe. Die archaisierenden Briefe sind eher das Produkt einer Musestunde, die anderen dagegen unter Zeitdruck verfaßt und weil sich gerade eine günstige Gelegenheit bot[21].

Die gelehrten Briefschreiber folgen unabhängig von der hochsprachlichen Varietät, die sie verwenden, zumindest bis ins 18. Jahrhundert den Geboten der spätantiken Brieftheorie, wie sie in der patristischen Literatur und während der gesamten Byzantinischen Zeit erweitert und festgelegt wurden[22]. Manoussacas stellt im Bereich der Briefsteller einen Wandel fest, der im 17. Jahrhundert einsetzt und im 18. Jahhundert mit den ersten in Venedig gedruckten populären Briefstellern abgeschlossen ist und der für ihn eindeutig den Stempel des italienischen Einflusses trägt[23]. Dieser Einschnitt betrifft jedoch vor allem

---

18 Über den Sprachenstreit s. Gunnar HERING, Die Auseinandersetzungen über die neugriechische Schriftsprache, in: Christian HANNICK (Hg.), Sprachen und Nationen im Balkanraum. Die historischen Bedingungen der Entstehung der heutigen Nationalsprachen, Köln-Wien 1987, S. 125–194, v.a. S. 130–141.

19 Unter anderem versuchte Doukas durch Dialoge und Briefmuster, die Alltagssituationen in einer künstlichen Sprache wiedergeben, die Kinder mit Altgriechisch vertraut zu machen, s. Neofytos DOUKAS, Φοῖνιξ. Ἤτοι Διάλογοι καὶ Ἐπιστολαί ... [Phoenix. Dialoge und Briefe], Wien 1815. Über Kommitas' Enzyklopädie s. weiter unten, S. 34.

20 Κωνσταντίνος ΟΙΚΟΝΟΜΟΣ ὁ ἐξ Οἰκονόμων, Ἀλληλογραφία [Konstantinos Oikonomos ἐξ Οἰκονόμων. Briefwechsel] 1, hrsg. von Kostas LAPPAS und Rodi STAMOULI, Athen 1989, Briefe 15 (25.7.1804), 18 (17.8.1804), 19 (26.8.1804), 21 (25.11.1804).

21 So ausdrücklich Stefanos Oikonomos im Brief 19 (26.8.1804), S. 27: "νῦν δὲ τυχούσης πάλιν ὀκαζιόνε". Vgl. allerdings den Brief von Stefanos an Konstantinos Oikonomos 27 (25.8.1805), der in einer bis zur Unverständlichkeit nebulosen archaisierenden Sprache konkrete Alltagsprobleme sowie Unstimmigkeiten zwischen ihm und seinem Bruder behandelt.

22 J. SYKUTRIS, Probleme der byzantinischen Epistolographie, in: IIIme Congrès International des Etudes Byzantines (Athen 1930), Athen 1932, S. 295–310; Herbert HUNGER, Die hochsprachliche profane Literatur der Byzantiner 1 (Byzantinisches Handbuch im Rahmen des Handbuchs der Altertumswissenschaft 5/1), München 1978, Kap. 3. Epistolographie.

23 S. diesbezüglich vor allem MANOUSSACAS, Contribution, S. 131ff., DERS., Problèmes, 151–152.

diejenigen Briefsteller, die nicht die *hommes des lettres* ansprechen wollten, sondern eindeutig für eine neue Käuferschicht, die Geschäftsleute, konzipiert wurden. Es handelt sich daher um eine neue Art von Anleitungen zum Briefschreiben. Ein Teil dieser ab der Mitte des 18. Jahrhunderts in immer neuen Auflagen gedruckten Briefsteller, allen voran deren Prototyp, das *'Επιστολάριον* von Spyridon Milias[24], vermengte in der Absicht, einen anderen Kreis von Briefschreibern zu erreichen, italienisch beeinflußte Anweisungen zum Briefschreiben und neue Muster mit alten Titulaturbüchern wie die *"Εκθεσις Νέα*[25], die die korrekte Anrede der Adressaten aus dem kirchlichen Bereich für jedermann zugänglich machen sollte[26].

Im Bereich des gelehrten Briefes blieben jedoch auch nach Erscheinen der neuen Anleitungen und parallel zur unterschiedlichen Entwicklung der Handelskorrespondenz die alten Vorbilder und Mustersammlungen bestimmend. Manoussacas führt den großen Erfolg des Briefstellers von Korydalevs[27], der wie er zeigt, antike Vorbilder und insbesondere das kleine unedierte Traktat *'Επιστολικοῦ Χαρακτῆρος Σύνοψις* aus dem 16. Jahrhundert weitertradiert[28], auf die Tatsache zurück, daß er lange Zeit der einzige gedruckte Briefsteller war[29]. Die griechische Schulbildung kennt jedoch noch im 19. Jahrhundert Unterrichtsformen, die sich auf die Abschrift von Handschriften bzw. die sorgfältige Niederschrift von Vorträgen stützen. Die Verbreitung nicht gedruckter

---

24 Eine Übersicht der etwas komplizierten Editionsgeschichte dieser Briefsteller, die die beiden wichtigsten Verleger griechischer Werke in Venedig, Theodosiou und Glykys, druckten, s. in Georgios G. LADAS/Athanasios D. HATZIDIMOS, 'Ελληνική Βιβλιογραφία. Συμβολὴ στὸ δέκατο ὄγδοο αἰώνα [Griechische Bibliographie. Beitrag zum 18. Jahrhundert], Athen 1964, 128–131, 148–151, 161–164, 197–198.

25 Es handelt sich um eine Anleitung zum korrekten Gebrauch von Titeln im Kanzleiwesen, die schon im 14 Jh. in Verwendung war, s. J. DARROUZES, Ekthésis Néa. Manuel des Pittakia du XIVᵉ siècle, in: Revue des Etudes Byzantines 27, 1969, S. 5–127. Milias schreibt sie dem Kodinos zu, weil ihm entweder einer der Codices des Pseudo-Kodinos zur Verfügung stand, in dem der Text mit der interpolierten *"Εκθεσις Νέα* vermengt worden war, oder — was wahrscheinlicher erscheint — weil er den Text einer der gedruckten Editionen des Pseudo-Kodinos, die auch die *Ekthesis* enthielten, entnahm. Am ehesten dürfte seine Vorlage die von Patousas betreute Ausgabe (1729), in der Venedig-Edition der byzantinischen Historiker gewesen sein, s. DARROUZES, S. 6, Anm. 3; Jean VERPAUX, Pseudo-Kodinos. Traité des Offices. Introduction, Texte et Traduction [Paul LEMERLE (Hg.), Le monde Byzantin 1], Paris 1966, S. 66 u. 114ff.

26 Noch in der Ausgabe von 1832 des 'Επιστολάριον von Glykys wurde die *"Εκθεσις Νέα* weiterhin gedruckt, s. 'Επιστολάριον περιέχον Διαφόρους Χαρακτῆρας καὶ 'Υποδείγματα 'Επιστολῶν Briefsteller mit verschiedenen Arten und Mustern von Briefen], Venedig 1832, 139–148.

27 Theofilos KORYDALEVS, Περὶ ἐπιστολικῶν τύπων [Über Briefarten], London 1625, weitere Ausgaben Moschopolis 1744, Halle 1768, Venedig 1786. Zum Briefsteller des Korydalevs s. vor allem MANOUSSACAS, Contribution, S. 74–80; leichter zugänglich DIMARAS, 'Ιστορία [Geschichte], S. 59–60; Cléobule TSOURKAS, Les débuts de l'enseignement philosophique et de la libre pensée dans les Balkans. La vie et l'œuvre de Théophile Corydalée (1570–1646), Thessaloniki ²1967, S. 98–99.

28 MANOUSSACAS, Contribution, 75ff; s. auch Hugo RABE, Aus Rhetoren-Handschriften, in: Rheinisches Museum für Philologie NF 64, 1909, S. 284–309, hier S. 303ff.

29 MANOUSSACAS, Contribution, 80–81

Schriften war langsamer aber dennoch erfolgreich. Im ausgehenden 18. und im 19. Jahrhundert wird die Bedeutung der gedruckten Lehrbücher immer größer und die Erleichterung für den Schüler stellt einen der am häufigsten in Vorworten erwähnten Entstehungsgründe von Druckschriften dar[30]. Da jedoch die Druckzentren von den Gebrauchsorten weit entfernt waren und die Transporte nicht immer glücklich verliefen, aber auch aus finanziellen Gründen, setzte sich die Abschrift von Handschriften und in verstärktem Maße von gedruckten Werken fort[31]. Wichtiger aber ist es, dabei zu berücksichtigen, daß die Verbreitung eines Werkes auch auf die Akzeptanz des Publikums, in diesem Fall hauptsächlich der Lehrer und Schüler, stoßen muß, und diese scheint für Korydalevs' Werk auch nach dem Erscheinen von anderen gedruckten Briefstellern vorhanden gewesen zu sein. Im ausgehenden 18. Jahrhundert widmete der thessalische Lehrer Ioannis Pezaros ein ganzes Schuljahr dem Erlernen des Briefschreibens anhand dieses Briefstellers[32]. Basileios Iatros, der 1804 einen Briefsteller für die Schuljugend herausbrachte, sammelte in seinem Werk höchstwahrscheinlich die Schriften, die im Schulunterricht noch in Verwendung waren, allen voran den einleitenden Text aus Korydalevs' Briefsteller — ohne die dazugehörigen Briefmuster — sowie die sogenannte Sammlung der "Vierzig Muster", eine erweiterte Variante des Pseudo-Libanios/Proklos Briefstellers[33]. Stefanos Kommitas verwendete 1812 im achten Band seiner Enzyklopädie Korydalevs als Grundlage für eine Anleitung zum Briefschreiben[34]; Korydalevs' Briefsteller diente in seiner ursprünglichen Form neben der Logik von Soug-

---

30 Damaskinos PAPA PANAGIOTOPOULOS, 'Επιστολάριον 'Ελληνικὸν τοῦ σοφωτάτου καὶ πανιερωτάτου Μητροπολίτου Συνεσίου ... [Griechischer Briefsteller des äußerst weisen und allerheiligsten Metropoliten Synesios], Venedig 1815, S. η', verwendet sogar das "Gleichnis vom anvertrauten Talent" um zu veranschaulichen, daß es die Pflicht jeden Lehrers ist, nicht nur sein ganzes Wissen seinen Schülern zu vermitteln, sondern dies zum Nutzen aller Christen in den Druck zu bringen.

31 Die parallele Existenz von Hand- und Druckschriften im Unterricht aber auch allgemein in der Zusammensetzung der privaten Buchsammlungen dauerte bis ins 19. Jahrhundert an. 1813 wurde der 1808 in Wien erschienene Briefsteller von D. Darvaris in Botoşani kopiert, s. Ariadna CAMARIANO-CIORAN, Les Académies princières de Bucarest et de Jassy et leurs professeurs, Thessaloniki 1974, S. 174, Anm. 139. Über den Mangel an Lehrbüchern und den daraus entstehenden Zwang zum Abschreiben aufschlußreich sind die Briefe des Lehrers Filippos Aristovoulos aus seiner Studienzeit um die Mitte des 19. Jh.s, s. Ioanna PETROPOULOU, 'Ανθολόγιο Φίλιππου 'Αριστόβουλου [Florilegium des Filippos Aristovoulos], in: Δελτίο Κέντρου Μικρασιατικῶν Σπουδῶν 5, 1984/85, S. 187–239, hier S. 195, Anm. 25. Noch 1873 wurde ein Teil der Weltgeschichte von Konstantinos Koumas (Wien 1830–1832) kopiert, Handschriftenabteilung der Griechischen Nationalbibliothek [EBE 2412].

32 Konstantinos M. KOUMAS, 'Ιστορίαι τῶν ἀνθρωπίνων πράξεων [Geschichte der menschlichen Taten] 12, Wien 1832, S. 561.

33 'Επιστολάριον ἐκ διαφόρων ἐρανισθέν ..., Konstantinopel 1804. Eine erste Aufstellung von Handschriften, die die "Vierzig Muster" beinhalten s. bei RABE, Aus Rhetoren-Handschriften, S. 298.

34 'Εγκυκλοπαιδεία 'Ελληνικῶν Μαθημάτων ... [Enzyklopädie des Griechischunterrichts] 8, Wien 1812. In seinem Vorwort erklärt Kommitas, daß er die Anleitung von Korydalevs methodischer, übersichtlicher und logischer (εὐξυνετώτερον) gestaltet hat.

douris als Unterrichtsunterlage für Kommitas' fortgeschrittene Schüler in Bukarest[35].

Kaum untersucht ist der Einfluß der Philologischen Enzyklopädie von Ioannis Patousas, die der griechischen Schulausbildung mehr als hundert Jahre zugrundelag, auf die Briefform. Übungen zum Briefschreiben waren im Lehrplan integriert; das Ziel der ersten Stufen war die Festigung der Grammatikkenntnisse der Schüler[36], in höheren Stufen wurde die Aufmerksamkeit auch auf den Inhalt der Briefe und die Kunst des Briefschreibens gerichtet. Neben dem Briefsteller des Korydalevs dürfte die Enzyklopädie am weitgehendsten das Erlernen des Briefschreibens individuell oder im Rahmen der Schulbildung beeinflußt und den persönlichen Briefstil geprägt haben, da sie einen leichten Zugang zu Zitaten älterer Autoren, die zur stilistischen Aufwertung der Briefe herangezogen wurden, bedeutete. Die Briefe stammen sowohl von christlichen als auch von heidnischen Autoren. Die Zusammensetzung ist einerseits das Ergebnis der westlichen Bildung des Herausgebers, andererseits ein Beispiel für das Fortbestehen der alten Kanones der Schulbildung[37]. Kommitas' Enzyklopädie gibt im großen und ganzen die Patousas-Sammlung mit einer Erweiterung der Briefe nicht christlicher Autoren wieder[38]. Die in verschiedenen Fassungen kopierten Mustersammlungen boten weitere traditionelle Vorbilder. Die Sammlung der "Vierzig-Muster" wurde kopiert, ins Neugriechische paraphrasiert[39] und zweimal (1804 im Briefsteller von Vasileiou und 1819) gedruckt,

---

35 Ἑρμῆς ὁ Λόγιος 6, 1816, S. 270: "Φιλολογικαὶ Ἀγγελίαι ἀπὸ Βουκουρεστίων περὶ τοῦ ἁπλοῦ Σχολείου" [Philologische Nachrichten aus Bukarest über die Grundschule].

36 Dies wurde vor allem anhand von Kunstbriefen, die dem Erlernen des Altgriechischen dienten, geübt und bestand meistens aus kleinen Aufsätzen zu Sprichwörtern oder Aphorismen in Briefform, die vom Schüler in der Hochsprache verfaßt oder von der Volkssprache in die Hochsprache übersetzt werden mußten. Diese Übungen sind unter dem Namen Themenepisteln (Θεματοεπιστολαί) bekannt. S. MANOUSSACAS, Contribution, S. 14–15; Adriana PIGNANI, Un'inedita raccolta metabizantina di "tèmi" epistolari. Annali della Facoltà di Lettere e Filosofia dell'Università di Napoli 13, 1970/71, S. 91–105. Zu den Übersetzungsübungen im allgemeinen, der sogenannten Thematographie, s. Maria MANTOUVALOU, Η ελληνική θεματογραφία στη Δύση και οι Κώδικες Vat. Gr. 1733, 1826, 1890 [Die griechische Thematographie im Westen und die Cod. Vat. Gr. 1733, 1826, 1890], in: dies. Κείμενα και Μελέτες Μεσαιωνικής και Νεοελληνικής Γραμματείας. Νέες προσεγγίσεις και αναγνώσεις [Texte und Studien zur mittelalterlichen und neueren griechischen Literatur. Neue Annäherungen und Lesarten], Athen 1990 [=Παρνασσός 15 (1973), 582–599 = Κείμενα καὶ Μελέται Νεοελληνικῆς Φιλολογίας 88].

37 Über die Briefe in Patousas' Werk sowie die Stellung der Epistolographie im Unterrichtsprogramm s. Athanasia K. ABDALI, Ἡ "Ἐγκυκλοπαιδεία Φιλολογική" τοῦ Ἰωάννου Πατούσα. Συμβολὴ στὴν ἱστορία τῆς παιδείας τοῦ Νέου Ἑλληνισμοῦ (1710–1839) [Die "Philogische Enzyklopädie von Ioannis Patousas. Ein Beitrag zur Bildungsgeschichte der neueren Gräzität (1710–1839)], Athen 1984., S. 148–152

38 U.a. wird Apollonios von Thyana aufgenommen, den man schon im Kanon bei Philostrat finden kann, s. ERASMUS von Rotterdam. De conscribendis epistolis. Anleitung zum Briefschreiben (Auswahl). Übersetzt, eingeleitet und mit Anmerkungen versehen von Kurt SMOLAK (8. Bd. der lat.-dt. Ausgabe), Darmstadt 1980, S. XVIII–XIX.

39 MANOUSSACAS, Contribution, S. 65–66, erwähnt eine Übersetzung in die Volkssprache aus dem 17. Jahrhundert und nimmt die Existenz mehrerer solcher an.

wenngleich der zweite Herausgeber Nikodimos Hagioreitis sie an die christliche Ethik anpaßte[40].

Die Periodisierung und sinnvolle Abgrenzung von literarischen Phänomenen ist keineswegs ein Problem, das ausschließlich die griechische Literatur betrifft. Da es sich hier jedoch um ein Sprachmedium handelt, das vor allem in seiner Verwendung in der Schulbildung eine außergewöhnliche Kontinuität aufweist, lassen sich Entwicklungen schwer eindeutig als Ergebnis entweder dieser Kontinuität oder doch verschiedener Brüche, die oft auf den Einfluß fremder Literaturen zurückzuführen sind, erklären. Schließlich verzögert sich die ohnehin langsame Reaktion der Schriftsprache und des Stils auf gesellschaftliche Veränderungen im Fall des Griechischen noch mehr aufgrund der etablierten hochsprachlichen Bildungstradition.

Die Beschäftigung mit den Briefen des Synesios sei hier exemplarisch für die Kontinuität erwähnt. Sie werden ähnlich wie in byzantinischer Zeit gelesen und nachgeahmt und während der gesamten hier behandelten Zeit kopiert[41]. Sie erscheinen zwischen 1780 und 1821 viermal — in unterschiedlich teurer Ausführung, um verschiedene Käuferschichten anzusprechen — im Druck: 1782 in Venedig herausgegeben von Anthimos Veras[42]; 1792 in Wien herausgegeben von Grigorios Konstantas mit den Scholien von Neofytos Kavsokalyvitis[43] sowie in zweiter Ausgabe von Spyridon Vlantis 1812 in Venedig[44] und 1815 in Venedig mit Übersetzung ins Neugriechische von Damaskinos Papa Panagiotopoulos[45].

Im Vorwort und in der Einleitung des 1808 in Wien erschienenen Briefstellers für die in Studium und Handel tätige Jugend von Dimitrios Darvaris[46] lassen sich Anhaltspunkte sowohl für die Kontinuität als auch für die Erneuerung finden. Der berühmte Brief Gregors von Nazianz an Nikobulos, eine knappe aber inhaltsreiche Anweisung zum Briefschreiben, der zu den verbreitetsten Schultexten in Byzanz und in der Neuzeit gehörte, wird bereits im Vorwort dem Leser in neugriechischer Paraphrase vorgestellt. Der erste Satz des ersten Kapitels der Anleitung von Darvaris erinnert an die Definition des Brie-

40 Κῆπος Χαρίτων ... [Garten der Gnaden ...], Venedig 1819.

41 Viele Handschriften aus dem 18. Jh. enthalten neben dem Briefkorpus Paraphrasen in die neugriechische Sprache, Scholien und Interpretationen, vor allem jene von Daniil Keramevs, s. Antonio GARZYA, Inventario dei manoscritti delle Epistole di Sinesio. Atti dell'Accademia Pontaniana XXII. Napoli 1973, 1–35 [=DERS., Storia e interpretazione di testi bizantini. Saggi e ricerche, Variorum Reprints London 1974, XXI].

42 Ἐπιστολάριον τοῦ σοφωτάτου Συνεσίου ἐπισκόπου Κυρήνης ... [Briefsteller des äußerst weisen Synesios, Bischof von Kyrene], Venedig 1782.

43 Αἱ ἐπιστολαί ... μετά σχολίων ... Νεοφύτου ... [Die Briefe ... mit Scholien ... von Neofytos], Wien 1792

44 Συνεσίου Ἐπιστολαὶ μετὰ τῶν σχολίων Νεοφύτου [Die Synesios-Briefe mit den Scholien von Neofytos], Venedig 1812.

45 Ἐπιστολάριον Ἑλληνικόν ... Συνεσίου ... Μετὰ τῶν ἐξηγήσεων εἰς τὸ ἁπλοῦν ... [Griechischer Briefsteller ... aus Synesios ... mit den Erklärungen in der einfachen Sprache], Venedig 1815.

46 Dimitrios Nikolaos DARVARIS, Ἐπιστολάριον κοινωφελὲς εἰς χρῆσιν τῶν περὶ τὴν σπουδὴν καὶ ἐμπορίαν καταγινομένων νέων [Allgemeinnützlicher Briefsteller für die im Studium und Handel tätige Jugend] , Wien 1808.

fes von Korydalevs: Der Brief ist das Gespräch mit den Abwesenden[47]. Oder bedienen sich beide Autoren des Topos, den die griechische und lateinische Literatur seit der Antike kennen und der durch die Schulbildung allgemein bekannt ist?[48] Wenn Darvaris dem angehenden Briefschreiber die Schlichtheit im Ausdruck und die Klarheit der Gedanken empfiehlt und andere allgemeingültige und verbreitete Anweisungen gibt, kann man nicht eindeutig klären, ob es sich um eine Neuformulierung von bekannten Regeln, die schon in den spätantiken Briefstellern vorhanden sind, oder um eine Beeinflussung durch die neuen Tendenzen im deutschsprachigen Brief seit Karl Philipp Moritz[49] — bzw. in der Habsburgermonarchie seit Sonnenfels' Anweisungen[50] — und durch die vielen österreichischen (auch österreichisch-ungarischen) Briefstellern[51] der Jahrhundertwende handelt. "Briefe schreiben ist eine sehr nützliche und nöthige Sache, die einem jeden Menschen fast unentbehrlich ist. So notwendig es ist, daß man wisse, mit andern zu reden und seine Bedürfnisse mündlich vorzutragen, so nothwendig ist es auch, daß man wisse, an andere zu

---

47 KORYDALEVS, Ἔκθεσις, S 2: "Ἔστι δ' ὡς ἐν γένει εἰπεῖν ἡ ἐπιστολὴ, ἀπόντι πρὸς ἀπόντα διάλεξις"; DARVARIS, Ἐπιστολάριον [Briefsteller], S. 5:"Ἡ ἐπιστολὴ [...] εἶναι ἔγγραφος ὁμιλία πρὸς τοὺς ἀπόντας".

48 Der Brief wird schon im ältesten Werk, das Anweisungen zum Briefschreiben enthält, das *Περὶ ἑρμηνείας* von Demetrios, 223, als "der andere Teil des Dialogs" (τὸ ἕτερον μέρος τοῦ διαλόγου) definiert, zit. nach Klaus THRAEDE, Grundzüge griechisch-römischer Brieftopik [Erich BURCK/ Hans DILLER (Hg.), Zetemata. Monographien zur Klassischen Altertumswissenschaft 48], München 1970, S. 17; der Text folgt der ed. Radermacher mit textkritischen Verbesserungen. Nach dem Proklos-Briefsteller ist der Brief "ὁμιλία τις ἐγγράμματος ἀπόντος πρὸς ἀπόντα", LIBANIUS Opera 9, ed. Foerster, Leipzig 1927 (ND Hildesheim 1963), S. 27, 8–9. Zur Berichtigung des problematischen Titels und zur Frage des Autors s. Joh. SYKUTRIS, Proklos Περὶ ἐπιστολιμαίου χαρακτῆρος, Byzantinisch-Neugriechische Jahrbücher 7 (1928/29, gedr. 1930), 108–118. Anregend in diesem Zusammenhang sind die Gedanken von Diethelm BRÜGEMANN, Gellert, der gute Geschmack und die üblen Briefsteller. Zur Geschichte der Rhetorik in der Moderne, DVjS 45, 1971, S. 117–149, v.a. S. 145ff, über die begriffliche Veränderung des Topos durch Gellert und seine Anpassung an die Prinzipien der neuen Bürgerlichkeit.

49 Karl Philipp MORITZ, Anleitung zum Briefschreiben, Berlin 1783; DERS., Allgemeiner deutscher Briefsteller, welcher eine kleine deutsche Sprachlehre, die Hauptregeln des Styls und eine vollständige Beispielsammlung aller Gattungen von Briefen enthält, Berlin 1793. Zu den Neuerungen, die Moritz in die deutsche Epistolographie bringt s. Reinhard M. G. NICKISCH, Die Stilprinzipien in den deutschen Briefstellern des 17. und 18. Jahrhunderts. Mit einer Bibliographie zur Briefschreiblehre (1474–1800) [Hans NEUMANN u.a. (Hg.) Palaestra. Untersuchungen aus der deutschen und englischen Philologie und Literaturgeschichte 254], Göttingen 1969. Angelika EBRECHT und Herta SCHWARTZ die in: Angelika EBRECHT u.a. (Hg.), Brieftheorie des 18. Jahrhunderts. Texte, Kommentare, Essays, Stuttgart 1990, Auszüge von Moritzens Texte kommentiert haben, zeigen sich, S. 290, Anm. 5, mit dem Gedanken von Nikisch, die Stilprinzipien von Moritz seien "die Vollendung der deutschen Brieflehre", nicht einverstanden, führen aber ihre Argumentation diesbezüglich nicht aus.

50 Josef von SONNENFELS, Über den Geschäftsstil. Die ersten Grundlinien für angehende österreichische Kanzleybeamten, Wien 1784, s. NICKISCH, a.O., S. 193.

51 S. z.B. Neuester Österreichischer Briefsteller zum Behufe aller Menschenklassen in den k.k. Staaten ..., Wien ^{4}1802; Allerneuester vermehrt und verbesserter Deutscher und Ungarischer Briefsteller für alle Fälle des gesellschaftlichen Lebens ..., Pest 1815; dieser Briefsteller übernimmt vom Neuesten Briefsteller (S. 1–15) die Anweisung zum Briefschreiben (S. 21–33), unterscheidet sich jedoch in der Mustersammlung.

schreiben und solche vorzubringen [...]"[52]. Man ist hier fast geneigt, von einer direkten Übernahme zu sprechen, so ähnlich sind sich der griechische und der deutsche einführende Satz[53]. Der Topos der Überbrückung der Entfernung durch den Brief, den Darvaris mit großer Ausführlichkeit darstellt, ist jedoch in der griechischen Brieftradition allzu lebendig, als daß man die Erklärung für diese Einführung gleich in einem fremdsprachigen Text suchen sollte.

Es gibt allerdings auch andere Anleihen aus einem der beiden verbreiteten Briefstellern für die Jugend von Johann Heinrich Bolte, die doch auf eine Berührung mit dem neuen deutschen Briefstil hinweisen[54]. Darvaris übernimmt neben der Kapitelanordnung auch manche Sätze und Beispiele wörtlich, wie z.B. aus dem Abschnitt über die *Geschichte der Schreibkunst* [55]. Er scheint in einem neuartigen Briefsteller alle Bedürfnisse stillen zu wollen: die der Schüler aber auch der gebildeten Leser sowie die der angehenden Kaufleute und der Handeltreibenden. Briefmuster können als solche übernommen werden oder als Sprachübung von den Schülern ins Griechische übersetzt werden[56].

Die verschiedenen Anweisungen über den korrekten Gebrauch von Titeln mit Beispielen über Baronessen und Gräfinnen[57] sind nicht nur für die Herkunft der Vorlage(n) ein Indiz, sondern auch für das Zielpublikum, das wie bei allen Werken von Darvaris in erster Linie die Balkankaufleute der Habsburger Monarchie waren — insbesondere, die dort geborene Jugend, die mit den Problemen der zweiten Generation zwischen schon fremd gewordener Tradition und Integration kämpfen mußte[58]. Der Briefsteller hatte daher eine vielseitige pädagogische Funktion: die Unterstützung beim Unterricht des Griechischen, die Bindung an die traditionellen Bildungsmuster und die Erklärung der sozialen Wirklichkeit in der neuen gesellschaftlichen Umgebung.

---

52 Neuester Österreichischer Briefsteller, S. 1; Allerneuester Deutscher und Ungarischer Briefsteller, S. 21.

53 DARVARIS, 'Επιστολάριον [Briefsteller], S. III: "Briefe sind nicht nur nützlich, sondern für jedermann nötig: weil, so wie es nötig ist, mit jemanden anderen mündlich sprechen zu können, so ist es auch nötig, dies auch schriftlich tun zu können, weil wir nicht immer die Möglichkeit haben, mit einem Menschen zusammen zu sein ".

54 Johann Heinrich BOLTE, Berlinischer Briefsteller für das gemeine Leben. Zum Gebrauch für deutsche Schulen und für jeden, der in der Briefstellerei Unterricht verlangt und bedarf, Berlin ^{1}1782, ^{7}1798, ^{9}1806 (s. NICKISCH, Stilprinzipien: Chronologisches Verzeichnis der deutschen Briefsteller Nr.276); J.H. BOLTE, Berlinischer Briefsteller für junge Kaufleute [...], Berlin ^{1}1791, ^{2}1796, ^{3}1806 (NICKISCH, a.O, Nr. 277)

55 Vgl. DARVARIS, 'Επιστολάριον [Briefsteller], S. 2–3; BOLTE, Briefsteller für das gemeine Leben (^{7}1798), 4–5.

56 DARVARIS, 'Επιστολάριον [Briefsteller], S. VIII–IX

57 DARVARIS, 'Επιστολάριον [Briefsteller], S. 28, 49 ff.

58 Einen Überblick zu Darvaris' Lehr- und Schriftstellertätigkeit mit weiterführender Literatur bieten Despina LOUKIDOU-MAVRIDOU/ Ioannis A. PAPADRIANOS, Dimitrios Darvaris: sa contribution à l'évolution littéraire bulgare, in: Α΄ 'Ελληνοβουλγαρικό Συμπόσιο. Πρακτικά [1. Griechisch-Bulgarisches Symposion. Akten], Thessaloniki 1980, S. 211–226, und Ioannis A. PAPADRIANOS, Οι 'Ελληνες πάροικοι του Σεμλίνου. Διαμόρφωση της παροικίας, δημογραφικά στοιχεία, διοικητικό σύστημα, πνευματική και πολιτιστική δραστηριότητα [Die Griechen von Semlin. Entstehung der Kolonie, demographische Daten, Verwaltungssystem, geistige und kulturelle Tätigkeit], Institute for Balkan Studies 210, Thessaloniki 1988, S. 125f und 179–186.

Ausgehend von den Briefstellern und dem von ihren Herausgebern angenommenen Zielpublikum könnte man an der Wende vom 18. zum 19. Jahrhundert drei Gruppen von Briefschreibern in griechischer Sprache unterscheiden: die relativ kleine Gruppe der selbständingen, durch ihre Bildung selbstbewußt die verschiedenen Stränge der griechischen Brieftradition in ihrer Korrespondenz integrierenden gebildeten Schreiber, die sich auch flexibel die neueren Formen aneignen konnten; eine größere, jedoch zahlenmäßig nicht eindeutig erfaßbare, unterschiedlich alphabetisierte Gruppe, die mit Hilfe der neuen Briefsteller aber auch weiterhin der Auftragsbriefschreiber korrespondieren konnte; schließlich die durch ihre Beweglichkeit mit der Notwendigkeit der Anpassung an die bürgerlichen Verhaltensnormen Mittel- und Westeuropas konfrontierte Diaspora, die Schreiber mit unterschiedlichem Bildungsgrad umfaßte. Es wäre noch zu untersuchen, ob sich weniger versierte Schreiber tatsächlich strenger an die vorgeschriebenen und durch die Briefsteller verbreiteten Register des sozialen und sprachlichen Verhaltens halten mußten, oder ob sie ihre Vorbilder in anderen Texten fanden[59]. Die gelehrten Korrespondenten, deren in größerer Zahl erhaltene (und geschriebene?) Briefe unser Bild des realisierten Briefschreibens prägen, konnten eigene stilistische Merkmale in die durch die Schulbildung angeeigneten Formen einbauen. Der Briefsteller war für sie zunächst ein Schulbuch und später ein nützlicher Begleiter, dessen wiederholte Lektüre die eigenen Ausdrucksmöglichkeiten in der alten rhetorischen Tradition definierte, ohne die lesenden Schreiber zur Anwendung der schon vorhandenen Formen zu verpflichten.

---

[59] Roger CHARTIER, Des "secrétaires" pour le peuple? Les modèles épistolaires de l'Ancien Régime entre littérature de cour et livre de colportage, in: La correspondance. Les usages de la lettre au XIXe siècle, hrsg. von Roger CHARTIER u.a., Paris 1991, S. 159–207, zeigt z.B., S. 191f, daß die französischen "hommes du 'peuple' " die Vorbilder für ihre Briefe unter anderem aus dem Roman der Empfindsamkeit oder aus der christlichen Rhetorik nahmen.

Wien – Konstantinopel, ein Weg reger diplomatischer und Handelskommunikationen im 18. Jahrhundert

von

SNEŠKA PANOVA

Zwischen Wien und Konstantinopel existierte stets Kommunikation, die in Zusammenhang mit der Zeit und den Wechselbeziehungen beider Reiche mit verschiedener Intensität verlief. So sehr auch ihre Beziehungen spezifisch waren, war doch die Grundlage dazu die gleiche wie in den übrigen Ländern (z.B. Paris – Konstantinopel oder Venedig, London, den Haag – Konstantinopel usw.), und zwar geschah dies durch die Institution der "Gesandtschaften". Mit anderen Worten, die Entwicklung der Kommunikationen und ihre Perfektionierung standen in enger Beziehung zur Entwicklung der erwähnten Institutionen. Warum aber war es gerade im 18. Jahrhundert möglich, schon von regen Kommunikationen, und insbesondere zwischen Wien und Konstantinopel, zu reden?

Diese Frage könnte verschiedentlich gedeutet werden, doch die treffenste Antwort läge in der Existenz der "Kapitulationen" zu jener Zeit. Die Kapitulationen sind ein Sammelbegriff für jene Traktate, Immunität, Privilegien und Konzessionen, die den europäischen Staaten von den Sultanen aufgrund des Exterritorialitätsprinzip gewährt wurden. Demzufolge wurde dem Ausländer das Recht eingeräumt, die Gesetze seines eigenen Staates auf fremden Territorium auszuüben. Im Osmanischen Reich ging – im Hinblick darauf, daß das Reich aus der Familie der christlichen Nationen bzw. aus dem internationalen Staatensystem ausgeschlossen war – das Kapitulationssystem wesentlich weiter als anderswo. Es erfaßte sowohl die individuelle Freiheit und Sicherheit, die Immunität von Gesandten und Konsuln als auch eine Reihe von juristischen, wirtschaftlichen und religiösen Privilegien. Im Laufe der Zeit wiesen diese Privilegien auch politischen Charakter auf. Man war der Ansicht, daß die Unterzeichnung eines Vertrages zwischen der Pforte und einer christlichen Macht Verrat gegen die christlichen Nationen bedeutete. Da jedoch gewisse vertragliche Regelungen unumgänglich waren, erhielten die vergebenen Kapitulationen das Gepräge eines Vertrages. Man nimmt an, daß die erste Kapitulation, die in Form eines Vertrages herausgegeben wurde, aus dem Jahr 1535 stammte und vom Sultan Sülejman I an Frankreich vergeben wurde[1].

Somit wurden die Kapitulationen zur Grundlage der Wechselbeziehungen zwischen der Pforte und den Großmächten. Der Zeitraum vom erwähnten Kapitulationsvertrag bis zum Ende des 18. Jahrhunderts ist von diplomatischen und anderweitigen Bemühungen seitens der Westmächte erfüllt, die auf den Erwerb von Kapitulationen – was ihnen eine entsprechende Überlegenheit im Osmanischen Reich sichern sollte – gerichtet waren. Eine Ausnahme bildete Venedig, das schon im 15. Jahrhundert Kapitulationen erworben hatte. Seine Gesandten, die Bailly, die diesen Erwerb zu schätzen wußten, stimmten auf jedem Empfang beim Sultan und dem Vesir den Lobpreis: "Mögen die heiligen Kapitulationen stets bewahrt und unterstützt werden!"[2] an.

Die Positionen Frankreichs im Osmanischen Reich wurden anfangs von England bestritten. Ihm schloß sich Holland an, und danach folgten auch die übrigen Westmächte. Auf diese Weise wurde der Erwerb von Kapitulationen zur Grundlage auch der Wechselbeziehungen zwischen den Großmächten selbst, was zur Folge hatte, daß im 18. Jahrhundert der Erwerb solcher Kapitulationen allein von den Großmächten und nicht von der Pforte abhängig war. Das war der Grund, weshalb Österreich volle Kapitulationen und den Status einer Begünstigten Nation erst spät, nämlich durch das Traktat von 1783 erlangen konnte.[3]

Eines der Ergebnisse dieses Vorganges war die allmähliche Ausprägung Konstantinopels als Mittelpunkt und Zentrum der europäischen Diplomatie. Unabhängig von den diversen Interessen der europäischen Mächte, waren alle zusammen von dem Bestreben erfüllt, daß die Kapitulationen einseitig blieben, daß sie ja nicht den Charakter der Gegenseitigkeit zwischen ihnen und der Pforte annähmen. Genau in dieser Form blieben sie auch bis zum Ende ihrer Existenz – am Anfang des 20. Jahrhunderts – erhalten. Diese Situation blieb der Pforte nicht verborgen. Zu Beginn des 18. Jahrhunderts wurde im Namen des Sultans den Gesandtschaften der Großmächte in Konstantinopel folgende Mitteilung überbracht: "Groß-Sultan hat den Entschluß gefasset, nach allen denen Christlichen Höfen, von denen sich Ministri an der Ottoma-

---

1 Eine gründliche Analyse des Inhalts der Kapitulationen und der Geschichte ihrer Entwicklung lieferten C.R. de LAMASIERE, Les capitulations en Bulgarie, Paris, 1905; A. CALEB, Du régime des capitulations en Turquie par rapport à la Bulgarie, Genève, 1908; G. PELISSIE DU RAUSAS, Régime des Capitulations dans l'Empire Ottoman, Paris, 1910; Nasim SOUSA, The Capitulatory regime of Turkey - its History, Origin and Nature, Baltimore, 1933.

2 Mary Lucille SHAY, The Ottoman Empire from 1720 to 1734. As revealed in despatches of the Venetian baili. The University of Illinois Press Urbana, 1944, S.44-45.

3 Über die Ausgestaltung der von Österreich erworbenen Kapitulationen und die daraus entstandenen Schwierigkeiten, nebst Angabe mehrerer Autoren, siehe die Studie von Sneschka PANOVA, Über einige Probleme der Handelsbeziehungen zwischen Österreich und dem Osmanischen Reich im 18. Jahrhundert, in: Österreichische Osthefte, Wien, (in Druck).

nischen Pforte befinden, auch seine Ministros mit gleichem Charactere abzuordnen, so, daß sich in das künftige zu Wien, Paris, London, Venedig, in den Haag und anderer Orten Türkische ordinari Ambassadeurs und andere Ministri befinden werden." Ähnliches wurde auch 1725, danach 1777 verlautbart, doch fand dies alles keinen Anklang und blieb erfolglos.[4]

Analog waren auch die Bemühungen der Mächte im Bereich der Handelspraxis, zweiseitige Vereinbarungen zu verhindern. Die österreichische Seite, die höchst unzufrieden war mit dem durch die Handelsverträge von Passarowitz (Pozarevaz) und Belgrad (Beograd) Erreichten, prüfte deren Artikel, insbesondere den Artikel 11, und erwog die Möglichkeiten, sie erneut umzuarbeiten. Gleichzeitig damit hatte Österreich seine Absicht bekundet, daß bei den nun einsetzenden Verhandlungen nicht zugelassen werde, daß die Pforte, sich auf diesen Artikel stützend, logischerweise eine Gleichberechtigung fordern und dabei auch "den Einfall haben könnte, dieselben Konsulen, Protektoren oder zumindest den im Artikel 11 vorgesehenen Bevollmächtigten oder Sachbender in den k.k. Erbländern, die wir bislang zu verhindern bestrebt sind, zu erfordern".[5] Als Folge dieser Umstände nahmen sowohl die Handels- als auch die diplomatischen Kommunikationen einseitigen Charakter an.

In dem sich im 18. Jahrhundert herausbildenden System politischer, diplomatischer und Handelsinteressen und Beziehungen zwischen dem Osmanischen Reich und den Großmächten nahm Österreich den wichtigsten Platz ein. Und zwar, nicht nur wegen seiner geographischen Lage, sondern vielmehr wegen seiner Rolle und seiner Knotenstellung im Gleichgewichtssystem der Mächte dieses Zeitraums. Diese Umstände erforderten es, daß neben der Einrichtung des Gesandtschaftscorps auch eine systematische und reguläre diplomatische Korrespondenz am Wiener Hof organisiert werden sollte, die schon zu Beginn des Jahrhunderts ziemlich dynamisch und vielseitig verlief.

Es ist nicht möglich, die Entwicklung dieser Kommunikationen zu erforschen, ihren vollen Umfang, ihren Rhythmus und ihre Bedeutung zu begreifen, wenn man sich nicht die Entwicklung der periodischen Presse vor Augen hält. Die Anforderungen der diplomatischen Kommunikationen sind eben eine der grundsätzlichen Herausforderungen für die Bildung eines regulären Kurieramtes – Post, Zeitungen. Es ist wohl auch kein Zufall, daß gerade am Anfang des 18. Jahrhunderts und auch gerade in Österreich die erste reguläre

---

4 Wienerisches Diarium, N.31, 17. April, 1723; N.39, 16. Mai 1725; Staats- und Gelehrte Zeitung des Hamburgischen Unpartheischen Correspondenten, N.6, 10. Januar 1777. Weiter im Text werden die angeführten Zeitungen zwecks Erleichterung jeweils als WD und Z angegeben.

5 Das ist ein "Votum Commerciale" aus 1766 in 3-Frage-Punkten. Die erste lautet: Wie der türkische Handel in die gehörigen Schranken gesetzt und die Theils den Maut-Gefällen, theils den Erbländ.-Handels-Triebe daraus erwachsende Schädlichkeit vermeiden. Hof-Kammer-Archiv - Wien (weiter HKA),Siebenb. Akten, Rot Nr. 153, fol.527-552 (der hier zitierte Text ist auf fol.534-534 v).

Zeitung, das "Wiener Diarium" ins Leben gerufen wurde.[6] Außer als Informations- und Verbindungsmedium sind Zeitungen auch als Quellenmaterial für die Geschichte dieser Zeit von Bedeutung. Zahlreiche Autoren des 18. Jahrhunderts gründeten ihre Forschungen auf Berichte, die sie den Zeitungen entnahmen. So berichtete zum Beispiel J.F. Bret, daß er den 8. Teil seiner Schrift aufgrund von Mitteilungen aus dem Briefwechsel mit Konstantinopel verfaßt habe. Auch J.N. Bischof stellte seine Forschungen in Einklang mit den Berichten "der besten Zeitungen und Journale der in Druck erscheinenden Staats- und anderer Schriften ..."[7]

Ebenso wichtig sind die Zeitungsmeldungen und selbstverständlich auch die aus den Archivdokumenten stammenden Hinweise über die Kommunikationen Wiens mit Konstantinopel. Aus ihnen geht hervor, daß diese schon zu Beginn des Jahrhunderts regelmäßig funktionierten, und von entsprechenden Angestellten – Kurieren, Übersetzern, orientalischen Kurieren u.a. ausgeführt wurden. In der Zeitspanne von 1704 bis 1709 wird als kaiserlicher Kurier Theodor Constantia erwähnt, der mit L. Thalmann, Resident in Konstantinopel, in Briefwechsel stand.

Später fuhren, zusammen mit Damian Hugo Graf von Virmont als Großbotschafter, auch zwei kaiserliche Kuriere – Issak de Luca und Johann Georg Yorkowitz. Als Heinrich von Penkler Botschafter war, diente Jergovich als orientalischer Kurier, Bederer als Kurier und L. Seleskowitz als Dolmetsch.[8]

Bekanntlich gehörten zur Wiener Postbehörde auch Janitscharen. Vor allem waren sie als Begleiter und Leibwächter der kaiserlichen Kuriere tätig, die die Post auf dem Osmanischen Territorium von der Grenze bis nach Konstantinopel beförderten, aber auch als selbständige Kuriere von Wien bis Konstantinopel fungierten. In dieser ihrer Eigenschaft beförderten sie gewöhnlich die dublierte Post – eine Übermittlungsweise, die zur Sicherung der Information diente. In einem Bericht teilte Penkler mit, er habe ein Briefpaket von seinen Janitscharen erhalten, desgleichen auch von der Hand des kaiserlichen Kuriers Jergovich, doch sollte dies streng geheim gehalten werden. In einem der folgenden Berichte meldete er, daß seine Janitscharen und die danach bei

---

6 Der Schaffung und der Geschichte der Zeitung sind mehrere Untersuchungen gewidmet. Z.B. Ernst Victor ZENKER, Die Geschichte der Wiener Zeitung in ihrem Verhältnis zur Staatsverwaltung auf Grund archivalischer Forschungen dargestellt. In: Beilage zur Wiener Zeitung, 8. August, 1903; Franz STAMPRECH, Die älteste Tageszeitung der Welt, Wien, 1977.

7 Johann Friedrich LE BRET, Magazin zum Gebrauch der Kirchen- und Staatengeschichte. Frankfurt u. Leipzig, 1780, S.463; Johann N. BISCHOFF, Pragmatische Darstellung der Europäischen Staatshändel vom Tode Friedrichs des Großen bis zum Tode Josephs des Zweiten. Helmstedt, 1790, S.111, 121-122, 130. Aufgrund ähnlicher Quellen wurde folgende Gesamtuntersuchung gemacht: Neueste Staatshistorie, welche die heutigen Begebenheiten der Welt in sich fasset. Leipzig, 1746, u.a.

8 WD, Nr.81, 14. Mai 1704; ebd., Nr. 72, 26. April 1719; Haus-Hof- u. Staatsarchiv Wien (weiter HHStA), Türkei II, Kart.10, fol.16, 123; Kart.2, fol.158v.

ihm eintreffenden Kuriere Jergovich und Bederer ihm immer wieder das gleiche berichteten.[9]

Aus diesem Faktum zieht Penkler die Konsequenz und empfiehlt, daß angesichts der drohenden Gefahren für Kurierdienste auf den Straßen auch Ortsansässige, die die Sprache beherrschen und die Türkei kennen, zu diesen Diensten herangezogen werden sollten. Einen analogen Schluß zieht auch Graf Chotek, der in einer Korrespondenz Penkler anvertraut, daß das Postwesen zwischen Wien und Konstantinopel verändert werden müsse. Zu ihm sei ein gewisser Marko Kabassi aus Durazzo gekommen, der Briefe von den Konsuln brachte und empfohlen hätte, auch mit ihnen unmittelbaren Briefwechsel zu führen.[10]

Daraus ist zu entnehmen, daß die Praxis der Kommunikationen eine Erweiterung jenseits der klassischen Wege und der bisher üblichen Handhabung notwendig machte.[11] Am Anfang des Jahrhunderts erschienen Kuriere und Briefe aus Adrianopol (Edirne), Spalato (Split), Demotica, Bukarest (Bucuresti) und zahlreichen Städten der Walachei, der Moldau und Transsilvaniens. Dieses Faktum ist in einigen Korrespondenzen wiedergegeben, in denen beispielsweise mitgeteilt wird, daß "aus der Türkei viele Briefe angekommen sind, welche alle übereinstimmen...". Im Gegensatz dazu wird aus Konstantinopel berichtet, daß dort einmal zwei Kuriere nacheinander angekommen seien, oder daß aus Wien dort so viele Kuriere eingetroffen seien, was bisher noch nie dagewesen sei. Je nach Sachlage bediente man sich außer der regulären Briefe und Mitteilungen des öfteren auch der Depeschen, Stafetten, Expreßgüter, Partikulierbriefe u.a.[12] Besonders kennzeichnend ist das im Falle von Kriegen zwischen beiden Kaiserreichen oder der Türkei mit Persien, mit Rußland, wenn Kuriere oder Berichte, Nachrichten, ausführliche Be-

---

9 HHStA, Türkei, II, Kart.10, fol.139-140.

10 Der Briefwechsel zwischen Graf Chotek und dem Botschafter Baron von Penkler bezieht sich auf die Probleme der Organisation und der Regelung des Handels mit dem Osmanischen Reich, doch werden darin auch die Probleme der Korrespondenz berührt, in: Hof-Kammer-Archiv Wien (weiter HKA), Rot Nr.680, fol.59-59v.

11 Eine Beschreibung der üblichen Wege zwischen Wien und Konstantinopel finden wir bei: Constantin Jos. JIRECEK, Die Heerstraße von Belgrad nach Constantinopel und die Balkanpässe. Prag 1877; Bertold SPULER, Die europäische Diplomatie in Konstantinopel bis zum Frieden von Belgrad (1739), Wien, 1935, S.177; Harald HEPPNER, Die Entwicklung des Postwesens zwischen Österreich und der Türkei bis in die erste Hälfte des 19. Jh. In: Südostdeutsches Archiv 1981/1982, Bd. XXIV/XXV, S.120. Um die Jahrhundertwende wurde dieser Weg zufolge der Kriegslage umgeändert und führte später, aufgrund einer amtlichen Vereinbarung zwischen den beiden Reichen, durch die Walachei, worüber in der Korrespondenz des österreichischen Botschafters Herbert Ratkeal berichtet wird, in: HHStA, Türkei II, Kart.10, fol.75-76. S.106-112.

12 WD, Nr.94, 20. Juli 1715; ebd., Nr.10, 4. Februar 1741; Z.-Nr.165, 14. Oktober 1772; ebd., Nr.19, 3. Februar 1784; Wöchentliche Post-Zeitung, Nr.120, 20. September 1710; ebd., Nr.10, 9. Januar 1712 u.s.w.

schreibungen des Kriegsschauplatzes eintreffen mußten. Über die rasche Beförderung dieser Kommunikationen kann man sich auch anhand der jeweiligen Veröffentlichungen in den Zeitungen ein Bild machen, wo gewöhnlich das Datum der Korrespondenz sowie das ihres Einlangens angegeben ist. Bis zur Jahrhundertwende wurden die Kommunikationen Wien-Konstantinopel in jeder Hinsicht immer intensiver, allseitiger und umfassender im Vergleich zu den vergangenen Jahrhunderten.

Die Strecke Wien-Konstantinopel dient darüber hinaus auch für die Beförderung von Kommunikationen in und aus fast allen Hauptstädten des Westens. Trotz der Unbequemlichkeiten dieser Route hat sie sich doch durchgesetzt.[13] Manche Gesandte zogen sogar die Landstraße der Seeroute vor. So fuhren zum Beispiel der französische Gesandte Herr von St. Priest, der großbritannische Botschafter Herr von Faulkener, danach auch Herr von Stanyan und mehrmals auch der Kammerdiener der englischen Gesandten über Wien nach Konstantinopel.[14]

In den angeführten Zeitungen ist das ausführlich geschildert. So zum Beispiel wird über die französische Hauptstadt folgendes berichtet: "Zu Wien ist dieser Tage ein Courier aus Frankreich angekommen, welcher nachher nach Constantinopel abgegangen ist"; oder "Chevalier St. Priest, französischer Gesandte, erhielt einen Kabinets-Courier mit Depeschen... Zwei Tage nachher wurde dieser Courier über Wien nach Paris zurück abgefertigt", oder "Ein französischer Courier von Constantinopel ging in der Nacht durch Wien nach Paris...[15]

Die Berichte der venezianischen Gesandten an den Senat wurden in zwei Kopien über Cattaro (Kotor) und Wien übermittelt; den gleichen Weg folgten auch die übrigen Korrespondenzen, über die zu lesen ist: "Venedig – man hat über Lande Briefe von Constantinopel erhalten; Über Durazzo sind Particulier-Briefe von Constantinopel hier eingelaufen..."[16]

Ziemlich aktiv, insbesondere in bestimmten politischen Situationen, wurde dieser Weg auch von der Londoner Post benützt: "... Der Hof hat von den Königlichen Ministern Briefschaften erhalten. Jene, die über Wien von Herrn Murray, Königl. Minister zu Constantinopel, eingegangen sind ..." oder "Ein Courier über Land nach Constantinopel abgefertigt worden, der aber seinen Weg von da weiter nach der Türkei fortsetzet...", "Ein Courier ist nach

---

13 Über die Benutzung dieses Weges auch aus politischen Gründen, siehe auch: Bertold SPULER, Europäische Diplomatie, S.176-177; Levander CASSELS, The Struggle, S.74-74.

14 Mary Lucille SHAY, The Ottoman Empire, S.12-13; WD, Nr.76, 21. Set. 1768; ebd., Nr.16, 18. März 1718; ebd., Nr.25, 27. März 1743.

15 Z., Nr.47, 21. März 1772; Nr.79, 16. Mai 1772; ebd., Nr.136, 26. August 1783; Nr.178, 7. November 1783.

16 WD, Nr.24, 27. September 1704, Nr.105, 29. Dec. 1725; Nr.1, 1. Januar 1727; Nr.31, 17. April 1727.

Constantinopel abgefertiget. Er gehet über Wien und hat auch Briefe an den Grafen Stormont, englischen Gesandten am Römischen Kaiserl. Hofe..."[17]

Wie zu allen Zeiten, war die diplomatische Korrespondenz in einem Punkt besonders bedroht: sie mußte völlig geheim gehalten werden, und deshalb wurde sie auch chiffriert-ziffriert. Viele Regierungen unterhielten ein sogenanntes "schwarzes Kabinett", das sich mit der Entzifferung oder dem Kopieren der Mitteilungen anderer Regierungen beschäftigte. Wohlbekannt ist, daß eines der aktivsten und kompetentesten das in Wien war; danach folgten die Kabinette in Lüttich (Liège), Brüssel, Frankfurt und Regensburg. Obwohl die Chiffreschrift des 18. Jahrhunderts leicht zu entziffern war, hatten die Entzifferungsversuche nicht immer Erfolg gehabt.[18] Kennzeichnend ist der Fall des Briefes des Herzogs von Choiseul, der (in Form eines Ziffernschlüssels oder in Geheimschrift) gesandt wurde, den aber niemand auflösen konnte und letztlich der Abbat de la Ville um Hilfe gebeten wurde.[19]

Die Analyse der diplomatischen Kommunikationen ist von den Handelskommunikationen zu trennen, obwohl sich beide parallel, häufig die gleichen Mitteln und Formen verwendend, entwickelt haben. Wenngleich das Quellenmaterial auch spärlich ist, überzeugt es uns zumindest davon, daß die Handelskommunikationen sich von den diplomatischen unterschieden. Sowohl die Wege und die Korrespondenzform als auch ihr Laufgang erfolgten in einem anderen Rhythmus, der ihnen von den Bedürfnissen der Handelsregeln und Geschäfte auferlegt wurde. Die Marschroute der Briefe, der Waren und der Menschen erfolgte nicht nur auf dem bekannten klassischen Wege, sondern auch auf anderen. Eine davon war noch 1700 aktuell, d.h. vor der Unterzeichnung des Handelsabkommens von Passarowitz (Pozarevac) und sollte folgende Orte erfassen: "...außer dem Porto von Durazzo, von wo die Kommunikation und Abfahrt in und aus der Kaiserl. Landen durch Albanien, Bulgarien und Serbien nach Peterwardein gehet, muß auch der Weg zu Land von Peterwardein nach Konstantinopel, oder von Peterwardein zu Wasser in das Schwarze Meeer bis nach Konstantinopel, oder zu Wasser nach Rustschuk oder Silistria und von da zu Land über Adrianopel gehen".[20]

Im Prinzip führte die Route über die sich in den k.k. Erblanden befindenden Kontumaz-, Sanitäts- und Mautstellen, und gewöhnlich befanden sich

---

17 WD, Nr.48, 3. April 1715; Nr.39, 16. Mai 1770; Z., Nr.180, 9. November 1771; Nr.205, 23. Dezember 1772; Nr.140, 1. September 1773; Nr.206, 25. Dezember 1773; Nr.39, 9. März 1774; Nr.1, 2. Januar 1784.

18 Lavender CASSELS, The Struggle, S.74-75.

19 Über diesen Fall wird auch in beiden Zeitungen berichtet, jeweils: WD, Nr.9, 24. Jänner 1771; Z., Nr.17, 29. Jan. 1771. Über ziffrierte Briefe der Wiener Post wird berichtet: "Der Hof hat endlich Briefe von dem Secretario Fleischmann erhalten, die meist in Ziffern geschrieben, und vom 27. Jan. aus Adrianopel datiert...". In: Wöchentliche Post-Zeitung, Nr.30, 18. Feb. 1713.

20 Landesarchiv - Graz. Schubel 38. Volkswirtschaft - C. Handel 12. Handel mit der Türkei, fol.35-36.

diese Zoll- und Revisionsbehörden an Grenzpunkten. Diese Organisation der Handelskommunikationen, die aus verschiedenen Gründen von den österreichischen Behörden akzeptiert wurde, zeigte ein zweifaches Ergebnis. Das eine, das wünschenswerte, war, den Zustrom von türkischen Kaufleuten aufzuhalten sowie die Zölle für ihre Waren einzuheben. Das andere aber war weniger wünschenswert. "... weilen der Ottomanischen Untertanen oft wegen unfahrbarer Strasse, oft wegen veränderten Handlungs-Spekulationen, oft aber auch aus Vorsatz um seine Transito Waare im Lande leichter ablegen zu ... können mit seiner Fracht nicht immer den anfänglich angegebenen und angewiesenen Straßenzug beibehielten".[21]

Eine weitere Gesetzwidrigkeit war, daß jeder folgende Durchgangspunkt Möglichkeiten zur Beschleunigung der Handelskommunikationen auf dem Stafettenprinzip bot, anstatt eine aufhaltende Funktion auszuüben. In verschiedenen Informationsquellen werden viele solche offizielle, aber auch nicht offizielle Durchgangspunkte erwähnt, wie: Semlin (Zemlin), Mehadia, Temeswar (Timisoara), Karansebes, Lugos, Esseg (Osijek), Peterwardein (Petrovaradin), Susdok, Arad, Tjomosch, Volkan, Rotenturm-Pass (Turnu Rosu, Törtzburg (Bran), Ojtoz (Oituz), Debreczin (Debrecen) und viele andere.

Ziemlich spärlich ist das Quellenmaterial über die analoge Organisation der Pforte auf ihrem Territorium. Bekannt ist der Befehl des Sultans von 1754, in dem es heißt: "... zum Besten der Kaufleute seiner Staaten eine Briefpost bewilliget, als die, so bisher in dem Ottomanischen Reiche im Gange gewesen, und die sich auf alle Länder dieses Reiches erstrecken soll die einige Verbindungen miteinander haben...".[22]

Etwa 10 Jahre eher, anno 1746, wurde eine Schmuggelaffäre an der Grenze bei Vidin registriert, in deren Folge ein langwieriger Briefwechsel zwischen dem Grafen Engelshofen, Gouverneur von Temeswar, der Reichskanzlei und der Pforte begann. Als Resultat richtete der Großvesir eine entsprechende Verordnung an Jahija Pascha in Belgrad, Ebu Bekir in Bosna und an Sülejman Pascha in Vidin, in der die Grenzübergangsstellen für die Kaufleute osmanischer Untertanen wie folgt bestimmt wurden: Die Festung Esseg für die nach Bosnien Kommenden; Peterwardein für die nach Belgrad Reisenden, und Szegedin (Szeged) mit Arad für die nach Vidin zurückkehrenden.[23]

Über die Organisation und die Aktivität dieser Kommunikationen erfahren wir näheres aus der erhaltenen Korrespondenz einiger Kaufleute.[24] Einer-

---

21 Ebd., fol. 23. Bis Ende des 18. Jahrhunderts können ähnliche Texte als Motivierung der Notwendigkeit zur Gründung dieser Punkte gelesen werden.

22 Z., Nr.25, Februar 1754.

23 HHStA, Türkei II. Kart., fol.83-85, 94-98, 106-109, 110-112 v. 156-175.

24 Diese Korrespondenz ist veröffentlicht in: Catalogul documentelor rominesti din Arhivele statului de la orasul Stalin, vol.I. 1521-1799, Bucuresti 1955; Catalogul documentelor grecesti din Arhivele statului de la orasului Stalin, vol.I, II, Bucuresti 1958; Catalogul documentelor din Arhivele Statului Sibiu, vol.I, Bucuresti 1966/57.

seits bedienten sie sich des offiziellen, von den kaiserlichen Kurieren und der Post benützten Weges von Wien über Transsilvanien, die Walachei bis nach Konstantinopel, andererseits organisierten sie auch eigene Kommunikationswege und Zentralen. Die Hauptrichtung führte von Südostmakedonien über Sliven, Uzundzovo, Plovdiv, Tirnovo, zu den Donauhäfen Vidin-Orsova bis Kronstadt (Brasov) oder über Svištov-Nikopol bis zum Roten Turm, bzw. Cîmpina nach Bukarest oder Craiova – Kronstadt, Hermannstadt (Sibiu), Temeswar über Pest nach Wien und zurück nach Konstantinopel. Den Umständen entsprechend wurden auch andere Zwischenpunkte, wie Neusatz (Novi Sad), Pettau, Karlsburg (Alba-Julia), Brocka, Tirnovo oder Saloniki, Adrianopel u.a. benutzt. Jede Zentrale dieses Netzes bildete auch das Zentrum der Handelstätigkeit eines jeden Mitgliedes dieser Kompanie.

Die Korrespondenz wurde auf vielfältige Weise transportiert, vor allem aber von frei organisierten Karavanen von einem bis zum anderen Punkt, wobei Bukarest, Svištov und Pest die wichtigsten Ein- und Ausgangspunkte sowie Empfangs- und Sendungsstationen für diese Kaufleute waren. Selbstverständlich transportierten diese außer Ware auch Post, die an jedem 15. Tag des Monats in Bukarest zusammengestellt wurde. In dieser Hinsicht ist der Weg eines Briefpakets interessant, das von Wien an einen Teilhaber in Hermannstadt gesandt wurde und von dort aus in Konstantinopel eintreffen sollte. In Hermannstadt entlohnte der Teilhaber den Mann, der das Paket nach Boica (Baita) brachte, danach den Kurier für den Transport bis zur Grenze und letztlich einen anderen Kurier, der von dort nach Konstantinopel fuhr.[25]

In der Tat war die Entwicklung des Handels im 18. Jahrhundert undenkbar geworden ohne einen systematischen, genauen und rechtzeitigen Informationsaustausch über die Schwankungen der Währungseinheiten, der Preise sowie über Angebot und Nachfrage der Märkte. Dementsprechend enthielt jegliche Korrespondenz auch konkrete Ratschläge und Angebote für den Abschluß schon begonnener oder für die Aufnahme neuer Geschäfte, neuer Kompanien, zur Orientierung der Märkte, u.a. Das aufgebaute System von Handelszentren und Kompanien, war der von obengenannten Händlern geschaffenen Organisation für Transport und Korrespondenz zu verdanken.[26]

Das ins Leben gerufene Bankwesen, insbesondere das österreichische, ist ein Beweis mehr für die intensive Entwicklung der Handelskommunikationen zwischen Wien und Konstantinopel. Dies geschah vor allem durch den allgemeinen Gebrauch von Wertpapieren auch für diese Periode, vor allem aber von Wechselbriefen in allen ihren Varianten. Organisiert wurden sogar Kompanien für den Handel mit Wechseln, mit entsprechenden Zentren, wie: Sem-

---

25 Catalogul documentelor grecesti, mit Nummer des Dokuments 1389.

26 Sneschka PANOVA, Der Münzhandel zwischen Österreich und dem Osmanischen Reich (den Ländern Südosteuropas) im 18. Jh., in: Mitteilungen des Österreichischen Staatsarchivs, (in Druck).

lin (Zemun) – Wien – Hermannstadt – Bukarest – Konstantinopel; Temeswar – Seres (Serrä) – Adrianopol – Konstantinopel – Wien; Kronstadt – Seres – Tirnovo – Semlin – Wien u.a. Sehr häufig chiffrierten die Händler aus Gründen der Vertraulichkeit den Weg eines Wechsels, indem sie nur die Richtung angaben: z.B.: "via Seres", "via Bukarest", "via Kronstadt" u.a. Für diesen Handel wurden die auf den Jahrmärkten geschaffenen Möglichkeiten sehr aktiv benutzt, die terminmäßig so organisiert waren, daß sie saisongemäß fast dem ganzen Jahreszyklus folgten.

Bei der Analyse der Kommunikationen zwischen Wien und Konstantinopel im 18. Jahrhundert wurde selbstverständlich ihre Chronologie im Augen behalten. Parallel zu den Änderungen der Beziehungen zwischen den beiden Reichen sowie mit denen der übrigen Westländer sind sie um die Jahrhundertwende schon viel aktiver und vielfältiger. Trotz ihres einseitigen Charakters, in Bezug auf Interessen und Initiativen,wurden die Beziehungen von zweierlei Faktoren geprägt. Erkennbar ist, daß sowohl die diplomatischen als auch die Handelskommunikation Österreichs, und auch die der übrigen Länder mit dem Osmanischen Reich, einen positiven Einfluß auf die Entwicklung ihrer eigenen Kommunikationen ausgeübt haben. Es stellte sich heraus, daß der Verfall des Reiches, insbesondere ab Ende des 18. Jahrhunderts sich am stärksten auf die Notwendigkeit einer Transformierung des Korrespondenzamtes bei der Pforte ausgewirkt hat. Beweis dafür sind die ab Ende des 18. Jahrhunderts begonnenen Reformen, die vorwiegend die Korrespondenzämter betrafen. Ihre Transformierung im folgenden Jahrhundert wurde als bürgerliche Bürokratie fortgesetzt.[27]

---

[27] Über die Geschichte dieser Reformen siehe: Carter V. FINDLEYBureaucratic Reform in the Ottoman Empire, 1789-1922, Princenton University Press, 1980, Kap. I.-III. S.3-106.

Flucht oder adelige Kavalierstour?

Zur Reise des Herzogs Franz III. (Anton) Stephan von Lothringen in den Jahren 1731/32[1]

von

RENATE ZEDINGER

In den ersten Apriltagen des Jahres 1731 verließ Franz III. Anton Stephan, Herzog von Lothringen und Bar, seine Länder und folgte damit dem Rat des Prinzen Eugen: "Votre Altesse Royale ne pouvait ny ne devait rester dans ses etats..."[2]

Erst seit 1698 erfreute sich Lothringen wieder einer autonomen Regierung, mit politischem Geschick und diplomatischem Spürsinn hatte es Herzog Leopold von Lothringen verstanden, zwischen französischen Expansionsbestrebungen und habsburgischer Hinhalte-Taktik hindurchzulavieren. Sein plötzlicher Tod im März 1729 verschärfte das Klima politischer Instabilität, welches seit mehr als einem Jahrzehnt das diplomatische Spiel der europäischen Mächte bestimmt hatte. Denn der Erbprinz von Lothringen lebte seit sechs Jahren am Wiener Hof, die bevorzugte Stellung wies ihn als präsumtiven Schwiegersohn und favorisierten Nachfolger des Kaisers aus.

Zwei Ziele hatte Karl VI. seit Jahren verfolgt: Die Anerkennung der Pragmatischen Sanction und die Vermählung seiner Tochter mit Franz Anton Stephan von Lothringen. Wenn Frankreich bereits darin unvereinbare Gegensätze erblickte, mußte nun die persönliche Anwesenheit des Herzogs (er war nach dem Tod des Vaters in die Heimat zurückgekehrt) an seiner Ostgrenze als unmittelbare Bedrohung empfunden werden. Prinz Eugen, der langjährige außenpolitische Berater des Kaisers sah es wohl auch so, weder in Wien noch in Nancy wollt man sich die Blöße eines quasi im eigenen Land gefangenen

---

1 Erweiterte Fassung des gleichnamigen Kapitels aus: Renate ZEDINGER, Franz (Anton) Stephan von Lothringen. Erbprinz Herzog und Großherzog, und die Grande affaire de Lorraine. Biographische Studie zum Zeitraum 1708-1737, Wien (phil. Diss) 1991, S.103-112.

2 Haus-, Hof und Staatsarchiv Wien (=HHStA), Lothringisches Hausarchiv (=LHA), Fasz.44, No.5, fol.28v).

Herzogs geben. Ein unverfänglicher Besuch der Österreichischen Niederlande schien angebracht.

Der politische Hintergrund: Pragmatische Sanction und Grande affaire de Lorraine

Zwischen 1720 und 1733 widerspiegeln sich die Interessenstrukturen der europäischen Mächte in den wechselhaften Bündnissystemen, kurzfristigen Allianzen und nicht eingehaltenen Verträgen. Nach Beendigung des Spanischen Erbfolgekrieges prägte die internationale Diplomatie in den Friedensverhandlungen von Utrecht, Rastatt und Baden den Begriff des "Europäischen Gleichgewichtes", um dessen Zustandekommen sich vor allem England bemüht zeigte. Tatsächlich ging es dabei allerdings um handfeste wirtschaftliche Überlegungen, die Utrechter Verhandlungen machten erstmals die enge Verflechtung von Wirtschaft und Außenpolitik sichtbar; ökonomische Interessen lenkten die Staatsräson, "la balance du commerce est devenue celle du pouvoir"[3].

Das Herzogtum Lothringen-Bar behauptete seinen Platz im wechselhaften Spiel der europäischen Mächte durch die traditionell guten, verwandtschaftlichen Beziehungen zum Hause Habsburg. Während Kaiser Karl VI. noch immer auf die Geburt eines Thronfolgers hoffte, wuchsen in Lothringen drei Prinzen heran[4]. So wurde neben dem spanischen und bayrischen Heiratsprojekt[5] die lothringisch-habsburgische Verbindung als durchaus realistische Möglichkeit von der europäischen Diplomatie erwogen und deren eventuelle Konsequenzen ausgelotet.

Allerdings hatte der Kaiser seine Entscheidung bereits 1723 getroffen: unter der Bezeichnung "Grande affaire de Lorraine" hatte Herzog Leopold von Lothringen (1679-1729) zielstrebig daraufhin gearbeitet, einen seiner Söhne am Wiener Hof erziehen zu lassen und ihn damit gleichzeitig als präsumptiven Schwiegersohn darzustellen. Im Frühjahr 1723 traf die kaiserliche Genehmigung für die Reise in Lothringen ein, bereits im August kam es zur ersten Begegnung zwischen dem Kaiser und Franz (Anton) Stephan von Lothringen anläßlich der böhmischen Krönungsfeierlichkeiten[6].

Nur wenige Tage danach im September 1723 richtete der Kaiser ein persönliches Schreiben an Herzog Leopold von Lothringen. Er bezeichnete den Prinzen als "gescheit, manierlich und achtsam" und machte - auch der ge-

---

3 Georges LIVET, L'equilibre européen, Paris 1976, S.105.

4 ZEDINGER, Franz (Anton) Stephan von Lothringen, S.13.

5 Grete MECENSEFFY, Karls VI. spanische Bündnispolitik 1725-1729, Innsbruck 1934; Max BRAUBACH, Die Geheimdiplomatie des Prinzen Eugen von Savoyen, Köln 1962, S.37.

6 HHStA, Zeremonial-Protokoll (=ZA-Prot.) 12/1723, fol.174v.

Abb.1: Seine Königl. Hoheit Franz Stephan von Lothringen, um 1731
(Nachweis: Öst. Nationalbibliothek, Wien)

meinsam verbrachten Jugendzeit gedenkend - die erhoffte Zusage zur Verbindung der beiden Häuser, allerdings mit der Auflage, "daß kein Publizität noch Datum gemacht werde"[7].

In der Folge wurde dem Erbprinzen von Lothringen auch der Aufenthalt in Wien gestattet, am 22. Dezember 1723[8] traf die kleine Reisegruppe "in aller Stille abends nach 5 bei Hof per Posta all' incognito oder in aller Stille ohne Empfang ein"[9]. Der kaiserliche Obrist-Hofmarschall Johann Caspar Graf Cobenzl (1664-1742) begleitete "... Ihro Hoheit ohngeachtet sie die Campagne-Reisekleid anhatten alsgleich zu Ihro Maj. dem Kaiser welcher den Erbprinzen hinter der Retirada-Tür empfangen zur Audienz.."[10]

Die Übersiedlung nach Wien veränderte im offiziellen Sprachgebrauch den Namen des Erbprinzen: offensichtlich wollte man eine Verwechslung vermeiden, denn erst acht Jahre zuvor hatte das Zeremonialprotokoll die Ankunft des "Prince François de Lorraine" vermerkt[11]. Nun kam ein Prinz gleichen Namens, also fügte man kurz entschlossen dem Vermerk "Ankunft des Erbprinzen von Lothringen Francisci" noch den dritten Namen "Stephani" hinzu[12]. Der Herzog und spätere Kaiser selbst zeichnete sein Leben lang mit "françois" oder mit "Frantz"[13]. Der Name "Franz Stephan" dürfte erst im 19. Jahrhundert gebräuchlich geworden sein; als Kaiser Franz II.unter dem Druck Napoleons die Kaiserkrone ablegte und sich "Kaiser Franz I. von Österreich" nannte, wurde damit die Unterscheidung der beiden Herrschergestalten wesentlich vereinfacht.

Während also das Maskenspiel der internationalen Diplomatie rund um Anerkennung oder Ablehnung der Pragmatischen Sanction ablief, genoß Franz Stephan von Lothringen neben einem mehr oder weniger intensiven Unterricht die Einbindung in den Tagesablauf des sehr harmonischen kaiserlichen Familienlebens[14].

Der Prinz war dem Kaiser ein willkommener Jagdgefährte - die zahlreichen Eintragungen im Zeremonial-Protokoll[15] und andere Episoden[16] bewahren die Erinnerung daran -, er spielte seine Rolle im höfischen Faschingstrei-

---

7 HHStA, LHA, Fasz.111, No.435, fol.20-21.

8 ebd., Fasz.44, No.3, fol.1-2.

9 Wiener Diarium, Anno 1723, Num.103.

10 HHStA, ZA-Prot. 12/1723, fol.372.

11 ebd. 8/1715, fol.89: dabei handelte es sich um Franz Anton Joseph von Lothringen, Bruder des Herzogs Leopold, Taufpate und Onkel von Franz Anton Stephan.

12 ebd. 12/1723, fol.174.

13 Der erste Biograph verwendete nur den ersten Namen: Johann Friedrich SEYFART, Lebens- und Regierungsgeschichte des allerdurchlauchtigsten Kaysers Franz des Ersten aus zuverlässigen Nachrichten und Urkunden zusammengetragen, Nürnberg 1766.

14 HHStA, LHA, Fasz.111, No.436, fol.10.

15 HHStA, ZA-Prot. 12/1723-1724, fol.426r, 433r, 438r; ZA-Prot. 13/1725-1727, fol.130r.

16 Adam WOLF, Kaiser Karl VI. und Frater Benignus, in: Archiv für Österreichische Geschichte 60, 1880.

ben[17] und nahm seinen Platz bei den Ordenstitularfesten der Toison-Ritter[18] und den zahlreichen Andachten und Gottesdiensten im Jahresablauf des kaiserlichen Festkalenders ein.

Der Erbprinz von Lothringen nahm aber nicht nur am vergnüglichen Hofleben teil, er begleitete den Kaiser auch anläßlich der Erbhuldigungen nach Graz und Klagenfurt im Jahr 1728. Dabei standen noch andere Themen im Vordergrund. Wie bereits eingangs erwähnt, wurde den wirtschaftlichen Problemen nun größere Beachtung geschenkt. Seit fünf Jahren sollte der Ausbau des Straßennetzes den Warentransport innerhalb der Erbländer fördern und die Reisemöglichkeiten verbessern. Der Besuch des Kaisers und des Prinzen in Triest und Fiume vermittelte interessante und lehrreiche Erkenntnisse über den Freihafenstatus und das damit verbundene Wirtschaftswachstum. Der Kaiserhof war jedenfalls mit dem Verlauf der Reise und dem Verhalten des Prinzen sehr zufrieden[19].

Mittlerweile war Franz Stephan von Lothringen zwanzig Jahre alt und durchaus in der Lage, neben charmantem Geplauder auch kühlrealistische Überlegungen zur Förderung von Handel und Gewerbe anzustellen. Die ein Jahr zuvor England zugestandene Schließung der Ostende-Kompanie im Gegenzug der Anerkennung der Pragmatischen Sanction empfand er als Katastrophe, noch Jahre später suchte er nach Möglichkeiten, um diese Restriktion des habsburgischen Überseehandels zu umgehen[20].

Trotz des guten Einvernehmens mußte der Wiener Aufenthalt des Erbprinzen demnächst ein Ende finden: Erzherzogin Maria Theresia ging ihrem zwölften Geburtstag entgegen, der Tradition entsprechend würde sie damit den Status einer "grande fille" mit eigenem Hofstaat erlangen. Die Anwesenheit des Prinzen müßte entweder als kompromittierend empfunden oder als "amant déclaré et futur epoux" gefestigt werden[21]. Der Tod des Vaters schuf klare Verhältnisse.

Herzog von Lothringen

Herzog Leopold von Lothringen starb völlig unerwartet am 27. März 1729 an den Folgen einer kurzen aber heftigen Erkältung. Die Nachricht traf am 6. April in Wien ein, der nunmehrige Herzog Franz III. von Lothringen fand sich in seiner neuen Rolle sofort zurecht.

---

17 HHStA, ZA-Prot. 12/1723-1724, fol.385-387.

18 HHStA, Liste nominale des Chevaliers de l'Ordre illustre de la Toison d'Or, S.41.

19 HHStA, LHA, Fasz.44, No.5, fol.89v.

20 HHStA, Posch-Akten J.S., Karton 5; Alte Kabinetts-Akten, Niederländ.Korr., Wirtschaft, Karton 36.

21 HHStA, LHA, Fasz.44, No.5, fol.87.

Seine größte Sorge galt den Regierungsgeschäften und der Finanzgebarung: er befürchtete ein finanzielles Desaster und schickte seinen verläßlichsten und kompetentesten Mitarbeiter, Baron Karl von Pfütscher (1685-1765) mit entsprechenden Vollmachten nach Lothringen. Die durchgeführten Erhebungen übertrafen die Befürchtungen bei weitem. Im Augenblick seines Todes hatte der Herzog zehn Millionen Pfund Schulden bei einem Jahreseinkommen von etwa fünf Millionen[22]. Seine Freigebigkeit war rücksichtslos ausgenützt, eine Fülle herzoglicher Rechte und Besitzungen verschenkt worden. Die kostspieligen Leidenschaften - für seine jahrelange Lebensgefährtin, für die prachtvollen Schloßumbauten, für wissenschaftliche Instrumente und Experimente, aber auch für das Spiel - waren ebenso verhängnisvoll wie sein Ehrgeiz, in Europa eine seine Macht übersteigende politische Rolle zu spielen, was ihn dazu veranlaßt hatte, an allen Höfen Gesandte, Konfidenten und Spione zu bezahlen[23].

Am 29. November 1729 kehrte der nunmehrige Herzog von Lothringen in sein Herzogtum zurück und setzte alles daran, die mißliche finanzielle Situation in den Griff zu bekommen und seine Ideen zum Wohle Lothringens einzubringen. Aber weder die äußere noch die innere Lage des Landes hatte erfreuliche Aspekte zu bieten; obwohl Herzog Franz III. vernünftig agierte, ökonomisch dachte und um Gerechtigkeit bemüht war, gelang die Umsetzung seiner Reformbestrebungen nicht. Der Adel des Landes verübelte die vom wirtschaftlichen Standpunkt notwendige Rücknahme der von seinem Vater verfügten Schenkungen und Privilegien, die bürgerliche und die bäuerliche Bevölkerung konnte keine Ergebnisse der Bemühungen infolge von Überschwemmungen, Ernteeinbußen und Naturkatastrophen erkennen.

Dazu kam die drohende Kriegsgefahr. Zu Beginn des Jahres 1730 hatte Herzog Franz III. anläßlich der Belehnungsfeierlichkeiten[24] in Versailles Gelegenheit gehabt, mit Cardinal Fleury (1653-1743) zu sprechen; das Mißtrauen blieb bestehen. Zu oft schon hatten französische Truppen in den vergangenen hundertfünfzig Jahren die Herzogtümer Lothringen-Bar geplündert, überrannt und besetzt.

Auch aus London meldete der österreichische Botschafter Stephan Wilhelm Graf von Kinsky (1679-1749), daß eher mit Krieg als mit Frieden zu rechnen sei[25]. Damit rückte die Vorstellung eines quasi in seinem eigenen Schloß gefangenen Herzogs in greifbare Nähe; daß dieser aber auch an den

---

22 Roswitha REISINGER-SCHWIND, Franz Stephan als Herzog von Lothringen, Staatsprüfungsarbeit am Institut für Österreichische Geschichtsforschung, Wien (1971), S.257.

23 Zoltan HARSANY, La cour de Léopold, duc de Lorraine et de Bar (1698-1729), Nancy 1938.

24 ZEDINGER, Franz (Anton) Stephan von Lothringen, S.16: das Herzogtum Bar war ein Lehen des französischen Königs, jeder neue Herzog mußte sich dieser mitunter recht demütigenden Zeremonie am französischen Hof unterziehen.

25 HHStA, LHA, Fasz.8, fol.131-136.

europäischen Höfen bereits als zukünftiger Schwiegersohn des Kaisers angesehen wurde, ließ die Bedrohung zur peinlichen Aggression eskalieren.

Prinz Eugen riet zum Besuch Brüssels, ein Besuch am Hof der Schwester des Kaisers erschien auch unverfänglich. Mit dem Abschluß des zweiten Wiener Vertrages im März 1731 wurde die Kriegsgefahr so groß, daß bereits vier Tage später die kaiserliche Aufforderung zum Verlassen des Landes erfolgte[26].

Der Wiener Hof konnte noch keine genaue Reiseroute angeben, es sollten vorerst die Österreichischen Niederlande besucht werden. Auf Grund der kurz zuvor erfolgten Rückkehr zum alten Bündnissystem Habsburgs mit den Seemächten empfahl Prinz Eugen jedenfalls auch eine Visite in den Generalstaaten und einen Abstecher nach London[27].

Herzog Franz III. von Lothringen übertrug die Regierungsgeschäfte für die Dauer seiner Abwesenheit an seine Mutter, wobei er sich die wichtigsten Entscheidungen aber vorbehielt, und er traf alle ihm nötig erscheinenden Vorkehrungen. Am 25. April 1731 verließ Herzog Franz III. von Lothringen seine Länder[28]. Er begab sich auf eine Reise, die nicht wie ursprünglich angenommen drei Monate, sondern ein ganzes Jahr dauern sollte. Er kehrte nie mehr nach Lothringen zurück.

Als Graf von Blâmont in den Österreichischen Niederlanden

Die Gazette de Bruxelles vermeldete in ihrer Ausgabe vom 1.Mai 1731 die Ankunft des Herzogs: "Son A.R. le Duc de Lorraine arriva ici incognito sous le nom de Comte de Blâmont le 29 du mois dernier au soir bien tard & se rendit à l'hotel de Salazar que S.A. Mad. la Serenissime Gouv. avait fait préparer & meubler pour le loger. Ce prince se rendit hier matin entre midi & une heure à l'hotel d'Orange pour y saluer Auguste Princesse qui le reçut très gracieusement & avec des marques de distinction & d'amitié & il dina ensuite chez S.E. le comte de Visconti ..."[29].

Auf Wunsch der Statthalterin, Erzherzogin Marie Elisabeth (1680-1741), war Baron Pfütschner bereits einige Tage früher in Brüssel eingetroffen, um die Wohnmöglichkeiten für den Herzog und sein Gefolge vorzubereiten.

Erst drei Monate zuvor hatte ein Großbrand die Residenz der Statthalterin fast vollständig vernichtet (Abb.2), sie selbst konnte nur mit knapper Not gerettet werden. Graf Giulio Borromeo Visconti (1664-1733), Obersthofmei-

---

26 ebd., Fasz.44, No.5, fol.7-10.
27 ebd., Fasz.194, No.301, fol.206.
28 HHStA, Familien-Korr.A, Fasz.25, No.10, fol.27.
29 Gazette de Bruxelles, Bruxelles 1731, S.280.

Abb.2: Der "Hof von Brüssel" nach dem Brand vom 4. Feber 1731
(Nachweis: Bibliothèque Royale Albert Ier, Brüssel)

ster, stellte daraufhin das Palais Oranien-Nassau der Erzherzogin zur Verfügung, allerdings bot dieses nicht genug Platz für die Unterbringung von Gästen und einem derart großen Gefolge[30].

Neben Wilhelm Reinhard Graf von Neipperg (1684-1774), der die Oberleitung der Reise verantwortete, sind noch zu nennen: Baron Heinrich von Gehlen (1700-1760), er hatte schon die Reise des jungen Erbprinzen nach Böhmen und an den Wiener Hof geleitet, und ihm sollte Franz Stephan auch die Organisation der Reise seines Bruders Karl im Jänner 1736 von Lothringen nach Wien anvertrauen; François Joseph Toussaint (1689-1762), der unentbehrliche Kabinettsekretär des Herzogs; Beichtvater Udalrich Assel (um 1668-1744), der Lehrer der frühen Wiener Jahre, und der Leibarzt Jean-Baptiste Bassan(d) (1680-1742), dessen medizinischen Fähigkeiten der Herzog voll und ganz vertraute und von dessen Kontakten zu Hermann Boerhaave noch zu reden sein wird; dazu kommmen noch Kanzlisten, Kammerdiener, Kuriere, Läufer, Lakaien, Köche und Knechte, also eine beachtliche Anzahl von siebenunddreißig Menschen, die mehrere Kutschen füllten.

Diese umfangreiche Reisegesellschaft wurde in einem der schönsten Palais von Brüssel, dem Hotel Salazar einquartiert. Seinen Namen verdankte das Palais Louis de Velasco, Graf von Salazar, einem spanischen Adeligen, in dessen Besitz es sich im 16. Jahrhundert befunden hatte. Mittlerweile gehörte es dem Marquis Antoine de Herzelles (gest. 1759), dem einflußreichen Mitglied der Stände von Brabant, welcher es Herzog Franz III. von Lothringen für die Dauer seines Aufenthaltes zur Verfügung stellte.

Zur Unterhaltung der Gäste waren eine Reihe von Belustigungen, Empfängen und Feuerwerken geplant, eine prunkvolle Prozession mit Triumphwagen erinnerte an das Jahr 1288, als Johann I. von Brabant den Herzog von Luxemburg zu Woringen am Rhein geschlagen hatte, eine "Reiger-Peitz" wurde gleich für die Dauer von drei Tagen etwa eine Meile außerhalb der Stadt angesetzt. Der Monat Mai verging mit Einladungen und Gegeneinladungen und am 5. Juni 1731 gaben die Stände von Brabant und der Magistrat von Brüssel ein Fest im Rathaus: ".. cette fête commença vers les 9 heures du soir par un concert de musique dans le grand apartement desdits Etats; de lá S.A.S. se redit à une loge, faite exprès sur la galerie de l'Hotel de ville, avec le comte de Blâmont & toute sa cour, pour y voire une belle illumination ... Ensuite on donna un bal dans le même apartement des Etats ... S.A.S. qui y resta bien avant dans la nuit le commença & le finit avec le comte de Blâmont ..."[31].

In den Monaten Juli und August bereiste der Herzog von Lothringen die wichtigsten Städte und Provinzen der Österreichischen Niederlande: die Industrie- und Wirtschaftszentren ebenso wie Mecheln, die traditionsreiche Resi-

---

30 J. SCHOUTEDEN-WERY, Charles de Lorraine et son Temps, Bruxelles 1943, S.246.

31 Gazette de Bruxelles, Bruxelles 1731, S.360.

denz der Margarete von Österreich (1480-1530). Die Besichtigung der Festungsanlagen und die daraus gewonnenen Erkenntnisse finden sich Jahre später in den kaiserlichen Stellungnahmen zum Barrière-Traktat wieder[32].

Von der Abreise des Herzogs Mitte September 1731 berichtete die Gazette de Bruxelles: "... Le 15 Mr le Comte de Blâmont partit avec toute sa suite pour aller voire la ville d'Anvers. Avant son départ il fit présent au Comte de Visconti, Grand Maitre de S.A.S.; au Prince de Rubempré, Grand Ecuyer; au Baron de Westenraed, Grand Maitre de cuisine; au Comte de Bornhem, Grand Echanson, à chacun une belle bague de diaments ..." [33].

Vor seiner Abreise wurde dem Herzog noch eine besondere Ehre zuteil. Erzherzogin Marie Elisabeth nahm in Anlehnung an das spanische Hofzeremoniell ihre Mahlzeiten immmer alleine ein, was schon so manchen Gast zu suffisanten Bemerkungen veranlaßt hatte[34]. Diesmal aber umging sie das Protokoll und speiste im Schloß von Tervuren incognito und unter strengster Geheimhaltung mit dem Grafen von Blâmont.

Am 18. September 1731 traf der Herzog mit seinem Gefolge in Antwerpen ein. Während sich ab 1744 die Bankgeschäfte mit der Regierung mehr nach Brüssel verlagerten, beherrschten im dritten Jahrzehnt des 18. Jahrhunderts noch die Antwerpener Bankiers die Geschäfte im Dienst des Staatsoberhauptes. Vor allem Pietro Proli (1671-1733) hatte regelmäßige Vorschüsse zur Zahlung der Truppen beschafft und in Anbetracht der geleisteten Dienste 1727 mehrere wertvolle Privilegien samt adeligem Patentbrief erhalten. Über Antwerpen liefen die Zahlungen zugunsten der Generalstaaten, welche die Österreichischen Niederlande kraft des Barrière-Vertrages schuldig waren; die Proli-Bank besorgte die Rückzahlung der Gelder, die die österreichische Regierung bei den Staaten von Brabant aufgenommen hatte und als Gewährleistung von Krediten wurde sie mit der Einsammlung der Einfuhr- und Ausfuhrzölle betraut[35]. Antwerpen präsentierte sich als pulsierender Finanzmarkt - verständlich, daß sich der Herzog von Lothringen hier drei Tage aufhielt.

---

32 HHStA, Belgien DD B, rot 246, Konv.1, fol.46-48.

33 Gazette de Bruxelles, Bruxelles 1731, S.600.

34 SCHOUTEDEN-WERY, Charles de Lorraine, S.247: anläßlich eines Besuches in Brüssel bemerkte der mit der älteren Tochter Kaiser Josefs I. verheiratete Kurfürst von Bayern: "N'est-il pas plaisant, que moi qui couche avec une archiduchesse à Munich, je ne puisse manger avec une archiduchesse à Bruxelles".

35 Helma HOUTMAN-DE SMEDT, Bankiers in den Österreichischen Niederlanden, in: Wirtschaftsbeziehungen zwischen den Österreichischen Niederlanden und den Österreichischen Erblanden im 18. Jahrhundert. Grazer Forschungen zur Wirtschafts- und Sozialgeschichte 5, 1991, S.27-35.

Stationen einer ungewissen Reise

Nach dem Besuch Antwerpens verließen die Lothringer die Österreichischen Niederlande, der Aufenthalt hatte länger gedauert als ursprünglich geplant. Die Route mußte mit Wien akkordiert werden, Prinz Eugens politisches Konzept setzte die Schwerpunkte. Abgesprochen waren jedenfalls die Besuche in den Generalstaaten und in England.

Am 21. September 1731 traf die Gesellschaft in Den Haag ein. Der Herzog nutzte die Gelegenheit zu einem Abstecher nach Leyden, um Hermann Boerhaave (1668-1738) und dessen in ganz Europa berühmten botanischen Garten zu besuchen. Der Leibarzt des Herzogs, Jean-Baptiste Bassan(d) war Schüler des hoch geachteten Arztes, beider medizinische Fähigkeiten hatten wesentlich zur Heilung des Lothringers beigetragen, als dieser 1727 während seines Wiener Aufenthaltes an den Blattern erkrankt war[36].

So wurden Beziehungen aufgefrischt und noch viele Jahre hindurch gepflegt: mit Hermann Boerhaave tauschte man wissenschaftliche Erfahrungen aus und es lag nahe, nach dem Tod Bassan(d)s im Jahr 1742 wieder einen Boerhaave-Schüler - nämlich Gérard van Swieten (1700-1772) - nach Wien zu holen[37].

In Amsterdam wurden die Werften der Ost-Indischen Companie besichtigt, das Waisenhaus mit rund zweitausend Kindern, die Lateinische Schule und die Reformistenkirche.

Auch die Delfter Keramikfabriken standen auf dem Programm; fünfzehn Jahre später wurden die gewonnenen Eindrücke in Holics genutzt: holländische Gastarbeiter produzierten Geschirr für die Länder der Monarchie, sie lernten die einheimischen Arbeiter an und vermittelten einen Qualitätsstandard, von dessen hohem Niveau wir uns noch heute in manchen böhmischen Schlössern überzeugen können[38].

Die Gazette de Bruxelles berichtete am 25. Oktober 1731 aus London, daß am 23. "... le Duc de Lorraine arriva sur le Jacht le Fubbs de Hollande à Greenwich, où il coucha. Hier sur les dix heures du matin S.A.R. vint par la rivière à la Tour, où elle fut recontrée par le Comte de Kinski, Envoié de l'Empereur qui la conduisit dans son carosse au travers de cette ville à sa maison .."[39].

Philipp Josef Graf von Kinsky (1700-1749) konnte seinen Gästen eines der schönsten Häuser Londons zur Verfügung stellen und unterhielt beste

---

36 ZEDINGER, Franz (Anton) Stephan von Lothringen, S.76-80.

37 G.A. LINDEBOOM, Herman Boerhaave, The man and his work, London 1968, S.131.

38 Eine ganze Vitrine mit "Holitzer Geschirr" befindet sich z.B. in Schloß Veltrusy, ein ehemaliger Besitz des Grafen Rudolf Chotek nördlich von Prag.

39 Gazette de Bruxelles, S.702.

Kontakte zum englischen Hof; bereits am Vormittag des 24. empfing die gesamte Königliche Familie den Gast "auf das Zarteste"[40]. Sprachprobleme gab es keine: König Georg II. (1683-1760), gleichzeitig Kurfürst von Hannover, und seine Gemahlin Karoline von Ansbach (1683-1737) sprachen zumeist französisch.

Neben den gesellschaftlichen Verpflichtungen kamen auch die wirtschaftlichen Interessen nicht zu kurz: die Compagnie des Indes ehrte den Herzog mit einer Schiffstaufe, am 15. November übergab man einen 540-Tonnen-Frachter mit dem Namen "Duc de Lorraine" feierlich seiner Bestimmung[41].

Der Aufenthalt in London vertiefte eine Beziehung, die Wochen zuvor in Holland geknüpft worden war und die im Constitutionen-Buch von 1738 so dargestellt wird: "Seine Königl. Hoheit, Franz, Herzog von Lothringen, ward im Haag vermittelst einer Deputation zu einer Loge daselbst als Lehrling und Gesell aufgenommen. Diese bestand aus dem Reverend Dr. Desaguliers, als Meister, den beiden Esquires Johann Stanhope und Johann Holtzendorff, als Aufsehern und einigen anderen Brüdern ... Da unser königlicher Bruder Lothringen nach England kam, berief der Großmeister Lovel eine zufällige Loge auf Herrn Robert Walpole's Landhause Houghton-Hall in Norfolk und machte Br. Lothringen und Br. Thomas Pelham, Herzog von Newcastle, zu Meister Maurern"[42]. Das Zusammentreffen mit den Freimaurern wurde auch in Wien vermerkt, ohne davon allerdings besonders Aufsehen zu machen.

Nach fast zwei Monaten angenehmen Aufenthaltes reiste die kleine Gesellschaft am 19. Dezember 1731 wieder ab. Die Lothringer hatten sich in London sehr wohl gefühlt, ein wahrhaft königliches Abschiedsgeschenk von sechs auserlesenen "Engländischen Pferden mit kostbarsten Satteln"[43] begleitete sie auf eine stürmische Überfahrt.

Nach glücklicher Ankunft ging es über Rotterdam und Nimwegen nach Wesel, eine längere Rast war erst im Schloß Nordkirchen, südlich von Münster, vorgesehen.

Schloß Nordkirchen (Abb.3) präsentierte sich 1732 bereits in seiner heutigen Form. Reichsgraf Ferdinand von Plettenberg (1690-1737) hatte die Herrschaft 1711 übernommen und einen großzügigen Umbau eingeleitet. Als Obersthofmeister des Kurfürsten Clemens August von Bayern (1700-1761) bestimmte er seit 1723 die Politik des kurkölnisch-münsterschen Hofes. Mochte es ihn zunächst noch befriedigen, am Hof des "Monsieur de Cinq-Eglises" - wie man Clemens August wegen der nicht zum wenigsten durch Plettenberg erreichten unerhörten Kumulierung der Bistümer Münster, Pader-

40 Wiener Darium, Anno 1731, Num.91.

41 Gazette de Bruxelles, S.759.

42 Georg KLOSS, Geschichte der Freimaurerei in England, Irland und Schottland. Unveränderter Nachdruck der 1848 bei Otto Klemm in Leipzig erschienenen Ausgabe, Graz 1971, S.120.

43 Wiener Diarium, Anno 1732, Num.3.

Abb.3: Schloß Nordkirchen, Besitz des Reichsgrafen Friedrich von Plettenberg
(Nachweis: Cramers Kunstanstalt, Dortmund)

born, Osnabrück, Hildesheim und Köln wohl nannte - seine Kraft und seine Talente einzusetzen, so galt ihm diese Tätigkeit nun als Sprungbrett. Vorbild Plettenbergs war Friedrich Karl von Schönborn (1674-1746), sein Ziel das Amt des Reichsvizekanzlers im Wiener Reichshofrat. Um diese ehrgeizigen Pläne zu verwirklichen, mußte der Kölner Kurfürst veranlaßt werden, aus der franzosenfreundlichen Linie der Wittelsbacher Hausunion auszubrechen; Wien sollte erkennen, daß Ferdinand von Plettenberg ein wirksamer Freund sein konnte. Erstes Zeichen der prokaiserlichen Politik war 1726 die Unterzeichnung des Allianz- und Subsidienvertrages zwischen Bayern-Köln und dem Kaiser.

Doch das bedeutete noch keineswegs die endgültige Option für Wien. Allerdings zeigte sich auch der Kaiser interessiert, Plettenberg wurde Reichsgraf und mit dem Orden vom Goldenen Vlies geehrt. Am 26. August 1731 unterzeichneten Plettenberg und Friedrich August Graf Harrach (1696-1749) in Bonn einen Geheimvertrag, durch den sich der Kölner Kurfürst zur Unterstützung der kaiserlichen Reichspolitik verpflichtete, wofür ihm Hilfe bei zukünftigen Vakanzen zugesichert wurde. So kam mit kurkölnischer Hilfe im Januar 1732 am Regensburger Reichstag das Reichsgutachten über die Garantie der Pragmatischen Sanction zustande. Im Gegenzug wurde Clemens August nur wenige Wochen später mit kaiserlicher Hilfe zum Hochmeister des Deutschen Ordens gewählt[44].

Vor diesem Hintergrund ist der Besuch des Herzogs von Lothringen bei Ferdinand von Plettenberg Mitte Jänner 1732 zu sehen. Prinz Eugen mußte daran gelegen sein, in der Reichspolitik dem francophilen bayrischen Kurfürsten die kaiserfreundliche Stimme Kurkölns gegenüberzustellen.

Plettenbergs Planung verlief nicht ganz nach Wunsch: 1733 fiel er in Köln in Ungnade und erhoffte sich Hilfe vom Kaiser. In dieser Erwartung verstarb er ganz plötzlich 1737 in Wien. Die guten Beziehungen zu Herzog Franz III. von Lothringen blieben in diesen Wiener Jahren bestehen und so kann er auch unter den Festgästen der habsburgisch-lothringischen Heirat im Februar 1736 ausgemacht werden[45].

Sicher verlief der Aufenthalt des Herzogs in Schloß Nordkirchen sehr harmonisch, die aufwendig gestalteten Räumlichkeiten boten Behaglichkeit, und zusätzlich engagiertes Personal sorgte in Küche und Kammer für die Bequemlichkeit der Gäste[46].

Als nächstes Ziel war Wolfenbüttel vorgesehen; bei der Zwischenstation Minden zeigte man sich nicht bereit, Unterkunft und Pferde zur Verfügung zu

---

[44] Max BRAUBACH, Ferdinand von Plettenberg. Ein westfälischer Politiker und Diplomat des 18. Jahrhunderts. In: Westfalen. Hefte für Geschichte, Kunst- und Volkskunde 22, Heft 1-6, 1937, S.165-175.

[45] Maria Theresia und ihre Zeit, Katalog zur Ausstellung, Wien 1980, Nr.03, 06; Abb. S.39.

[46] Westfälisches Archivamt Münster, Monatliches Ausgabenregister, Akte 9122, fol.87v.

stellen, sodaß sich Baron von Gehlen hilfesuchend an die geheimen Räte in das etwa eine Tagreise entfernte Hannover wendete.

Das Niedersächsische Hauptstaatsarchiv verwahrt dazu einen acht Seiten umfassenden Bericht der Geheimen Räte an König Georg II. in London. Während sich Franz Stephan von Lothringen durchaus damit begnügen wollte, im Posthaus vor der Stadt abzusteigen, und lediglich den Wunsch äußerte, den Garten zu Herrenhausen besichtigen zu dürfen, ließen die Räte anfragen, "... ob dieselbe nicht zu Herrenhausen abzutreten geruhen mögten, welches dieselbe auch sofort acceptieret". Ganz sicher waren sich die Räte ob der zu erweisenden Ehrbezeigungen allerdings nicht und so berufen sie sich immer wieder auf den Aufenthalt des Herzogs in London, wo "Eure Königliche Majestät Seiner Königl. Hoheit ob sie sich gleich nur von einen Comte de Blâmont ausgegeben, in Engeland viele außerordentliche Ehre bezeigen lassen". Das recht ungnädige Reskript des Königs vom 1. Februar, mit der protestantischen Datierung 21. Jan. 1732, bestätigt seinen "Räten und lieben Getreuen" zwar korrektes Verhalten, daß "die Intention gut gewesen sei, ... man aber zu weit gegangen und in Sonderheit ... daß man den Herzog zu Herrenhausen in unser Palais logierte", mißbilligte der König doch sehr[47].

Der Herzog aber genoß die Tage in Herrenhausen, er besuchte die Messe in der hiesigen katholischen Kirche, besichtigte den Garten, die große Fontaine und die Kunstschätze des Schloßes und natürlich die französische Komödie[48].

Details zu dieser unvorhergesehenen Zwischenstation bietet die Chronik des hannoverschen Kammerschreibers Johann Heinrich Redecker (1682-1764), auch vermerkte er die Übergabe eines Festgedichtes, worin der Herzog als "ein zweiter Leopold an Geist und Christentum, ein Joseph an Verstand, an Munterkeit und Ruhm, ein Carl an Majestät, an Klugheit und Gebehrden"[49] gepriesen wird.

Aber auch die Aufenthalte in Wolfenbüttel und Braunschweig versprachen angenehme, ja familiäre Tage. Lernte der Herzog doch hier die nächste Verwandtschaft von Kaiserin Elisabeth Christine kennen: deren Eltern, Herzog Rudolf Ludwig von Braunschweig-Wolfenbüttel (1671-7135) und seine Gemahlin Christine Luise (1671-1747) residierten in Wolfenbüttel und Blankenburg, der Großonkel Herzog Ferdinand Albrecht II. von Braunschweig-Bevern (1680-1735) und seine Gemahlin Antoinette Amalie (1696-1762) empfingen den Lothringer in Braunschweig. Sie alle bereiteten ihm einen herzlichen Empfang. Der Obristjägermeister "wurde bis an den letzten Ort entge-

---

47 Niedersächsisches Hauptstaatsarchiv Hannover, Hann. 92 Vi B, Nr.33, Vol.3, fol.110-112.
48 ebd., fol.111.
49 Stadtarchiv Hannover, Johann Heinrich REDECKER, Historische Collectanea von der Königl. und Churfürstl. Residenz-Stadt Hannover auch umher liegenden Graffschaften Lauenrode, Wunsdorff und Burgwedel am 8. Julii An. 1723 angefangen. Handschrift B 8288 m, fol.14.

gengeschickt, mit Escorte, Garde du Corps, Dragonern und Kanonendonner erfolgte am 21. Jänner 1732 der Einzug in Wolfenbüttel. Ihro Hoheit gaben dem Prinz noch vor der Tafel die Visite und wollten gar kein Zeremoniell haben ... an der Tafel setzten sie sich à l'hasard wie sie herkamen, jedoch war ein concert dabey bestellet"[50].

Der spätere Vizekanzler und leitende Minister Georg Septimus Andreas von Praun (1701-1786) berichtete in seinem Hoftagebuch sehr anschaulich von diesem Besuch. So führte er weiter an: "den 22. verreisten sie früh um 9 uhr unter gleich gefolg und lösung der canons ab nach blankenburg ... den 26. eine große jagd ... und den 29. bauernwirtschaft wobei Prinz Carl Bräutigam war ..."[51].

Am 1. Feber reiste der Herzog mit der Bevernschen Herrschaft nach Braunschweig. Die alljährlich hier stattfindende Lichtmesse bot nicht nur kurzweilige Unterhaltung in den vor dem "Rat- oder sogenannten Conferenz-Haus" aufgestellten Buden, es ergaben sich dabei auch mannigfache Kontakte zu den aus der Umgebung angereisten größeren und kleineren deutschen Fürsten: Fürst Georg Albert von Ostfriesland, Leopold von Anhalt-Dessau, Albrecht zu Schaumburg-Lippe, sie alle und noch viele mehr sind mitsamt ihrem zahlreichen Gefolge im Hoftagebuch des Ministers vermerkt.

Hier in Braunschweig traf Herzog Franz III. von Lothringen auch schon mit Friedrich Heinrich Reichsgraf von Seckendorf (1673-1763) zusammen, der seit 1726 als kaiserlicher Gesandter in Berlin tätig war. Und er wußte, wie ungeduldig der König in Preußen dem Besuch des Herzogs von Lothringen entgegensah.

Bereits im Dezember 1731 - gerade erst war der eineinhalb Jahre dauernde Konflikt zwischen Friedrich Wilhelm I. und Kronprinz Friedrich zu Ende gegangen - hatte der "Soldatenkönig" zu einer Heerschau nach Potsdam geladen[52].

Am 11. Feber verließen die Lothringer Braunschweig, aber erst am 23. sollten sie in Potsdam eintreffen. Dazwischen lag ein Besuch der stärksten Festung Brandenburgs. Der Große Kurfürst hatte 1666 Magdeburg unter seine Herrschaft gezwungen, bald erstickte ein riesiges Befestigungssystem modernster Art die alte Handelsstadt. Mit dem Fürsten Leopold von Anhalt-Dessau, der von 1702-1747 Gouverneur war und dessen Bekanntschaft der Herzog von Lothringen soeben in Braunschweig gemacht hatte, erreichte der Umformungs- und Bauprozeß seinen Höhepunkt. Nach dem Muster des "Vauban'schen Systems" harmonierte künstlerische Phantasie mit den militärischen Erfordernissen. Als Gouverneur betrieb der Alte Dessauer mit der Lei-

50 Niedersächsisches Staatsarchiv Wolfenbüttel, Hoftagebuch des Georg Septimus Andreas von Praun, VI Hs Nr. 12, S.129.

51 ebd., S.130.

52 HHStA, LHA, Fasz.194, No.301, fol.248.

denschaft des Feldherrn aber nicht nur den Festungsbau, mit gleicher Weitsicht und Strenge initiierte er durchgreifende städtebauliche Veränderungen im Verständnis der prächtig-feudalen Barockarchitektur[53].

Der Aufenthalt der Lothringer verzögerte sich in Magdeburg noch um einige Tage: in der Nacht auf den 15. Feber bekam der Herzog hohes Fieber, Doktor Bassan(d) schob die Schuld auf eine Verkühlung, die noch von der stürmischen Schiffsreise herrührte und nicht richtig auskuriert werden konnte. Nun mußte er strenge Bettruhe verordnen und erst eine Woche später konnte die Reise fortgesetzt werden.

Endlich in Potsdam eingetroffen, beeilte sich König Friedrich Wilhelm I. (1688-1740), den deutschen Fürsten, vor allem aber den Vertretern des Kaisers und jenen der europäischen Mächte die Schlagkraft seiner Armeen vorzuführen. Nach dem Tod des Vaters im Jahr 1713 an die Macht gekommen, war es ihm schon lange bewußt, daß sich Preußen, dieses junge Königreich, im Gerangel der europäischen Mächte nur behaupten konnte, wenn es über ein modernes, jederzeit einsatzbereites Heer verfügen konnte. Zwei Jahre zuvor hatte er als Kronprinz mitansehen müssen, wie die russischen und polnischen Soldaten, ohne sich im geringsten um die preußische Souveränität und Neutralität zu kümmern, im Nordischen Krieg hemmungslos durch die Marken gezogen waren. Das sollte sich nicht wieder ereignen.

Am Beginn seiner Regierungszeit fand der König ein stehendes Heer vor, dessen Effektivstärke sich auf etwa fünfundzwanzigtausend Mann belief, bereits zwei Jahre später hatte er die Anzahl verdoppelt. Als eine seiner Marotten galt die Anwerbung von besonders großen Soldaten, wobei es sich aber nicht um eine einzelne Erscheinung handelte. Das englische Dragonerregiment des Lord Stairs oder jenes des Grafen Rutowski in Dresden setzte sich ebenfalls aus Soldaten zusammen, die mindestens einen Meter achtzig groß waren. Aber soviel ist richtig, die preußischen Werbeoffiziere waren in ganz Europa unterwegs und man konnte sich in Berlin mit der Übersendung von großen Männern sehr beliebt machen. Der Wiener Hof verlachte zwar die Marotte des Königs, machte sie sich aber dennoch zunutze. Am 26. November 1726 schrieb Graf Seckendorff aus Berlin an Prinz Eugen: "Daß seine Kaiserliche Majestät die Herbeischaffung zwanzig großer Kerle allergnädigst accordiert, dafür statte ich allerunterthänigsten Dank ab..."[54].

Die europäischen Höfe sahen nur die eine Seite der preußischen Aufrüstung, Friedrich Wilhelm I. aber war sich dessen bewußt, daß seine Anstrengungen auch finanziert werden mußten; er begann sofort die Volkswirtschaft auf die Bedürfnisse des Militärwesens umzustrukturieren und daraus das Schwungrad einer neuen Nationalökonomie zu machen. Der Befehl zur Be-

53 F.W. HOFFMANN, Geschichte der Stadt Magdeburg, Magdeburg 1885, S.101-109.
54 Wolfgang VENOHR, Der Soldatenkönig, Frankfurt/M.-Berlin 1990, S.141.

schaffung der Heeresbekleidung war die Geburtsstunde der preußischen Wollindustrie, das gesamte Berliner Geschäftsleben profitierte davon: die Textilhandwerker, die Tuchmacher, Leinenweber, Posamentiere und Knopfarbeiter erlebten einen enormen Aufschwung.

Der König ging noch einen Schritt weiter, er schützte die eigene Produktion durch hohe Einfuhrzölle, garantierte zuwandernden Facharbeitern Steuerfreiheit für sechs Jahre, erteilte Privilegien und Kredite. Damit war das preußische Heer bereits 1725 in Ausrüstung und Bewaffnung auf keinerlei ausländische Lieferungen mehr angewiesen. Die ökonomische Basis für den Ausbau des preußischen Heeres war schon nach wenigen Jahren geschaffen, von dem Wirtschaftsaufschwung aber profitierte der ganze Staat.

Nicht unerwähnt soll in diesem Zusammenhang das "Kantonreglement" von 1733 bleiben, denn mit der Einführung einer quasi allgemeinen Wehrpflicht löste der König eine soziale und gesellschaftspolitische Revolution aus. Bis jetzt diente man nicht für den Staat, für das Volk oder Vaterland, man diente für Sold. Nun wurde auch dem analphabetischen Bauernjungen klar gemacht, daß er mit des Königs Rock nicht mehr anonymes Willkürobjekt war, nach Jahrhunderten der Unterdrückung und Abhängigkeit ging ein Hauch von Stolz und Selbstbewußtsein sogar durch die Häuser der entlegendsten Dörfer.

Und dem zum Militärdienst herangezogenen einheimischen Adel wurde das Bewußtsein eingeimpft, daß es eine Standesehre sei, ja ein Vorzug und Privilegium, niemand anderem als nur dem eigenen Monarchen zu dienen. Damit schuf der allseits verhöhnte König Friedrich Wilhelm I. praktisch schon ein national-preußisches Offizierskorps[55].

Doch kehren wir nun zurück ins Potsdam des Jahres 1732 und zur Demonstration von Preußens militärischer Macht. Franz Stephan von Lothringen sah den Aufschwung und wußte acht Jahre später sehr genau, warum er zum Ausgleich mit Friedrich II. raten mußte.

Die Stärke der preßischen Armee belief sich mittlerweile auf sechzigtausend Mann und schon Graf Seckendorff hatte Prinz Eugen von der eindrucksvollen Schönheit und Ordnung der Truppen berichtet, von dem erstklassigen Zustand, in dem sich Mannschaften und Pferde, Gewehre und Ausrüstung befanden. Zugleich bemerkte Seckendorff aber auch, daß diese Armee einer geradezu barbarischen Disziplin unterworfen war. Eine hohe Schule der Ordnung und der Haushaltungskunst wollte der König zwar demonstrieren, aber Kriege führen wollte er nicht: seine Truppen dienten der Abschreckung, nicht der Expansion. Dem Kaiser loyal gegenüberstehend, blieb es seinem Sohn vorbehalten, diesen Grundsatz zu durchbrechen.

---

55 ebd., S.134-170.

In Berlin traf der Herzog von Lothringen erneut mit der Bevern'schen Herrschaft zusammen, das Herzogspaar war mit dem Kronprinzen und der ältesten Prinzessin eingetroffen. König Friedrich Wilhelm I. beabsichtigte bei dieser Gelegenheit, seinen Sohn mit Elisabeth-Christine von Braunschweig-Bevern zu verloben und bat Franz Stephan die Brautwerbung zu übernehmen. Der Herzog versuchte, sich diplomatisch aus der Affäre zu ziehen und meinte, daß ihm die Einmischung in private Angelegenheiten, in "affaires domestiques" wie er sich ausdrückte, wohl nicht zustünde. In Wahrheit aber fürchtete er, sich zwei Feinde zu schaffen: "l'Angleterre, sur l'amitié de laquelle je crois pouvoir compter et d'un autre, je ne suis pas sur, que cette alliance plaise fort au Prince Royale"[56]. Die diesbezüglichen Ansichten des Kronprinzen waren ein viel diskutiertes offenes Geheimnis an allen europäischen Höfen und Reichsgraf von Seckendorff half mit, diese Angelegenheit im Sinne der kaiserlichen Politik zu umgehen, ohne dabei den König zu verletzen.

Ganz offensichtlich konnte sich Franz Stephan von Lothringen dieser Sache charmant entledigen, er blieb insgesamt achtzehn Tage in Berlin, nahm an der Verlobungsfeier am 10. März 1732 teil, besichtigte Zeughaus und Rüstkammer, die Bibliothek, das Naturalien-Cabinet und die Medaillensammlung und ist "wegen seines angenehmen Wesens, des durchdringenden Verstandes, der reifen Beurteilung und der gegen jedermann bezeigten Annehm- und Freundlichkeit sehr hoch geschätzt worden"[57].

Friedrich Wilhelm I. nahm anläßlich dieser Ereignisse und angesichts der prominenten Besucher von seiner allseits bekannten Sparsamkeit Abstand. Das Geheime Staatsarchiv Preußischer Kulturbesitz verwahrt die Akten mit der Rechnungslegung der Hof- und Reiseküche, in denen auch Angaben über die bei Hof weilenden Gäste enthalten sind. Aus dem Band des Jahres 1732 geht nicht nur hervor, daß der Herzog von Lothringen nach einem mehr als zweiwöchigen Aufenthalt Berlin am 16. März 1732 verließ, fein säuberlich sind auch die aufgetragenen Speisen vermerkt. Man offerierte Damhirsch- und Hasenbraten, Hühner und Wildschwein, aber auch Stör und frischen Lachs; allerdings ließ es sich der König nicht nehmen, zumindest seine Kontrollfunktion auszuüben und die "Consumtions-Zettel" eigenhändig abzuzeichnen[58].

Dieser ausführliche Besuch in Potsdam und Berlin hatte dem Herzog von Lothringen gründliche Eindrücke des preußischen Hoflebens, vor allem aber auch der Innovationsprozeß in militärischen, ökonomischen und handelspolitischen Belangen vermittelt; er würde ausführlich davon in Wien berichten

---

56 HHStA, Familien-Korr.A, Fasz.25, No.10, fol.209.

57 Wiener Diarium, Anno 1732, Anhang zu Num.25, Ausgabe vom 26. März, Bericht aus Berlin vom 16. März.

58 Geheimes Staatsarchiv Preußischer Kulturbesitz, Abtlg. Merseburg, Hofverwaltung, Rep.36, Nr.1266, fol.15-21.

können, bevor das Kaiserpaar selbst im Juli 1732 mit Friedrich Wilhelm I. im böhmischen Kladrub zusammentreffen sollte[59].

In Berlin hatten sich auch die weiteren Stationen der Reise entschieden. Angesichts der gespannten Lage war Dresden zu meiden, mit einem "... compliment et une honneteté qui coute si peu et sauve tant d'apparances dans le theatre du monde"[60] sollte der Hof des polnischen Königs höflich umgangen werden. Ungeduldig fügte sich der Herzog dem Wunsch des Kaisers, weitere Instruktionen im schlesischen Breslau abzuwarten.

Der Aufenthalt im reichen Schlesien dauerte fast vier Wochen. Herzog Franz Ludwig von Pfalz-Neuburg residierte hier seit 1683 als Bischof von Breslau und dazu seit 1685 als kaiserlicher Oberlandeshauptmann von Schlesien, was bis zu seinem Tod 1732 die Vereinigung der obersten geistlichen und weltlichen Gewalt in Schlesien bedeutete. Dazu kam noch die Würde des Kurfürsten und Erzbischofs von Mainz und seit 1694 das Hochmeisteramt des Deutschen Ordens[61]. Ein wichtiger Mitarbeiter des siebzigjährigen Kirchenfürsten war in der Breslauer Amtsstube Friedrich Wilhelm Graf von Haugwitz (1700-1765). Er zeichnete sich durch Fleiß und besondere Kenntnisse aus, seine Verbesserungen im Verwaltungssystem der Provinz ebneten dem Schlesier den Weg nach Wien, als er nach der preußischen Annexion seine Heimat verließ[62].

Am 4. April 1732 traf in Breslau die Ernennung des Herzogs von Lothringen zum Statthalter von Ungarn ein, gleichzeitig erteilte der Kaiser die Genehmigung zur Rückkehr nach Wien[63].

Über Olmütz und Selovitz[64] ging die Fahrt in Richtung Wien, am Mittwoch, den 16. April 1732 traf Franz Stephan von Lothringen abends gegen sieben Uhr wieder in der Stadt ein, die er vor zweieinhalb Jahren verlassen hatte. Er "verfügte sich sogleich zu beiden Regierenden Kaiserl. Majestäten und Durchleuchtigsten Ertzherzoginnen, welche sammentlich auf das mildeste Ihre Königl. Hoheit bewillkommneten und sodann mit Allerhöchst beiden Kaiserl. Majest. zum Abendmahl speiseten"[65].

---

59 Hanns Leo MIKOLETZKY, Hofreisen unter Kaiser Karl VI., in: MIÖG 60, 1952, S.273.

60 HHStA, LHA, Fasz.45, No.7, fol.76-79.

61 Kreuz und Schwert. Der Deutsche Orden in Südwestdeutschland, in der Schweiz und im Elsaß, Katalog zur Ausstellung, Mainau 1991, S.76 und S.136.

62 Adam WOLF, Österreich unter Maria Theresia, Wien 1855, S.160.

63 HHStA, LHA, Fasz.45, fol.92-94; fol.104-105.

64 Selovits oder Groß-Sedlitz: das Schloß befand sich im Besitz des Grafen von Sinzendorf und wurde in den Jahren 1720 bis 1727 zu einem barocken Jagdschloß umgebaut; heute Zidlochovice in Süd-Mähren, Staatsbesitz.

65 Wiener Diarium, Anno 1732, Num.32.

Nur eine Kavalierstour?

Fast genau ein Jahr hatte die Reise des Herzogs von Lothringen gedauert, die ihn von Lunéville ausgehend in die Österreichischen Niederlande, in die Generalstaaten und nach England, aber auch an die Höfe von Braunschweig, Berlin und Breslau geführt hatte.

Im 16. Jahrhundert war ganz allgemein die Bildungsreise in Mode gekommen, gleichsam als Höhepunkt und Ende der adeligen Erziehung. Im Alter von ungefähr sechzehn Jahren reisten die jungen Herren in fremde Länder, sie vervollkommneten ihre Kenntnisse an den Universitäten von Bologna, Padua oder Löwen, sie erweiterten ihren Wortschatz in Frankreich oder Italien und übten sich im standesgemäßen Benehmen in Residenzstädten und an den Fürstenhöfen; erklärte Ziele sah man in der Erlangung von Weltkenntnis und weltmännischem Schliff[66].

Die Reise des Herzogs von Lothringen ist unter anderen Gesichtspunkten zu betrachten: als souveräner Herrscher seines Landes sah sich Franz Stephan bereits voll in den Prozeß der täglichen Regierungsarbeit integriert, und nach seiner Ausbildung am Wiener Hof wußte sich der Dreiundzwanzigjährige durchaus am glatten Parkett der Diplomatie zu bewegen, wie die Episoden in Frankreich[67] und Berlin nachdrücklich zeigen. Sicher wesentlich waren ihm die persönlichen Kontakte, an fremden Fürstenhöfen mit ausländischen Adeligen konnten sich Verbindungen ergeben, die in der Zukunft wertvoll werden konnten. Nachdem der Herzog durch die aggressive Haltung Frankreichs und die latente europäische Kriegsgefahr zum Verlassen seiner Länder gezwungen wurde, suchte er nach positiven Aspekten. Die Anordnung des Prinzen Eugen zum Verlassen seiner Herzogtümer war ein kaiserlicher Befehl: dem war Folge zu leisten. Wobei sich der Herzog der ausweglosen Situation aber durchaus bewußt war; hatte er doch anläßlich seiner Gespräche mit Kardinal Fleury im Jänner 1730 erkennen müssen, daß Frankreich eine habsburgisch-lothringische Heirat mit der Würde eines Herzogs von Lothringen als unvereinbar betrachtete.

So sind die Schwerpunkte dieser fluchtartigen Reise - neben den nicht zu unterschätzenden persönlichen Kontakten - im wirtschaftlich-wissenschaftlichen Bereich zu sehen. Die noch wenig entwickelten Strukturen in den Österreichischen Niederlanden, das aufstrebende Bankierswesen, das geschäftige Treiben in den englischen und holländischen Häfen, die Erkenntnisse der Leydener medizinischen Schule, aber auch der rasante Aufschwung Branden-

---

[66] Eva-Marie CSÁKY-LOEBENSTEIN, Studien zur Kavalierstour österreichischer Adeliger im 17. Jahrhundert, in: MIÖG 79, 1971, S.412.

[67] ZEDINGER, Franz (Anton) Stephan von Lothringen, S.88-91: zur Reise nach Paris und Versailles anläßlich der Belehnung mit dem Herzogtum Bar.

burg-Preußens sowohl auf militärischem wie auch auf wirtschaftlichem, sozialem und verwaltungstechnischem Gebiet weisen in die Richtung späterer Initiativen: immer wieder greift der spätere Kaiser Franz I. in belgische Angelegenheiten ein, rät zu militärischen Reformen, nützt die Bankhäuser von Antwerpen und Brüssel für finanzielle Transaktionen, initiiert Verwaltungsreformen, sucht zeitlebens nach Möglichkeiten, die durch die Auflösung der Ostende-Kompanie getroffenen Handelseinschränkungen anderweitig zu kompensieren, empfiehlt die Berufung Gérard van Swietens und hebt auf seinen Herrschaften Holics und Sassin nach preußischem Vorbild nicht nur die Erträge sondern auch den Lebensstandard der Bauern.

Diese Reise bildet nicht nur all der gewonnenen Eindrücke oder geknüpften Kontakte wegen einen gravierenden Abschnitt im Leben des Herzogs, sie ist ein weiterer Schritt auf dem bereits vom Vater vorgezeichneten Weg. Mit dem Verlassen der Herzogtümer, mit der Rückkehr nach Wien vollzieht Franz Stephan von Lothringen endgültig die Abkehr von der jahrzehntelangen Schaukelpolitik unter französischer Willkür und damit die bedingungslose Hinwendung zum Haus Habsburg.

Aspekte "musikalischer Reisen" im 18. Jahrhundert

von

CHRISTIAN GLANZ

...was mich in Salzbourg degoutirt, ist, daß man mit den leuten keinen rechten umgang haben kann – und daß die Musique nicht besser angesehen ist – und – daß der Erzbischof nicht gescheuten leuten, die gereiset sind, glaubt – denn, ich versichere sie, ohne reisen (wenigstens leute von künsten und wissenschaften) ist man wohl ein armseeliges geschöpf! – und versichere sie, daß, wenn der Erzbischof mir nicht erlaubt alle 2 jahre eine Reise zu machen, ich das Engagement ohnmöglich annehmen kann; ein Mensch von mittelmässigen Talent bleibt immer mittelmässig, er mag reisen oder nicht – aber ein Mensch von superieuren Talent (welches ich mir selbst, ohne gottlos zu seyn, nicht absprechen kan) wird – schlecht, wenn er immer in den nemlichen ort bleibt;...
W.A. Mozart an seinen Vater Leopold, Paris 11.September 1778

Ob das Reisen, und vor allem die Besuchung Italiens, hiebey erfordert werde, wie ihrer viel der Meinung sind, kan ich schwerlich schlechthin bejahen: nicht nur deswegen, weil oftmahls Gänse in Welschland hineinfliegen, und Gänse wieder heraus kommen; sondern weil diese verreisete Gänse sich auch gerne mit vielen thörichten Schwanen- und Pfauen-Federn, ich will sagen, mit grossen, geborgten Schwachheiten und mit unsäglichem Hochmuth zu bestecken und zu schmücken pflegen.
Johann Mattheson: "Der vollkommene Capellmeister", Hamburg 1739, Teil II, Kapitel 2, § 62

Wenn man an die stets betonte Vorbildrolle der italienischen Musikkultur im 18. Jahrhundert denkt, mag die Distanz Johann Matthesons zur Sinnhaftigkeit der "musikalischen Reisen" zunächst befremdlich anmuten; im Gegensatz zu Mozarts aufgeregt-enthusiastischem Bekenntnis zum Reisen als steter Impuls des "superieuren Talents" relativiert der Hamburger Musiktheoretiker und einflußreiche Schriftsteller den Wert des Reisens als oftmaligen Ausdruck einer Mode, die über die tatsächliche Qualität des "Gereisten" kaum etwas auszusagen hat.

Mattheson steht mit seiner distanzierten Haltung zur Sinnhaftigkeit der musikalischen Reisen – vielleicht überraschend – keineswegs isoliert da, im Gegenteil, gerade die deutsche Musikpublizistik des 18. Jahrhunderts teilt diese (oft noch viel strenger formulierte) Einstellung in einem hohen Maße. Schleunig hat diese kritische Distanz bis hin zur "patriotisch" argumentierenden Polemik dokumentiert[1] und mit der gleichzeitigen Betonung des Werts der Musiker "im eigenen Vaterlande" in Beziehung gebracht.

Der etwa bei W.A. Mozart so eindrucksvoll dokumentierten Begeisterung für stilistische Pluralität und musikalische Weltoffenheit (er rühmte sich, in jeder Stilart quasi "zuhause" zu sein), zu deren Vorbedingungen notwendigerweise das Kennenlernen verschiedener Musikstile möglichst vor Ort gehörte, steht die Betonung des "Vaterländischen" in der Musik, des eigenen Nationalstils also markant gegenüber. Die "musikalische Reise" als Impuls und Erkenntnisgewinn war also keineswegs unumstritten.

Dennoch ist festzuhalten, daß die Kenntnis des Musiklebens des 18. Jahrhunderts ganz maßgeblich durch die Ergebnisse solcher musikalischer Reisen bereichert wurde und die Publikation solcher Reiseberichte stets auf reges Interesse stieß; das wohl markanteste Beispiel dafür sind die Veröffentlichungen des britischen Musikschriftstellers und -historikers Charles Burney, dessen "Tagebuch einer musikalischen Reise" in drei Bänden (in deutscher Übersetzung in Hamburg 1772 und 1773 erschienen) schon bei seinen Zeitgenossen auf großes Interesse stieß und für Diskussionen besonders ästhetischer Art sorgte[2]. Unter den deutschsprachigen musikalischen Reiseberichten wären hier besonders die Arbeiten Johann Friedrich Reichardts (in den "Vertrauten Briefen" 1777ff.) zu nennen, viele musikalische Aspekte finden sich in den Reiseberichten allgemeiner Art.

Charles Burney (1726-1814) unternahm seine musikalischen Reisen in die Zentren der europäischen Musik im Zuge der Vorbereitung seiner "General History of Music" (erschienen 1776-1789), also aus einer wissenschaftlichen Motivation heraus. Der "Zustand der Musik" in den von ihm dabei besuchten Ländern war also nicht der Hauptgegenstand seiner Forschungen, die "Tagebücher einer musikalischen Reise" daher eine Art "Nebenprodukt" seiner musikhistorischen Forschungen in den verschiedenen Musikzentren. Für seine "General History of Music" unternahm er intensive Studien in Sammlungen und Bibliotheken, erwarb eine Unzahl von Abschriften und Büchern; daneben berichtete er in Form des "Tagebuchs" über das

---

1 Peter SCHLEUNIG, Das 18. Jahrhundert: Der Bürger erhebt sich (Geschichte der Musik in Deutschland), Reinbek 1984, S. 302ff.

2 Belege bei SCHLEUNIG, S. 296ff.

aktuelle Musikleben in den von ihm besuchten Orten, wobei der "Kritiker" stets präsent ist.

Auch Burney spricht in seinen Tagebüchern im Zuge der Betrachtungen über die Sinnhaftigkeit der musikalischen Reisen den Aspekt der Stilistik und Ästhetik an:

Durchs Reisen, verliert ein Musikus unter andern Lokalvorurtheilen auch jene Ehrerbietung gegen einen besondern Styl, welche die Anzahl der Nachahmer so sehr vergrössert; und sie so unter dem Zwange hat, daß sie gleich den neuern Lateinern, keinen einzigen Gedanken wagen dürfen, für welchen sie keine Autorität eines classischen Schriftstellers anführen können.

Die Musiker fast einer jeden Stadt, und jede Kapelle eines deutschen Fürsten, dessen Staaten auch noch so klein seyn mögen, werfen sich zu einer musikalischen Monarchie auf, beneiden sich einer den andern, und alle beneiden einmüthiglich die Italiäner, welche in ihr Land kommen. Ich hingegen, als ein blosser Zuschauer, dem der Zank gar nichts angeht, und der weder Schaden noch Vortheil davon besorgen darf, ich glaube wahrzunehmen, daß an beyden Seiten große Vorurtheile herrschen.[3]

An dieser Stelle wird ein zentraler Punkt der Motivation Burneys deutlich: der Abbau von "Lokalvorurtheilen" als ein wünschenswerter Effekt musikalischer Reisen bedeutet nichts anderes als die Voraussetzung für musikalischen Fortschritt. Burney hat diesen zutiefst aufklärerischen Gesichtspunkt (die Beseitigung des Vor-Urteils) stets spürbar in seine Reiseberichte und schließlich auch in seine allgemeine Musikgeschichte einfließen lassen. Geschichtsforschung wird zur Basis, auf der – im Wissen um die Traditionen (wobei die Betonung auf dem Plural liegt) – Neues zur Entwicklung kommen kann. Hier trifft sich Burney mit Mozart.

Burney war im Juni 1770 zu seiner ersten Reise aufgebrochen, die ihn durch Frankreich und Italien führen sollte. Ausgerüstet mit zahlreichen Empfehlungsschreiben, die zunächst an die jeweiligen Repräsentanten Englands in den verschiedenen Zielorten gerichtet waren, nahm Burney überall sofort mit den "musikalischen Kreisen" Kontakte auf. Dabei interessierte sich der Reisende nicht nur für die "offiziellen" Institutionen des Musiklebens, sondern fand auch Eingang in die vielfältige Szenerie der halböffentlichen und privaten Musikpflege. Gerade diese Aspekte machen Burneys Berichte für die Erforschung des Musiklebens des 18. Jahrhunderts so besonders aussagekräftig und wichtig.

In den Berichten von den Stationen seiner Reise spielt die ästhetische Position Burneys eine unübersehbare Rolle, namentlich im Fall der Beurtei-

---

3 Carl BURNEY'S der Musik Doktors Tagebuch seiner Musikalischen Reisen, Dritter Band, Durch Böhmen, Sachsen, Brandenburg, Hamburg und Holland, Aus dem Englischen übersetzt (...), Hamburg 1773, Bey Bode, S. 275f. (Faksimile-Nachdruck, hg. von Richard SCHAAL, Kassel-Basel-London-New York 1959, Documenta Musicologica XIX).

lung der Gesangskultur in den jeweiligen Städten. Die italienische Gesangskunst ist dabei das stets ausgesprochene (und selten erreichte) Maß aller Dinge. Nach Möglichkeit besuchte Burney auf allen Stationen seiner Reisen die Opernhäuser und hielt dabei neben den musikalischen Eindrücken und Urteilen auch das Publikumsverhalten, die Ausstattung der Bühne und des Zuschauerraums und technische Details fest. Die Schilderungen mancher Episoden und komischer Vorfälle nimmt dabei einen festen Platz ein.

Bei der Schilderung des Musiklebens der jeweiligen Stadt kommt Burney auch oft auf die sozialen Aspekte, wie etwa die Anstellungsmodalitäten und die Besoldung der Musiker zu sprechen, was seine Berichte zusätzlich wertvoll macht.

Auch besuchte er stets die wichtigsten Kirchen und hörte die dort gespielte Musik. Besondere Aufmerksamkeit schenkte er dabei den in den jeweiligen Kirchen vorhandenen Orgeln, deren Beschreibungen nicht selten sehr umfangreich und detailliert ausfallen. Die Kirchenmusik wird stets mit der in England geübten Sakralmusik verglichen; gerade in diesem Bereich konstatiert der Berichterstatter viel "Altes" (besonders auf "Fugen und Nachahmungen", also die Tradition des Kontrapunkts bezogen). Dabei wird stets die Idee des musikalischen Fortschritts ventiliert und dem Festhalten am Althergebrachten gegenübergestellt.

Die Institutionen der Musikpädagogik sind ein weiterer markanter Punkt seines Interesses und finden detaillierte Beschreibung.

Neben dem Besuch von musikalischen Veranstaltungen aller Art (Burney berichtet auch über die Straßenmusikanten und das Niveau ihrer Darbietungen) widmet sich der Autor intensiv den historischen Studien in Bibliotheken und Archiven, auch der Besuch von Musikhandlungen ist ein fester Programmpunkt seiner Aufenthalte. In Wien etwa erstand Burney (anläßlich seiner zweiten Reise) eine derart große Zahl von Kompositionen und Literatur, daß er ein zusätzliches Pferd vor seine Kutsche spannen lassen mußte.

Um "weitere Nachrichten" über das Musikleben der jeweiligen Orte zu erhalten, vereinbarte der Berichterstatter in allen größeren Städten "Correspondenzen". Der Nutzen der musikalischen Reisen wurde so möglichst optimiert.

Aus der Unzahl von Musikernamen, die von Burney mitgeteilt werden, finden einzelne Persönlichkeiten zum Teil sehr ausführliche Behandlung, dies gilt in besonderem Maße für maßgebliche Protagonisten des Wiener und Berliner Musiklebens im zweiten und dritten Band der Tagebücher (Gluck, Hasse, Metastasio, Quantz und Carl Philip Emanuel Bach seien hier genannt).

Doch fanden nicht nur musikalische Themen das Interesse des Reisenden; auffällig ist ein besonderes Interesse an technischen und naturwissenschaftlichen Neuerungen und Entwicklungen. Burney besucht unter anderem Astronomen, Optiker und Chemiker. Einen besonderen Platz nimmt die

Schilderung seines Besuchs bei Voltaire in dessen Domizil bei Genf ein. Der aufklärerische Impuls Burneys zeigt sich auch darin mit aller Deutlichkeit.

Neben der Fülle an Informationen über das Musikleben spielt der "Reisebericht" im engeren Wortsinn eine viel geringere Rolle. Nur vereinzelt kommt Burney auf die Umstände des Reisens zu sprechen (Zollformalitäten, Qualität der Verkehrsmittel, vereinzelte gefährliche Situationen etwa bei der Überquerung der "fürchterlichen Alpen"), die einzige breit angelegte Schilderung eines Reiseabschnitts gibt es im dritten Band seiner Tagebücher: Burney schildert hier seine abenteuerliche Flußfahrt von München nach Wien.[4]

Neben verschiedenen gefährlichen Episoden und witterungsmäßiger Unbill kommt hier mehrmals die Musikalität der von Burney beobachteten Einheimischen zur Sprache. Dabei wird besonders der Umstand gewürdigt, daß das "einfache Volk" selten "weniger als zweistimmig" sich vernehmen läßt.

Waren Burneys musikalische Reisen wissenschaftlich motiviert – nämlich als Faktensammlung für sein Projekt einer allgemeinen Geschichte der Musik –, so gab es auch andere Veranlassungen für Musiker, Reisen zu unternehmen. Der Aspekt der "Bildungsreise" steht dabei an wichtiger Stelle (im Unterschied zu Burneys Zielsetzung nicht mit einer wissenschaftlichen Aufgabe verbunden, sondern primär zur persönlichen künstlerischen Weiterentwicklung). Musikalische Reisen dieser Art wurden nicht nur von Musikern unternommen, sondern galten als anzustrebende Aufgabe für jeden, der sich für die schönen Künste interessierte. Gerade die Geschichte der "italienischen Reise" zeigt diesen Aspekt in deutlicher Weise.

Für den engeren musikalischen Zusammenhang können die Reisen des Johann Friedrich Armand von Uffenbach als Zeugnisse dieser zweiten Art von Motivation gelten.

Der aus Frankfurt am Main stammende Uffenbach (1687-1769) vertritt hier den Musikliebhaber, den "Dilettanten" und begeisterten Musikfreund. Der vielseitig Begabte und Aktive (er bekleidete zahlreiche öffentliche Funktionen in Frankfurt, betätigte sich – als ausgebildeter Jurist – auch als Architekt)[5] unternahm nach Beendigung seiner juristischen Studien in Straßburg umfangreiche Reisen, die ihn nach Italien, Frankreich und Brabant führten. Schon vor seiner Straßburger Studienzeit (1712-1714) hatte er 1709 zusammen mit seinem Bruder Zacharias Conrad England besucht.

Uffenbachs Reisetagebücher weisen die Musik als hauptsächliches Interessensgebiet des Autors aus; die Tagebücher seiner englischen Reise wurden

---

4 BURNEY'S Tagebuch 3, S. 129-149.

5 Eberhard PREUSSNER, Die musikalischen Reisen des Herrn von Uffenbach, Aus einem Reisetagebuch des Johann Friedrich A. von Uffenbach aus Frankfurt a.M. 1712-1716, Kassel-Basel 1949, S.5f.

schon 1710 bzw. 1720 veröffentlicht und ermöglichen interessante Aufschlüsse über die vielfältige bürgerliche Musikkultur Londons.

Schon während seiner Studienjahre in Straßburg nahm die Musikpflege – vor allem in studentischen Zirkeln – einen Großteil seiner Energie in Anspruch, das Studium der "leidigen Juristerei" scheint er problemlos "nebenbei" betrieben zu haben. Er besuchte regelmäßig die "ordinairen wöchentlichen concerte" des bürgerlichen Straßburger Musiklebens und nahm bei Stadtmusikern Unterricht im Geigenspiel. Auch die "comoedie" besuchte er fast täglich (auf dem Programm standen besonders Stücke von Molière, zuvor gab es Vorführungen von Seiltänzern). Wertvoll sind aber auch seine Berichte über das städtische Leben, etwa im Hinblick auf das traditionelle Brauchtum der städtischen Zünfte. Überhaupt zeigt sich Uffenbach als sehr vielseitig interessiert, wobei auch Aspekte der politischen Situation zur Sprache gebracht werden.

Uffenbachs Teilnahme am Straßburger Musikleben fand in erster Linie im bürgerlich privaten Rahmen statt; musikliebende Bürger, Studenten wie Uffenbach und professionelle städtische Musiker wirkten dabei zusammen.

Im Unterschied zu Burneys Berichten spielen bei Uffenbach Schilderungen der näheren Reiseumstände eine wichtige Rolle; besonders interessante Stationen seiner Reisen hat Uffenbach auch in Skizzen und Aquarellen festgehalten.

Besonders die Alpenüberquerung während der Weihnachtstage 1714 wird ausführlich geschildert:

wir kamen also dießen morgen dergestalt in die enge der beiden seitigen berge, daß mir in der litiere die haare wolten zu berge stehen, es war alles bey 3 schu tieff mit schnee bedeckt, der weg so klatt, daß die maulesel alle augenblick glitscherten, und die weg nicht breiter vielmahl als bis 3 schu, der abgrund aber daneben so entsetzlich tieff und jehe daß ich nicht dahin zu sehen getraute.

Kein wiltnuß kan so arg, kein weg so krauß sein wie der am Weihnachtstag 14 nach St andre da man absonderlich bey einer kleinen auf einer ecke der felßen liegenden klippe vorbey kommt, dieße vue ist mir so seltsam fürgekommen daß sie so gut gekont hier abgezeichnet beygeleget."[6]

Neben den Gefahren der Reise finden sich auch Berichte über diverse Formalitätenprobleme, speziell beim Zoll, sowie ausführliche Schilderungen der Kategorie "Land und Leute".

Das musikalische Interesse Uffenbachs galt in Italien speziell der Oper und der Kirchenmusik, aber auch den Institutionen der Musikerziehung. Mit seinen Gastgebern und Gesprächspartnern führt Uffenbach bevorzugt schöngeistige Konversation über allgemeine Fragen der Kunst. Im Unterschied zum wissenschaftlichen Zugang Burneys zeigt sich bei ihm eine generell sehr offe-

---

6 zit. nach PREUSSNER, S. 53f.

ne Grundhaltung. Besonders der italienische Prunkkatholizismus ist dem Protestanten Uffenbach aber wiederholt Anlaß zu kritischer Distanz.

Auch seine Berichte vom italienischen Opernalltag (besonders anläßlich des venezianischen Karnevals) zeigen zunächst eine gewisse Irritation, speziell im Hinblick auf das Treiben in den Logen (es wird geraucht, getrunken und gespeist) und das Benehmen mancher Opernbesucher (so "speit" mancher den Parkettbesuchern "ein entsetzliches maul mitten auf das Opernbuch" und ähnliche Unzukömmlichkeiten mehr). Auch Uffenbach kommt über die öffentlichen Veranstaltungen hinaus häufig in den Genuß privater Musiken, an denen er auch aktiv teilnimmt. In Rom besuchte er des öfteren das wöchentliche Konzert im Palast des Fürsten Rospoli, bei dessen Schilderung auch der Aspekt der Kontaktknüpfung für Neuankömmlinge Betonung findet:

Abends war das wöchentliche große concert in des principe Rospoli pallast so wegen seiner vielen unkosten die er jährlich darauf wendet, das beste allhier ist, und weil er gern sieht und jedem frembden ohne introduction erlaubt hinzukommen (...)[7]

Reiseeindrücke verschiedenster Art (das Spektrum reicht von Straßenzustandsbeschreibungen über Schilderungen der erlittenen Seekrankheit bis hin zum Bericht über eine beobachtete öffentliche Folter und Exekution in Genf) werden beschrieben, moralische Distanz etwa im letztgenannten Beispiel ist dabei kaum zu bemerken.

Im Zuge seiner Reise nach Paris fiel sein Aufenthalt zeitlich mit den pompösen Trauerfeierlichkeiten nach dem Tod Ludwigs XIV. zusammen, von Uffenbach aufmerksam verfolgt und kommentiert. Auch in Paris versuchte Uffenbach, Anschluß an das Musikleben zu finden, er nahm Lautenunterricht und wirkte des öfteren bei privaten Konzerten mit. Daneben betrieb er aber auch sprach- und kunstgeschichtliche Studien, was den Bildungscharakter seiner Reisen erneut verdeutlicht.

An der französischen Oper lobt er in erster Linie die prächtige Ausstattung und das Ballett, während die gesanglichen Leistungen mit dem italienischen Niveau nicht zu vergleichen seien. Die Möglichkeit zum Ankauf einzelner Musiknummern aus den Opern wirkte sich zudem störend aus:

Es giebt aber auch denen insolenten französischen petits maitres gelegenheit vielerley irrungen zu machen, in dem etliche solche stücke mitbringen und während dem agiren unter den zuschauern mit singen oder summen, das mich denn diese läppisch possen auf das par terre sehr verdrossen. " (...) "Übrigens war das hauß dieses erstmahl bey der opera sehr besezet, und der heimgang nach endigung derselben gar gefährlich, in ansehung der ohnzehligen Kutschen so all wie furien fahren und die man wegen dem entsetzlichen gerassel doch nicht hört, und offters in groß ungemach und gefahr kommt,

---

7 zit. nach PREUSSNER, S. 77.

überdas halten sich gemeiniglich spitzbuben so die uhren, geltbeutel und der gleichen gar unvermerckt nehmen, in dem getränge auf. woran man ebenfalls gefahr leitet angetastet zu werden.[8]

Wie Burney nutzte auch Uffenbach ausgiebig die Möglichkeit, sich mit Musikalien aller Art einzudecken, wobei allerdings der Schwerpunkt auf praktischer, zeitgenössischer Musik lag. Bei seiner Abreise aus Paris wog sein Gepäck daher beachtliche 380 Pfund.

Uffenbachs Reisetagebücher vermitteln das Bild des Musikliebhabers mit einer fundierten und vielseitigen Bildung, dessen Augenmerk nicht nur auf musikalische Themen gerichtet ist. Im Hinblick auf den musikalischen Alltag und auf das kulturelle Umfeld des Musiklebens bedeutet eine derartige Sichtweise eine willkommene Bereicherung des Spektrums und stellt eine wichtige Ergänzung der "wissenschaftlich" motivierten Berichte dar. Für die Alltagsgeschichte sind derartige Quellen überhaupt von zentraler Bedeutung.

Wolfgang Amadeus Mozarts eingangs zitierte Äußerung über den Wert der musikalischen Reise steht schließlich für eine weitere Motivation, die im Vergleich zu den bisher dargestellten Beweggründen – Wissenschaft, exemplifiziert am Fall Burney, und Bildungsanspruch, am Beispiel Uffenbachs – als wesentlich direkter und konkreter zu bezeichnen ist; Mozarts Reisen bedeuteten nicht nur die (selbstverständlich mit höchstem Engagement wahrgenommene) Auseinandersetzung mit verschiedensten musikalischen Traditionen und Ausdrucksweisen (dieser Aspekt dominierte die vom Vater organisierten frühesten Reisen mit der Präsentation der beiden begabten Kinder), sondern erfolgten auch stets unter "praktischen" Gesichtspunkten, nämlich im Hinblick auf angestrebte Kompositionsaufträge und adäquate Anstellungen. Der reisende Musiker Mozart gab sich also nicht damit zufrieden, im Zuge seiner Reisen seinen musikalischen Horizont zu erweitern und das Vokabular seiner Tonsprache zu bereichern, es ging ihm zunehmend um eine Verbesserung seiner persönlichen Verhältnisse, um ein Entkommen aus den als zu eng empfundenen und jedenfalls seiner gesellschaftlichen Selbsteinschätzung keineswegs entsprechenden Salzburger Verhältnissen.

Hier ist freilich anzumerken, daß Mozarts bekannte Unzufriedenheit speziell mit den Anstellungsverhältnissen am Hof des Salzburger Erzbischofs und sein dokumentiertes Aufbegehren dagegen auch ein Resultat seiner schon seit seiner Kindheit gesammelten Reiseerfahrungen darstellen.

Mozart hat in seinen Briefen ausführlich zu diesen Aspekten Stellung genommen. Abgesehen von ihrer zentralen Bedeutung für die Beurteilung des Menschen Mozart, sind seine Briefe auch als "Reiseberichte" besonderer Art von Interesse. Außerdem sind Mozarts Briefe als literarische Dokumente als

---

8 zit. nach PREUSSNER, S. 143f.

solche von großer Bedeutung und bereits in zahlreichen spezifischen Untersuchungen gewürdigt worden.[9]

Mozarts Reiseberichte in den Briefen zeigen die oben erwähnte "praktische" Motivation seiner Reisen ganz deutlich; mit der Schilderung von Land und Leuten befaßt er sich kaum, auch Reisemodalitäten kommen nur als pittoreske Details in humoristischer Form zur Sprache. Dies gilt besonders für die Briefe von der ersten Italienreise (1769-1771), die noch nicht von der Suche nach einem eigenen Platz dominiert sind.

Im Gegensatz dazu sind die brieflichen Berichte im Zuge der späteren Reisen von der Suche nach einem ihm angemessen erscheinenden Wirkungskreis bestimmt. In ständiger Auseinandersetzung mit Vater Leopold (der Adressat dieser Briefe) werden vorgefundene Möglichkeiten und Chancen abgewogen. Mozart berichtet ausführlich über seine materiellen Verhältnisse und jeweiligen musikalischen und kompositorischen Aktivitäten, wobei auch der Entstehungsprozeß einzelner Werke detailliert zur Sprache kommt (etwa am Beispiel der Berichte an den Vater zum Fortgang der Arbeiten an der Oper "Idomeneo" für München, 1780/81).

Reisen bedeutete im Fall Mozarts in erster Linie Arbeit, und zwar unter zeitlichem und besonders finanziellem Druck; schöngeistiges oder wissenschaftliches Interesse hatten hier keinen Platz.

Wie sehr die Konzentration auf den praktischen Zweck seiner Reisen sein Denken bestimmte, zeigt sich in besonders deutlicher Weise in den Briefen, in denen er vom Tod seiner Mutter in Paris (3. Juli 1778) Mitteilung macht: zunächst teilt er dem Vater mit, daß die Mutter "sehr kranck" sei, ihr Zustand wird als sehr ernst bezeichnet (*...ich sage dessentwegen nicht daß meine Mutter sterben wird und sterben muß, daß alle hofnung verloren sey – sie kann frisch und gesund werden, aber nur wenn gott will...*)[10] – ein Versuch, den Vater möglichst schonend auf den zu diesem Zeitpunkt bereits erfolgten Tod der Mutter vorzubereiten – aber auch in diesem Schreiben kommt er auf Musikalisches zu sprechen (seine kompositorische Arbeit für Pariser Aufführungen, die Suche nach einem guten Opernbuch), auch der Tod Voltaires wird kommentiert (*...daß nehmlich der gottlose und Erz-spizbub voltaire so zu sagen wie ein hund – wie ein vieh crepirt ist – das ist der lohn!)*[11] . Gleichzeitig teilt er den Tod der Mutter bereits seinem Freund Abbé Bullinger

---

[9] MOZART, Briefe und Aufzeichnungen, Gesamtausgabe, hg. von der Internationalen Stiftung Mozarteum Salzburg, gesammelt und erläutert von Wilhelm A. BAUER und Otto Erich DEUTSCH, 7 Bände, Kassel-Basel 1962-75.Von den Auswahlausgaben seien besonders erwähnt: MOZARTS Bäsle-Briefe, hg.v. Joseph Heinz EIBL und Walter SENN, Kassel-München 1978; Wolfgang Amadeus MOZART, Briefe, hg.v. Stefan KUNZE, Stuttgart 1987. (Kunze verzeichnet weiterführende historische und stilkritische Literatur zum Thema).

[10] Wolfgang Amadeus MOZART, Briefe, hg.v. Stefan KUNZE, Stuttgart 1987, S. 134.

[11] ebda, S.136.

in Salzburg mit, angeschlossen die Bitte, sich um den Vater zu kümmern. Erst 6 Tage später berichtet er auch dem Vater vom Ableben der Mutter. Aber auch in diesem sehr langen Brief finden Betrachtungen zu gänzlich anders gearteten Fragen Platz, sogar heiterer Art (Mozarts Reaktion auf ein ihm vom Vater berichtetes Mißgeschick Michael Haydns); daran schließen sich unter anderem ausführliche Überlegungen kritischer Natur zum Zustand der Musik in Salzburg und Mozarts Vorstellungen von einer der Musik wirklich dienlichen Hofstruktur, gefolgt vom Ausdruck der Hoffnung, nun doch am Mannheimer Hof eine geeignete Anstellung zu finden.

Auch in allen anderen Zusammenhängen zeigt sich die Dominanz seiner musikalischen Ambitionen, etwa bei der Beschreibung der Herrscherpersönlichkeiten, mit denen er direkt oder indirekt in Kontakt kam. Sie werden fast ausschließlich an ihrer Einstellung zur Musik gemessen.

Der Musiker Mozart vermittelt weder historisch fundierte Berichte zum Musikleben, noch hat er die Möglichkeit, sicherlich vorhandenem Bildungsinteresse nachzukommen; seine Reisen gelten der Suche nach Möglichkeiten, eine seinen Vorstellungen entsprechende Position in der Gesellschaft zu finden.

Mozarts emphatisches Bekenntnis zum Wert des Reisens für das herausragende Talent sagt nichts aus über die enormen Belastungen, denen sich der Musiker Mozart auf seinen Reisen ausgesetzt sah. Mit Ausnahme der Reisen der Kindheit und frühen Jugend bietet der reisende Mozart auch das Bild dessen, der zwar ganz genau weiß, wo er nicht mehr sein will, dessen Ziele und Ansprüche aber kaum je tatsächlich einzulösen sind.

Unter diesem Aspekt wird das Reisen und der Bericht darüber zum Zeugnis der Suche nach gesellschaftlicher Positionierung. Im Gegensatz zu Burney und Uffenbach konnte sich Mozart nicht als in der Gesellschaft adäquat Verankerter empfinden. Kunze hat darauf hingewiesen, daß an Mozarts Briefen ein deutlicher Mangel an "Briefstil" bürgerlicher Art festzustellen sei, zeitbedingte und konventionelle Aspekte kaum eine Rolle spielten.[12] Das liegt sicher auch darin begründet, daß Mozarts Motivation zu reisen eine sehr unmittelbare und "lebenswichtige" war; die Zeugnisse einer "musikalischen Reise" dieser Ausprägung sind zweifellos auch als Zeitdokument von großer Bedeutung. Ihr viel weitergehender Wert liegt aber darin, daß sie primäre Aspekte der gesellschaftlichen Befindlichkeit eines Künstlers im ausgehenden 18. Jahrhundert zur Sprache bringen.

---

12 ebda, S.14f.

Österreich und die Französische Revolution 1789 - 1792

Prolegomena zu einem Forschungsdesiderat

von

MICHAEL HOCHEDLINGER*

I. Vorbemerkung

Der Bereich der "Diplomatiegeschichte" oder, heute zutreffender gesagt, der "Geschichte der internationalen Beziehungen" ist als Prototyp einer scheinbar platten Nacherzählung der Haupt- und Staatsaktionen in unseren Tagen weitgehend der Ächtung der Historikerzunft verfallen. Auch das Zeitalter der Revolutions- und Koalitionskriege blieb natürlich von dieser Tendenz nicht unberührt, und so interessiert sich die Forschung, soweit sie überhaupt der Ausstrahlung der Französischen Revolution auf den europäischen Kontinent größeres Augenmerk schenkt und nicht in die innerfranzösische Debatte eingreift, heute vor allem für die geistesgeschichtlichen, sozialen und innenpolitischen Auswirkungen der französischen "Staatsumwälzung" auf die übrigen Länder Alteuropas. Im deutschen Sprachraum hat sich auf diesem Gebiet die "Jakobinismus-Forschung" - nicht zuletzt dank österreichischer Impulse - anerkennenswerte Verdienste erworben. Von den außen- und kriegspolitischen Rahmenbedingungen, innerhalb derer sich die fundamentale Umgestaltung unseres Kontinents zwischen 1789 und 1815 vollzog, wird aber nur allzu gerne abstrahiert. T.C.W. Blanning hat diese Fehlentwicklung richtig erkannt und pointiert festgestellt, daß nicht die Revolution, sondern erst die Revoluti-

* Der vorliegende Essay faßt die Ergebnisse meiner ungedruckten Staatsprüfungsarbeit am Institut für Österreichische Geschichtsforschung zusammen: Michael HOCHEDLINGER, "Der Weg in den Krieg". Die Berichte des Franz Paul Zigeuner von Blumendorf, k.k. Geschäftsträger in Paris 1790 - 1792. Edition, Wien 1992, XC+196 S., Beilagen.

onskriege in ihrem Gefolge die "moderne Welt" schufen, und Jeremy Black echauffierte sich in sarkastischen Worten über die "limited attention being paid to the diplomatic dimension of the Revolution."

Die Erforschung der österreichischen Frankreichpolitik jener Tage bildet hier keineswegs eine rühmliche Ausnahme. Gewiß ist - zumal zu Zeiten der ausklingenden Donaumonarchie - Bedeutendes geleistet worden, haben beachtliche Segmente an Archivmaterial Editoren oder Bearbeiter gefunden, eine modernen Ansprüchen genügende Darstellung der österreichischen Frankreichpolitik zwischen 1789 und 1792 fehlt aber immer noch ... ein Desiderat von hohem Stellenwert, bedenkt man die besonders prominente Rolle, die Habsburg, einmal in den Strudel der Ereignisse hineingezogen, in den Reihen der Revolutionsgegner spielte. Auf den folgenden Seiten soll dazu ein erstes Resümee aus dem Studium der vorliegenden Literatur und der Auswertung eines bloß ausschnitthaften Quellenfundus gezogen werden.

II. Die organisatorischen Rahmenbedingungen

1. Die k.k. Botschaft in Paris

a) Der Botschafter[1]

Seit 1766 amtierte Florimond-Claude, comte de Mercy-Argenteau (1727-1794) als k.k. Botschafter am allerchristlichsten Königshof. Nach kurzer Tätigkeit in Paris unter der Gesandtschaft des nachmaligen Staatskanzlers Kaunitz und längeren Funktionsperioden als diplomatischer Vertreter Österreichs in Turin (1754-1761), St. Petersburg (1761-1764) und Warschau (1764) fand Mercy als Vertrauter Kaunitz' in Paris für 24 Jahre ein ideales Betätigungsfeld. Die Verheiratung Marie-Antoinettes mit dem Dauphin Louis 1770 und ihr Avancement zur Königin 1774 schienen der österreichischen Politik ungeahnte Möglichkeiten der Einflußnahme auf die außenpolitische Linie Frankreichs zu eröffnen und Mercy als Mentor und Berater der Tochter Maria Theresias gleichsam zu einer Schlüsselfigur in Versailles aufzuwerten. Die k.k. Botschaft war für viele mehr als eine gewöhnliche diplomatische Vetretung,

---

[1] Comte de PIMODAN, Le comte F.-C. de Mercy-Argenteau, ambassadeur impérial à Paris sous Louis XV. et sous Louis XVI. Son rôle à la cour de France et pendant la Révolution, Paris 1911.

sie galt als eine nicht zu unterschätzende Macht im Staate. Das Jahrzehnt der Alleinregierung Josephs II. und seiner außenpolitischen Abenteuer hat dann die Achse Wien-Versailles aber so ernsten Belastungsproben ausgesetzt, daß man mit Fug und Recht von einer weitgehenden Auflösung der Allianz von 1756 sprechen kann, und auch das habsburgische Riesenreich selbst stand - nicht zuletzt auf Grund der josephinischen Reformen - beim Ableben des Kaisers am Rande des Abgrundes, Belgien und Ungarn drohten verloren zu gehen.

Es waren denn auch die Bemühungen um die Wiederherstellung der habsburgischen Herrschaft in den Österreichischen Niederlanden, die im Oktober 1790 zur Abreise des k.k. Botschafters in Paris nach Den Haag führten. Für die nur mit internationalem Sanktus mögliche Wiedereingliederung dieser österreichischen Provinz benötigte man die Fähigkeiten Mercy-Argenteaus viel dringender als für die Beobachtung des "französischen Unfugs", wie Kaunitz die Staatsumwälzung in Frankreich nannte. Nach Beendigung der Haager Gespräche im Sinne Österreichs ist Mercy-Argenteau trotz vieler Diskussionen nicht mehr nach Paris zurückgekehrt. Vielmehr baute er seit Januar 1791 in Brüssel die eigentliche Schaltzentrale der österreichischen Frankreichpolitik auf, während die weitgehend verwaiste Vertretung in Paris auf den Rang eines vorgeschobenen Beobachtungspostens zurückfiel.

b) Das Botschaftspersonal

Neben dem Botschafter und einer Unzahl privater Bediensteter verfügte die k.k. Vertretung im engeren Sinne über einen Botschaftssekretär und einen Botschaftskanzlisten. Zusätzlich beschäftigte Mercy noch zwei Privatsekretäre, die nicht zum Botschaftspersonal rechneten.

Der Abzug des Botschafters im Oktober 1790 lichtete natürlich auch die Reihen des Personals und führte mit der Zeit sogar zu einem recht umfangreichen und komplizierten Abtransport der Mobilien Mercys von Paris nach Brüssel.

Lediglich der langjährige Botschaftssekretär Franz Paul Zigeuner von Blumendorf (1738-1826) blieb, zum Botschaftsrat ernannt, als chargé d'affaires in Paris zurück[2], während der Botschaftskanzlist, Friedrich von

2 Er war einer der ersten Zöglinge der 1754 neugeschaffenen Orientalischen Akademie, wurde 1764 zum Legationskanzlisten für den österreichischen Gesandten in Warschau - Mercy-Argenteau - ernannt, 1765 in derselben Funktion nach London gesandt und bereits 1766 von Mercy, der ihn besonders schätzte, nach Paris beordert, wo er 1784 in die Position des Botschaftssekretärs aufrückte. 1770 wurde Franz Paul gemeinsam mit zweien seiner Brüder in den erbländischen Adelsstand erhoben. Bis 1790 ist von seiner Tätigkeit nicht viel bekannt, lediglich Kontakte zu Christoph Willibald Gluck und Antonio Salieri verdienen als Kuriosa

Hoppé (1755-1821), Mercy begleitete. Mit Blumendorf harrten weiters die beiden Privatsekretäre Franz Kruthoffer (1740-nach 1815)[3] und Dunkel auf ihren Posten aus, um die sachgerechte Verwaltung jenes ausgedehnten Besitzes zu gewährleisten, den sich der Botschafter im Laufe der Jahrzehnte im Großraum Paris erworben hatte[4].

Für den auf mehreren Ebenen geführten Schriftverkehr der österreichischen Vertretung, die Kopierung wichtiger Schriftstücke, die Registrierung des Auslaufs etc. stand nun kein Hilfspersonal mehr zur Verfügung, so daß sich Geschäftsträger Blumendorf zunehmend über Arbeitsüberlastung zu beschweren hatte. Seine Augen litten, wie er klagte, unter der vielen Schreibarbeit, der psychische Druck, der mit anhaltender Zuspitzung der politischen Situation auf dem chargé d'affaires lastete, die Angst vor Übergriffen der Pariser Bevölkerung und das Gefühl, von den vorgesetzten Behörden in Wien nicht immer ganz ernstgenommen zu werden, machten seine Lage zunehmend unerträglich. Aber erst im Mai 1792, mehr als einen Monat nach der Kriegserklärung der Nationalversammlung an Österreich, verließ Blumendorf die französische Hauptstadt Richtung Brüssel.

c) Das Botschaftsgebäude[5]

Die kaiserliche Gesandtschaft in Paris hatte sich von 1766 bis 1778 im Petit Luxembourg (in unseren Tagen Wohnsitz des französischen Senatspräsidenten) befunden. 1778 bezog man ein neuerbautes Palais an der Nordseite des Boulevard Richelieu (heute Boulevard Montmartre), wo ein exklusives Viertel im Entstehen begriffen war. 1793 wurde es von den französischen Behörden beschlagnahmt.

---

hervorgehoben zu werden. Nach seiner Rückkehr aus Brüssel, wo er wohl bis 1794 im Kreise Mercy-Argenteaus Dienst versah, finden wir ihn in Wien im engeren Mitarbeiterkreis des neuen Leiters der österreichischen Außenpolitik, Baron Thugut. 1801 trat er als Staatskanzleirat in den Innendienst und ist ab 1816 als Leiter der "Alten Registratur" der Staatskanzlei (auch Archiv der älteren Akten genannt) ausgewiesen. Er starb unverheiratet. Seiner verzweigten Familie entstammte übrigens der Präsident des Verfassungsgerichtshofes (1956/57) Dr. Gustav Zigeuner-Blumendorf (1886-1979). Eine ausführlichere biographische Skizze findet sich bei HOCHEDLINGER, Weg in den Krieg, S.VI-X.

3 Vgl. Georg KINSKY (Hg.), Glucks Briefe an Franz Kruthoffer, Wien-Leipzig-Prag 1927. Mäßig interessante Bruchstücke der Briefe Kruthoffers an Mercy sind für die Jahre 1791 und 1792 erhalten in Haus-, Hof- und Staatsarchiv (im folgenden abgekürzt als HHStA), Wien, Archives de la famille de Mercy-Argenteau Nr.513.

4 Dazu auch die kuriose Dissertation von Pierre ROBIN, Le séquestre des biens de M. de Mercy-Argenteau (1793-an III) d'après les archives du ministère des affaires étrangères, Paris 1929.

5 Robert de COURCEL, L'Ambassade d'Autriche à Paris, in: Bulletin de la société d'histoire et d'archéologie des VIIe et XVe arrondissements de Paris 38 (1939) S.228-308.

d) Die Kontaktstellen in Paris

Hier ist neben privaten "Informanten"[6], die oft auch unter Übergehung des Geschäftsträgers direkt zwischen der Königin und Mercy in Brüssel vermittelten, und Blumendorfs Kollegen im diplomatischen Korps in erster Linie das französische Außenministerium zu nennen. Dessen Ausschließlichkeitsanspruch auf die Gestaltung der Außenpolitik geriet aber mehr und mehr durch die bedeutende Rolle der öffentlichen Meinung und der Nationalversammlung, die vor allem über ihr Comité Diplomatique die Linie der Minister genau überwachte, zunehmend ins Wanken. Die Verfassung von 1791 regelte die außenpolitische Kompetenz zwar sehr genau, der König als Spitze der exekutiven Gewalt konnte allerdings seine verfassungsmäßigen Rechte nicht immer ungestört ausüben[7].

Wichtigste offizielle Informationsquelle für Geschäftsträger Blumendorf, mithin auch wichtigster Gegenstand seiner Berichterstattung, waren die regelmäßigen "Ministerialkonferenzen", bei denen die ausländischen Vertreter zur routinemäßigen Besprechung ihrer Anliegen mit dem Außenminister zusammenkamen. Bei Bedarf konnten auch außerordentliche Zusammenkünfte und informellere Gespräche im Rahmen des Gesellschaftslebens Platz greifen.

Die fortlaufende Regularität der zwischenstaatlichen Kontakte und des diplomatischen Rituals wurde lediglich durch die Suspendierung des Königs nach der Flucht von Varennes unterbrochen, als die Nationalversammlung ohne völkerrechtlich anerkannten Charakter auch die Exekutive an sich zog und dem diplomatischen Korps der Zutritt zur königlichen Familie versperrt blieb (Juni-September 1791). Daraufhin weigerte sich der Kaiser, mit dem französischen Botschafter in Wien weiterhin zu kommunizieren. Blumendorf erhielt aber keinerlei Weisung, den Kontakt zu den französischen Stellen abzubrechen. Die Verfassungsannahme durch den König im September 1791 stellte dann wieder reguläre Rahmenbedingungen her.

Neben dem Außenministerium und der mit diesem nicht selten konkurrierenden Nationalversammlung gilt es zur Abrundung des Bildes noch die inoffizielle Politik der königlichen Familie zu berücksichtigen[8]. Ludwig XVI.

---

6 Vgl. Ad. de BACOURT (Hg.), Correspondance entre le comte de Mirabeau et le comte de la Marck pendant les années 1789, 1790 et 1791, 3 Bde., Brüssel 1851; Jules FLAMMERMONT, La correspondance de Pellenc avec les comtes de La Marck et de Mercy, in: La Révolution française 16 (1889) S.481-502.

7 Frédéric MASSON, Le département des affaires étrangères pendant la Révolution 1787-1804, Paris 1903 (Neuaufl.), Les affaires étrangères et le corps diplomatique français 1: De l'Ancien Régime au Second Empire, Paris 1984.

8 Vgl. etwa Alfred Ritter von ARNETH (Hg.), Marie-Antoinette, Joseph II. und Leopold II. Ihr Briefwechsel, Leipzig-Paris-Wien 1866, Félix-Sébastien FEUILLET DE CONCHES (Hg.), Louis

betraute oft im Widerstreit mit den um seine beiden Brüder gescharten Emigranten eigene Auslandsagenten mit der Vertretung seiner wahren Anliegen, und Marie-Antoinette unterhielt intensive Kontakte mit Mercy in Brüssel und ihrem Bruder in Wien. Diese Briefwechsel wurden zu einem guten Teil chiffriert und durch besondere Kanäle über Blumendorf abgewickelt, der aber nicht in alle Geheimnisse eingeweiht war. Insgesamt kam es zu einer wachsenden Verwirrung der Informationskanäle. War es früher fast ausschließlich der k.k. Botschafter in Paris, der Wien über die Vorgänge in Frankreich auf dem laufenden hielt, so kamen nun die Nachrichten aus allen möglichen Richtungen und den unterschiedlichsten politischen Lagern. Blumendorf informierte über die offiziellen Geschehnisse, Mercy sammelte in Brüssel tiefergehende Nachrichten, blieb mit der Königin in Briefkontakt und leitete das Entsprechende nach Wien weiter. Daneben aber sandte die Königin noch eigene Gewährsmänner nach Wien, ließ der König wieder andere Vertraute ausschwärmen, suchten die Emigranten den Kaiser in Wien in ihrem Sinne zu bearbeiten.

2. Die Zentralstellen in Wien

a) Die Staatskanzlei[9]

Die Staatskanzlei - wiewohl erst seit 1742 als selbständige Behörde etabliert - hatte unter der Leitung Kaunitz' (seit 1753) alle übrigen Gremien und Behörden überflügelt und war die unangefochtene Schlüsselstelle für die habsburgische Außenpolitik.

XVI, Marie-Antoinette et Madame Elisabeth. Lettres et documents inédits, 6 Bde., Paris 1864-1873.

9 Eine "Geschichte der Staatskanzlei" im 18. Jahrhundert fehlt leider bis auf den heutigen Tag. Einstweilen kann auf die vorzügliche Einführung von Grete KLINGENSTEIN, Institutionelle Aspekte der österreichischen Außenpolitik im 18. Jahrhundert, in: Erich ZÖLLNER (Hg.), Diplomatie und Außenpolitik. 11 Beiträge zu ihrer Geschichte (Schriften des Institutes für Österreichkunde 30), Wien 1977, S.74-93 und auf Erwin MATSCH, Geschichte des Auswärtigen Dienstes von Österreich(-Ungarn) 1720-1918, Wien-Köln-Graz ^{2}1986 verwiesen werden.

b) Die Reichshofkanzlei[10]

Vor allem zu ihren Lasten hatte die Staatskanzlei ihre Kompetenzen im Laufe des 18. Jahrhunderts ausgedehnt. Die Reichshofkanzlei, ursprünglich Zentrale der kaiserlichen Außenpolitik, war in unserem Betrachtungszeitraum definitiv auf die das Reich betreffenden Angelegenheiten zurückgedrängt worden. In gewissem Sinne bestand also eine Arbeitsteilung mit der Staatskanzlei, trotz wechselseitiger Informationspflicht wird freilich die Frage der Zuständigkeit immer wieder ernste Probleme aufgeworfen haben. Die Fortführung einer mehrgleisigen Außenpolitik war jedenfalls - wenngleich im Vergleich zu den Auswüchsen des früheren Behördenwirrwarrs deutlich gemildert - sicher nicht mehr zeitgemäß.

3. Der diplomatische Schriftverkehr

a) Der Briefwechsel mit der Staatskanzlei[11]

Hierarchisch am wichtigsten waren für den Geschäftsträger Blumendorf die durchgehend deutschsprachigen Berichte an die Staatskanzlei, insgesamt von Oktober 1790 bis Mai 1792 57 Stück. In praxi dürfen wir ihren Stellenwert allerdings nicht zu hoch veranschlagen. Wie schon zur Zeit Mercy-Argenteaus rechnete man ganz offensichtlich mit der Interzipierung der sogenannten "ordinari Postschreiben" durch die Franzosen und ihrer Kopierung durch das "schwarze Kabinett" oder andere Stellen. In das alte Chiffriersystem setzte Blumendorf kein Vertrauen mehr. Eigene Kuriere standen erst in der Schlußphase zur Verfügung, als die Kriegsgefahr anstieg, die Außenstelle in Paris auch von der Staatskanzlei wieder zum direkten Sprachrohr gegenüber den Verantwortlichen in Paris aufgewertet und zur direkten Überreichung der immer feindseliger werdenden Noten herangezogen wurde. Gele-

10 Heinrich KRETSCHMAYR, Das deutsche Reichsvicekanzleramt, in: Archiv für Österreichische Geschichte 84 (1898) S.383-501; Lothar GROSS, Die Geschichte der deutschen Reichshofkanzlei von 1559 bis 1806 (Inventare des Wiener Haus-, Hof- und Staatsarchivs V/1), Wien 1933.

11 Die Berichte Blumendorfs erliegen in HHStA Staatenabteilungen Frankreich Berichte Kt.178, die Weisungen in Frankreich Weisungen Kt.175 und 179.

gentlich bestand die Möglichkeit, vertrauenswürdige Reisende oder andere Diplomaten mit der Beförderung der Briefschaften zu betrauen.

Die Hauptberichte an die Staatskanzlei, meist durch Pariser Zeitungen, Abschriften wichtiger Schriftsätze und umfänglichere Druckwerke ergänzt, enthielten deshalb auch im Regelfall wenig Spektakuläres, kaum chiffrierte Stellen, waren meist Zusammenfassungen von Geschehnissen und Entwicklungen über einen längeren Zeitraum und sind im wesentlichen sehr nüchtern und überraschend objektiv gehalten, wobei insgesamt natürlich in der Betrachtung der Revolution doch das Negative überwog und besonders die zunehmende Hervorhebung der anarchischen Zustände, die einen totalen Zusammenbruch des französischen Staates erwarten ließen, ins Auge fällt.

Die gleichfalls mehrheitlich deutschsprachigen Weisungen der Staatskanzlei an Blumendorf, an und für sich - möchte man annehmen - für die Rekonstruierung der Politik Wiens die wichtigste Quelle, sind lange Zeit völlig unbedeutend und befassen sich anfangs fast nur mit unwichtigen Generalien und formellen Fragen. Dies hängt vor allem damit zusammen, daß sich ja die eigentliche Schaltstelle der österreichischen Frankreichpolitik seit Januar 1791 mit Mercy-Argenteau in Brüssel befand.

Zwischen September 1790 und Mai 1792 erhielt Blumendorf 44 Weisungen der Staatskanzlei. Auch hier wählte man den normalen Postweg (die Übermittlungsdauer betrug etwa 10-12 Tage), inhaltlich waren ja keinerlei Vorsichtsmaßnahmen angezeigt. In der Endphase setzte man dann zur Zustellung der wichtigeren Noten, wie schon gesagt, Kabinettskuriere ein (Übermittlungsdauer etwa 8 Tage) und gab den für Blumendorf fast demütigenden Brauch auf, wichtige Schriftsätze über das Kuriersystem der französischen Botschaft in Wien direkt dem französischen Gegenüber zustellen zu lassen. Summa summarum sind lediglich neun der 44 Weisungen als politisch bedeutsam anzusprechen oder zeigen, daß man nun den Geschäftsträger wieder in die große Politik einbezogen sehen wollte.

Bis Januar 1792 hatte man Blumendorf kaum über die wichtigsten Linien der österreichischen Frankreichpolitik informiert, weil man die direkte Verständigung zwischen dem Geschäftsträger in Paris und Mercy-Argenteau in Brüssel zurecht für weniger umständlich und wesentlich praktikabler erachtete. Im Jahre 1791, dessen zweite Hälfte politisch ja von entscheidender Bedeutung war, sowohl für die Revolution im inneren als auch für die Kontakte nach außen, blieb Blumendorf ohne Direktiven und beklagte sich bisweilen vorsichtig über peinlichste Informationsdefizite und die Belastung mit unwichtigen "Partikularangelegenheiten" bis hin zu antiquarischer Büchersuche für Staatskanzler Kaunitz.

b) Der Schriftwechsel mit der Reichshofkanzlei[12]

Anders als die lange Zeit überwiegend unbedeutenden Weisungen der Staatskanzlei kreisten die an den Geschäftsträger seitens der Reichskanzlei ergangenen Instruktionen von Anfang an um politisch bedeutsame Probleme, und mit solchen hatte die Reichsbehörde vor dem Hintergrund der von der Revolution ausgelösten "Elsässer Irrungen" verstärkt zu kämpfen, was zweifellos auch ihre Stellung wieder etwas stärkte. Die Frage der Restitution der in Elsaß und Lothringen begüterten Reichsstände, aus der sich die Staatskanzlei bewußt heraushielt, ist einziges Thema des Notenwechsels zwischen Blumendorf und dem Reichsvizekanzler Fürst Colloredo. Alle Anbringen des Kaisers in seiner Eigenschaft als Reichsoberhaupt gingen über die Reichskanzlei zu entsprechender Einhändigung an den Geschäftsträger in Paris, dem auch seine Conduite in dieser dornigen Problematik präzise vorgegeben wurde.

c) Die Korrespondenz mit Brüssel[13]

Die wohl wichtigste Verbindung blieb die Achse Paris-Brüssel, wo Botschafter Mercy-Argenteau nach Ende der Haager Gespräche die Wiedereingliederung der aufständischen belgischen Provinzen vorbereitete und andererseits den zentralen Angelpunkt der österreichischen Frankreichpolitik bildete. Begünstigt durch die geringe Nachrichtenübermittlungsdauer von durchschnittlich 3 Tagen zwischen Paris und Brüssel und die seit Jahrzehnten enge Zusammenarbeit zwischen Botschafter und nunmehrigem Geschäftsträger war und blieb Brüssel auch für Blumendorf die bedeutendste Anlaufstelle für Weisungen und Ratschläge. Das beweist schon die im Vergleich zu den beiden vorgenannten Kanälen sehr hohe Zahl der gewechselten Schriftstücke, wobei die Weisungen Mercy-Argenteaus leider fast völlig verlorengegangen zu sein scheinen.

Während Blumendorf in den Meldungen nach Wien meist als profilloser Exekutor der eingegangenen Aufträge und als emotionsarmer Beobachter erscheint, tragen die großteils in Abschrift überlieferten ausschließlich französischsprachigen Briefe an Mercy intimeren, persönlichen Charakter. Sie zeigen Gefühle, private Nöte, erlauben uns interessantere Blicke hinter die Kulissen und sind auch deutlicher revolutionsfeindlich gefärbt. Nach Brüssel wurde kurzfristig berichtet, auch unsichere Informationen vom Tage und brisante

---

12 HHStA Reichskrieg gegen Frankreich Fasz.1/2 und 3-5.

13 HHStA Frankreich Varia Kt.42 und 46. Die Berichte Blumendorfs für das Jahr 1792 hat in unbefriedigender Weise ediert: Eugène HUBERT (Hg.), Le comte de Mercy-Argenteau et Blumendorf. Dépêches inédites 5 janvier - 23 septembre 1792, Brüssel 1919.

Hintergründe, die in den ungedeckten Hauptberichten nach Wien nichts verloren hatten oder aus Sicherheitsgründen nicht aufgenommen werden konnten, durften laufend an Mercy weitergeleitet und gegebenenfalls, wenn sie zerplatzten, wenig später korrigiert werden. Zugleich fungierte Blumendorf als Annahme- und Verteilerstelle für andere Korrespondenzen von bzw. an Mercy. Wichtig wurde hier vor allem ab Februar 1791 die geheime Korrespondenz Mercys mit der Königin, die zu einem relativ hohen Prozentsatz durch die Hände des Geschäftsträgers ging. Seiner Wichtigkeit entsprechend wurde der Briefwechsel Paris-Brüssel fast nie auf dem Postwege, sondern über Private und vertraute Personen abgewickelt, oft noch zusätzlich durch Deckadressen und Chiffrierung der wichtigsten Passagen abgesichert.

III. Frankreich und das europäische Staatenkonzert 1789-1792

An Prüf- und Stolpersteinen bestand - ob im protokollarischen oder im realpolitischen Bereich - wahrlich kein Mangel. Waren einige Mitglieder des Staatensystems über das endgültige Ausscheiden des innerlich zerrissenen Frankreich aus der Pentarchie der kontinentalen Großmächte vorerst nicht eben unglücklich, so bedurfte diese Haltung bald einer Revision, als die innenpolitischen Umwälzungen in Frankreich schließlich auch spürbare Außenwirkungen entfalteten und damit die Eigeninteressen der übrigen Staaten gefährdeten.

Eine ideologische Konfrontation zwischen dem alten Europa und dem sich erneuernden Frankreich gewann erst sehr langsam an Boden, denn das wirkliche Ausscheren Frankreichs aus der Solidarität der europäischen Staatengemeinschaft und dem Kanon der diplomatischen Usancen ist im wesentlichen nicht vor dem Sturz des Königtums und der Kampfansage an die "Unterdrücker des Kontinents" vom Herbst 1792 anzusetzen. Die diplomatischen Kontakte zu einigen Ländern waren aber in der Tat schon vorher nahezu zum Erliegen gekommen, die Vertretungen in Paris nicht selten verwaist oder nur durch niederrangige Angehörige des diplomatischen Korps besetzt (Spanien, Rußland, Heiliger Stuhl, Schweden...), so wie auch Frankreich selbst mit seinen Außenstellen vielerorts auf kaum verhüllte Ablehnung und demütigende Kälte stieß. Dabei taten sich die enragierten Revolutionsgegner Schweden und Rußland am meisten hervor. Wenn auch Paris um eine Fortsetzung regulärer diplomatischer Beziehungen bemüht war, so kam es doch mitunter zu ernsteren Ausritten und Verstößen gegen den strengen diplomatischen Ehrenkodex der Zeit. Nach der Kriegserklärung an Österreich etwa wurde in völkerrechtswidriger Weise dem österreichischen Kurier der Paß verweigert, weil man sich einen gewissen Überraschungseffekt sichern wollte. Der französische Botschafter in Wien sollte dagegen das Land umgehend verlassen und erst jenseits der österreichischen Grenze die Staatskanzlei über die erfolgte Kriegserklärung informieren. Österreich revanchierte sich für dieses wenig stilvolle Verhalten mit der Zurückhaltung des französischen Botschafters in Wien, dem man solange die Ausreise verweigerte, bis Blumendorf Ende Mai 1792 heil und sicher in Belgien eingetroffen war.

Freilich zeigte sich auf französischer Seite schon relativ früh über protokollarische Mißgriffe hinaus auch eine gewisse Tendenz, "neues Völkerrecht" zu propagieren und dem dynastischen Denken das nationale entgegenzuhalten. Die "neue Begrifflichkeit" diente aber bei näherem Hinsehen oft der Bemäntelung einer in Wahrheit längst grundgelegten Entwicklung, die die Revolution nun lediglich vollendete. Daß man sich dabei einer gewissen "Rechtfertigungsideologie" bediente, um Distanz zum üblichen Länderraub und Länderschacher im Stile der Kabinettspolitik des 18. Jahrhunderts zu gewinnen, kann nicht überraschen. Ein gutes Beispiel dafür haben wir in der endgültigen Einverleibung der beiden päpstlichen Enklaven Avignon und Comtat-Venaissin im September 1791 vor uns[14].

Während wir die bis zum Kriegseintritt 1793 bewußt zurückhaltende, betont isolationistische Politik des großen Gegenspielers Großbritannien[15] hier ebenso übergehen dürfen wie die stark schwankende Haltung Spaniens, dessen schwache Position das Auseinanderklaffen von Wort und Tat umso deutlicher zutage treten ließ[16], müssen wir uns kurz zwei Problemkreisen zuwenden, nämlich der Frage der französischen Emigranten und den Auswirkungen der Revolution auf das Reich, die allesamt die Entwicklung in Richtung Krieg beschleunigten. Die drängende Politik Preußens soll im folgenden Großkapitel gemeinsam mit der österreichischen Frankreichpolitik behandelt werden.

Psychologisch - nicht machtpolitisch - war die fortwährende Agitation der seit 1789 ins Ausland strömenden französischen Emigranten im Sinne einer gesamteuropäischen Intervention gegen die Revolution von größter Bedeutung für die Zuspitzung der internationalen Lage. Sie sammelten sich unter Führung der beiden 1789 bzw. 1791 aus Frankreich geflüchteten königlichen Brüder zuerst in Piemont, später dann am Rhein, wo ihnen ihr Onkel, der Kurfürst von Trier, Quartier und Unterstützung gewährte. Ansonsten war das

---

14 Jules VIGUIER, La réunion d'Avignon et du Comtat-Venaissin à la France (août 1789 - septembre 1791), in: La Révolution française 21 (1891) S.424-449, 23 (1892) S.149-160, 26 (1894) S.150-168.

15 Zur Einführung Jeremy BLACK, Anglo-French Relations in the Age of the French Revolution 1787-1793, in: Francia 15 (1987) S.407-433.

16 Jacqueline CHAUMIE, Les relations diplomatiques entre l'Espagne et la France de Varennes à la mort de Louis XVI (Bibliothèque des Hautes Etudes Hispaniques 27), Bordeaux 1957.

Verhältnis der Großmächte und speziell des Kaisers zu den Unruhe stiftenden Revolutionsflüchtlingen aber ein sehr zurückhaltendes bis feindseliges, nicht zuletzt auch deshalb, weil sie nicht selten in eigenem Interesse und gegen den Willen Ludwigs XVI. handelten. Dessenungeachtet wurde Paris angesichts der Massierung der Emigranten längs des Rheins und Ansätzen einer nicht sehr effizienten militärischen Organisation immer nervöser. Die Emigrantenfrage radikalisierte das innenpolitische Klima und schlug gleichzeitig auf die außenpolitische Linie Frankreichs zurück. Im Dezember reagierte man mit enormer Aufrüstung an der Ostgrenze und Ultimaten an die Gastgeber der Emigranten. Die daraus resultierende Bedrohung des Reichs mußte notgedrungen den bisher äußerst zurückhaltenden Kaiser als Reichsoberhaupt auf den Plan rufen und diesen zu einem (vorerst nur ungern eingeschlagenen) schärferen Kurs zwingen.

Bereits seit 1789 hatte die Revolution sehr ernste Auswirkungen auf die friedliche Koexistenz zwischen dem sich formierenden neuen Nationalstaat Frankreich und dem von vielen schon als anachronistisch empfundenen Deutschen Reich gehabt[17]. Nicht so sehr durch das Überspringen des revolutionären Funkens über die Rheingrenze - das Reich erwies sich (das Fürstbistum Lüttich ausgenommen) als weitgehend "revolutionsimmun" -, sondern vielmehr durch klar realpolitische Fragen. Denn von der Abschaffung des Feudalsystems durch die französische Nationalversammlung im August 1789 wurden auch die in Lothringen und v.a. im Elsaß begüterten deutschen Reichsstände (Württemberg, Speyer, Hessen-Darmstadt, Baden ...) in Mitleidenschaft gezogen. Mit Händen und Füßen sperrten sich die meisten Betroffenen gegen den Verlust ihrer herrschaftlichen Rechte und das Herabsinken zu bloßen Grundbesitzern und argumentierten in der sich entspinnenden Propagandaschlacht bald mit der seit alters her umstrittenen Frage der staatsrechtlichen Stellung des Elsaß nach 1648. In der Tat hatte der Westfälische Friede Frankreich keineswegs die volle Souveränität über das ganze Elsaß eingebracht, via facti war es dem Königtum aber im Laufe des 17./18. Jahrhunderts gelungen, in Einzelabsprachen mit den im Elsaß begüterten Reichsfürsten, freilich ohne Billigung des Reiches in corpore, gegen Respektierung des Besitzstandes die Anerkennung einer quasi flächendeckenden Oberhoheit durchzusetzen. Nun wurde aber von den betroffenen Reichsständen das Recht Frankreichs, im El-

---

17 Theodor LUDWIG, Die deutschen Reichsstände im Elsaß und der Ausbruch der Revolutionskriege, Straßburg 1898; Pierre MURET, L'affaire des princes possessionnés d'Alsace et les origines du conflit entre la Révolution et l'Empire, in: Revue d'histoire moderne et contemporaine 1 (1899/1900) S.433-456, 566-592; Karl Otmar Freiherr von ARETIN, Heiliges römisches Reich 1776-1806. Reichsverfassung und Staatssouveränität 1 (Veröffentlichungen des Instituts für Europäische Geschichte Mainz 38), Wiesbaden 1967; Karl Otmar Freiherr von ARETIN/Karl HÄRTER (Hg.), Revolution und konservatives Beharren. Das Alte Reich und die Französische Revolution (Veröffentlichungen des Instituts für Europäische Geschichte Mainz/Abt. Universalgeschichte Beiheft 32), Mainz 1990.

saß wie in jeder anderen Provinz Frankreichs zu verfahren, bestritten, die Sonderstellung des Landes hervorgehoben und finanzielle Entschädigung überwiegend abgelehnt. Einen zusätzlich konfliktverschärfenden Impuls gaben die Beseitigung der alten Kirchenverfassung durch die Constitution civile du clergé (Juli 1790), die "Verstaatlichung" der Kirche und die Anpassung der Metropolitan- und Diözesansprengel an die Staats- und Départementsgrenzen - Maßnahmen, die nicht von ungefähr an die josephinischen Reformen der Achtzigerjahre erinnern. Die bisher auf französisches Territorium übergreifenden Erzbischöfe und Bischöfe des Reiches verloren damit z.T. beträchtliche Teile ihrer Amtsbezirke und gesellten sich zu den gekränkten weltlichen Reichsständen, ja wurden nicht selten zu den schärfsten Verfechtern eines kompromißlosen Kurses gegenüber der Revolution.

VI. Das Wiederaufleben einer alten Feindschaft: Frankreich und Österreich 1789-1792. Versuch einer Bilanz[18]

[18] Die Standardquelle für die österreichische Politik gegenüber der Französischen Revolution und darüberhinaus bleibt für unseren Betrachtungszeitraum nach wie vor Alfred Ritter von VIVENOT, Die Politik des oesterr. Staatskanzlers Fürsten Kaunitz-Rietberg unter Kaiser Leopold II. bis zur französischen Kriegserklärung (Jänner 1790-April 1792) (Quellen zur Geschichte der deutschen Kaiserpolitik Oesterreichs während der französischen Revolutionskriege 1790-1801 1), Wien 1873, und Die Politik des oesterr. Vice-Staatskanzlers Grafen Philipp von Cobenzl unter Kaiser Franz II. von der französischen Kriegserklärung und dem Rücktritt des Fürsten Kaunitz bis zur Zweiten Theilung Polens April 1792-März 1793 (Quellen zur Geschichte der deutschen Kaiserpolitik Oesterreichs während der französischen Revolutionskriege 1790-1801 2), Wien 1874. Monographien: Leopold von RANKE, Ursprung und Beginn der Revolutionskriege 1791 und 1792, Leipzig 1875; Hanns SCHLITTER, Briefe der Erzherzogin Marie Christine, Statthalterin der Niederlande, an Leopold II. (Fontes rerum austriacarum II, 48/1), Wien 1896, in der Einleitung "Zur Geschichte der französischen Politik Leopolds II.", S.VII-CVII; Hans GLAGAU, Die französische Legislative und der Ursprung der Revolutionskriege 1791-1792 (Historische Studien 1), Berlin 1896; Albert SOREL, L'Europe et la Révolution française, 9 Bde., Paris 1885-1911; H.-A. GOETZ-BERNSTEIN, La politique extérieure de Brissot et des Girondins, Thèse, Paris 1912 (ident unter dem Titel La diplomatie de la Gironde. Jacques-Pierre Brissot, Paris 1912, erschienen); T.C.W. BLANNING, The Origins of the French Revolutionary Wars, London/New York 1986, bes. S.69-130 (handliche, gut aufgebaute, streckenweise aber zu großzügige Literatursynthese mit brillanten Gedanken, der beste Einstieg in das Thema); Anne-Gaëlle BENARD, Les origines de la guerre de 1792 à partir des Archives de la Cour de Vienne, ungedr. mémoire de maîtrise, Paris 1991. In erster Linie die innenpolitische Reaktion der Habsburgermonarchie auf die Revolution ist kurz zusammengefaßt bei Helmut REINALTER, Einwirkungen der französischen Revolution auf die Innen- und Außenpolitik des Kaiserhofes in Wien, in: Deutschland und die Französische Revolution. 17. Deutsch-französisches Historikerkolloquium des Deutschen Historischen Instituts Paris (Bad Homburg 29. September-2. Oktober 1981), hg. von Jürgen Voss (Beihefte der Francia 12), München 1983, S.49-64. Eher kursorisch die Behandlung der Frankreichpolitik Leopolds II.

Im wesentlichen können wir für unseren Zeitraum vier große Reibungsflächen in den österreichisch-französischen Beziehungen ausmachen, die auf den alten Gravamina aufbauten und, indem sie den Bodensatz hergebrachter antiösterreichischer Ressentiments aus den Zeiten des Hegemoniekampfes zwischen der französischen Krone und der Casa de Austria wieder aufrührten und das Erb- und Erzfeindbild aktivierten, der Entwicklung in Richtung Bruch neue Dynamik verliehen. Es sind dies: 1. die nach wie vor kritische Situation in den 1790/91 wieder befriedeten Österreichischen Niederlanden und die dort vermuteten französischen Umtriebe, 2. die Frage der in ihren Besitzständen und Gerechtsamen in Elsaß und Lothringen beeinträchtigten Reichsfürsten, 3. die damit zusammenhängende Emigrantenproblematik sowie schließlich 4. die Rolle Habsburgs als Initiator und Hauptbetreiber eines europäischen Mächtekonzerts. Leopold II., dessen Regierungszeit den Großteil unseres Betrachtungszeitraums abdeckt, war also in seinen beiden Rechtsnaturen gegen die Französische Revolution auf den Plan gerufen, sowohl als "Erblandsfürst" und Vertragspartner von 1756 als auch als Reichsoberhaupt und schließlich als Bruder der französischen Königin, obwohl wir die emotionalen Bande nicht überbewerten dürfen.

Der Vorwurf, Österreich fungiere als "Führungsmacht der Konterrevolution", wog gewiß am schwersten angesichts einer in Frankreich seit Sommer 1791 immer stärker werdenden Angst vor ausländischer Intervention. Diese trug, indem sie ein Klima der Gereiztheit und der Mißverständnisse schuf, ganz wesentlich zur Bereitstellung jener Rahmenbedingungen bei, unter denen die Entwicklung zum Bruch vom April 1792 erst verstehbar wird. Die Debatten über Krieg und Frieden in der französischen Nationalversammlung begannen sich vor diesem Hintergrund schon im Herbst 1791 von konkreten Anlaßfällen abzukoppeln und eine gewisse Eigendynamik zu entwickeln, die den Kriegskurs der treibenden Kräfte von 1791/92 beinahe seines außenpolitischen Gewandes entkleidete und zu einer durchaus innenpolitischen Frage machte.

---

bei Adam WANDRUSZKA, Leopold II., Erzherzog von Österreich, Großherzog von Toskana, König von Ungarn und Böhmen, römischer Kaiser, Bd.2: 1780-1792, Wien/München 1965, S.249-383. Ganz belanglos leider die beiden ungedruckten Dissertationen von Silvia GÖTTLICHER, Die Stellung des Staatskanzlers Kaunitz-Rietberg zur Französischen Revolution ersichtlich aus seinen Briefen, Erlässen, Memoiren und Reflexionen, Wien 1963 und Gerda CLAUSS, Frankreichs Haltung zu Österreich vom Fluchtversuch des Königs bis zur Kriegserklärung an Österreich (Juni 1791-April 1792) unter besonderer Berücksichtigung der Zeitungen Moniteur, Patriote français, Ami du peuple, Père Duchesne, Wien 1967. Eine gute Darstellung der Verquickung von Innen- und Außenpolitik lieferte zuletzt von französische Seite Michel WINOCK, L'echec au roi 1791/92, Paris 1992. Der folgende "Versuch einer Bilanz" fußt im wesentlichen auf der Auswertung der genannten Literatur. Die Berichte Blumendorfs erlaubten einige Korrekturen und Feinabstimmungen, auf deren detaillierten Nachweis verzichtet wurde. Vgl. im übrigen HOCHEDLINGER, Weg in den Krieg, S. 1-196 (Edition).

Gleichzeitig ließ sich über die kontroverse Rolle Marie-Antoinettes - Symbol der französischen Erniedrigung gegenüber Habsburg, ja aller Übel des Ancien Régime schlechthin - auch ein Konnex zwischen Innen- und Außenpolitik mit antiösterreichischer Stoßrichtung herstellen. Die über sie (vermeintlich oder tatsächlich) abgewickelten jahrzehntelangen Einmischungsversuche Österreichs in innerfranzösische Belange und die starke Stellung des österreichischen Botschafters Mercy nährten natürlich die Angst vor einer gänzlichen Vereinnahmung durch habsburgische Interessen in einer Zeit tiefgehender innerer Umgestaltungen, d.h. gleichzeitig extremer Schwäche nach außen. Was man vom Kaiser auf außenpolitischem Niveau als Betreiber eines gegen die Revolution gerichteten Konzerts der alteuropäischen Mächte erwartete, befürchtete man im Inneren von den konterrevolutionären Aktivitäten der Königin, der "Autrichienne", und einer von den Tuilerien aus gesteuerten, sinnigerweise "Comité Autrichien" getauften "5. Kolonne", deren Einfluß man natürlich weit überschätzte.

Freilich ist die 1756 aus einer gewissen Notlage realisierte "Umkehr der Bündnisse" nicht erst mit 1789 unpopulär geworden. Daß das *renversement des alliances* im Grunde ein gescheitertes Experiment war, mußte schon lange offenkundig sein. Gerade in diesem Punkt erweist sich, daß die Revolution nicht immer radikale Zäsuren setzte, sondern vielmehr langfristige Entwicklungen aus der Zeit des Ancien Régime fortführte und, was die antihabsburgische Maxime anlangt, sogar auf die ureigenste Politik des frühneuzeitlichen französischen Königtums zurückgriff. Das Zusammengehen mit dem Hause Österreich hatte während des Siebenjährigen Krieges territoriale Rückschläge und noch schmerzlichere Prestigeeinbußen beschert und unleugbar einen keineswegs vernachlässigbaren Bruch im "klassischen" Bündnissystem Frankreichs verursacht. Auch in den Jahrzehnten danach ließ sich der Verlust der einstigen Machtstellung nicht wieder wettmachen, ja er mußte durch die Betonung des französischen Revanchegedankens gegenüber Großbritannien und die gleichzeitige Verlagerung des kontinentaleuropäischen Schwerpunktes gegen Osten noch augenfälliger werden, so daß Frankreich mehr und mehr den Eindruck gewann, zum billigen Handlanger Österreichs herabgekommen zu sein, und weite Kreise die Versailler Verträge als möglichst rasch zu behebenden Fehler empfanden. Der widernatürlichen Allianz von 1756 wollten viele schon bald ein Wiederanknüpfen an die alten "natürlichen" Freundschaften entgegensetzen. Das Dezennium der Alleinregierung Josephs II. verschärfte, da Ludwig XVI. und sein Außenminister Vergennes die offene Opposition gegen die außenpolitischen Abenteuer des Verbündeten (Bayerischer Tauschplan, Orientalische Frage, Scheldestreit) nicht scheuten, die Krise der Beziehungen immer weiter und drückte sie auf nie dagewesene Tiefpunkte herab.

Die Revolution erbte also eine in jeder Hinsicht unterwanderte Allianz mit jenem Land, in dem nicht zuletzt die Wiege der unpopulären, innenpolitisch sehr umstrittenen Königin stand. Schon Leopold von Ranke sah die österreichisch-französische Allianz von 1756 als "eines der wesentlichsten Motive der Revolution". In der Tat sollte man den außenpolitischen Verfall Frankreichs in der 2. Hälfte des 18. Jahrhunderts, an dem die Bindung an Österreich nun einmal ihren Anteil hatte, bei der Betrachtung der zur Revolution führenden Entwicklungen berücksichtigen und ihm in der fortschreitenden "désacralisation" des Königtums, in der Entfremdung zwischen Krone und Nation, einen gewissen Platz einräumen. Immerhin lag im außen- und kriegspolitischen Bereich jene Domäne, die, um einen mediävistischen Terminus zu gebrauchen, einen wesentlichen Teil des "Königsheils" ausmachte. Seit dem Österreichischen Erbfolgekrieg hatten die Bourbonen viel von diesem Kapital durch Niederlagen und verfehlten Großmut verspielt. Auch das außenpolitische Konzept des letzten bedeutenden Außenministers der Monarchie, Vergennes, konnte letztlich keinen Weg aus dem Dilemma aufzeigen. Das großzügige Engagement im Unabhängigkeitskampf der amerikanischen Kolonien brachte wenig neues Prestige gemessen an den ungeheuren finanziellen Aufwendungen, die schließlich mit zum Staatsbankrott führen mußten. Fürst Kaunitz machte denn auch die, wie er es formulierte, politische Scharlatanerie Vergennes' für die innenpolitischen Turbulenzen verantwortlich. Schon der Gesichtsverlust gegenüber Großbritannien in der Holland-Krise von 1787 warf Frankreich definitiv in die Klasse der Zuschauer am Rande des großen europäischen Geschehens zurück. Es waren aber auch andere Rückschläge zu registrieren, die vielleicht weniger spektakulär sein mochten, weil sie erst langfristig ans Licht kamen, aber dessenungeachtet an den Grundfesten des französischen Ranges im Staatenkonzert rüttelten, wie die völlige Unterminierung der einst so ambitionierten französischen Ostpolitik.

Mit dem Abstieg des Königtums und dem Vormarsch der die Generalstände ablösenden Volksvertretungen als autoritativ-meinungsbildende Faktoren lockerte sich dann endlich die Klammer, die bei allen Bedenken das "système autrichien" noch vor dem definitiven Auseinanderbrechen bewahrt hatte, so weit, daß die antiösterreichische Stimmung unverhüllt quasi auf offizielles Niveau gehoben werden konnte. Was man bisher nur in kleineren, wenngleich durchaus einflußreichen Kreisen der Pariser Sozietät, in Versailler Hofcliquen und Teilen von Diplomatie und Militär diskutierte, durfte nun dank liberaler Handhabung der Preß- und Meinungsfreiheit im Sturm und Drang einer rigorosen Hinterfragung des Bestehenden, wie man sie bei großen Umwälzungen häufig findet, offen und vor breitem Publikum artikuliert werden. Daß man dabei vielfach den Boden der nüchternen Tatsachen verließ, sich allerhand Phantastereien hingab und die absurdesten Gerüchte bereitwillig kolportierte, ist kaum verwunderlich. Schon im Vorfeld des Zusammentritts der Generalstände war es zu einer auch publizistischen Renaissance des antiösterreichischen Gedankenguts gekommen, wie es Jean-Louis Favier

(1710-1784), der Apostel der Habsburgfeindlichkeit, mit seinen *Doutes et questions sur le traité de Versailles* (Neuauflage 1789) seit langem gepredigt hatte. Die Austrophobie erwies sich als praktische Kehrseite, als Ventil des Nationalgefühls. So konnte sich ein Redner der Legislative im Januar 1792 zu dem Ausspruch versteigen, der Bruch der Allianz von 1756 sei ebenso notwendig wie der Sturm auf die Bastille. Während die Minister in Paris noch ihre Anhänglichkeit an die Allianz beteuerten, hatten die politisch aktiven Kräfte längst antiösterreichische Ressentiments an ihre Fahnen geheftet und damit - modernistisch gesagt - an der "Basis" gute Erfolge erzielt. In diesem Klima des Mißtrauens und der Gereiztheit wurden alle Handlungen des Kaisers übel ausgelegt, entfalteten Geringfügigkeiten und Gerüchte bemerkenswerte Sprengkraft. Selbst normale zwischenstaatliche Kontakte wurden mit der Zeit merklich erschwert.

Habsburg war allerdings keineswegs von Anfang an jenes mit dem Mythos diabolischer Kräfte begabte Zentrum aller konservativ-reaktionären Bemühungen um eine Revision des 1789 in Frankreich begonnenen Erneuerungsprozesses, als das es uns in unzutreffender Rückprojektion oder bei unkritischer Übernahme der Auswüchse der revolutionären "Austrophobe paranoia" (T.C.W. Blanning) vielleicht erscheinen könnte. In Wahrheit ist die österreichische Aufmerksamkeit für das krisengeschüttelte Frankreich zusehends zurückgegangen, zumal gegen Ende der Achtzigerjahre und zu Beginn der Neunzigerjahre, als die Habsburgermonarchie fürwahr ihr Hauptaugenmerk auf die eigenen Krisenherde zu richten hatte, ja zeitweise selbst vor der Gefahr der Auflösung stand, der französische Umbruch damit vergleichsweise nebensächlich erscheinen mußte und bestenfalls insoferne interessierte, als die definitive Marginalisierung Frankreichs im Staatensystem ein bedenkliches Loch in Österreichs Bündnissystem riß.

Von Leopold II. waren wenig konterrevolutionärer Elan und keine Hilfe für eine Herstellung des vorrevolutionären Absolutismus in Frankreich zu erwarten. Noch ehe er die Nachfolge Josephs II. in den Erblanden antrat, hatte Leopold keinen Zweifel an der Mißbilligung der despotischen Politik seines Bruders und am eigenen Vorsatz einer schrittweisen Lockerung der josephinischen Maßnahmen gelassen. Alte Verfassungen galten Leopold als geheiligte Abkommen zwischen Souverän und Volk. Von der Einberufung der Generalstände in Frankreich als Wiederaufleben eines alten, vom Absolutismus verdrängten Verfassungsrituals hat er sich 1789 noch als Großherzog von Toskana denn auch Großes erwartet ... eine Regeneration Frankreichs durch Einschränkung der seinen Vorstellungen widersprechenden monarchischen Allmacht. Noch im Oktober 1790 äußerte er sich nicht ohne Wohlwollen und Sympathie über die Französische Revolution und wertete sie als Mahnung an alle Fürsten, sich ihren Untertanen gegenüber zu mäßigen. Adam Wandruszka vermutete bei Leopold, der - wiewohl französisch erzogen und wesentlich von französischen Geistesströmungen beeinflußt - gefühlsmäßig mehr mit England sympathisiert habe, sogar eine Art Schadenfreude über den Zusammenbruch des uneingeschränkten Absolutismus französischer Prägung. Die Hoffnung auf eine reformerische Gesundung Frankreichs, Verachtung für die Emigranten und eine persönliche Abneigung gegen alles Kriegerische trugen allesamt - von den internen Problemen der Habsburgermonarchie und der anstehenden "polnischen Frage" ganz zu schweigen - zu einem Non-Interventionismus bei, der dem Kaiser im 19. Jahrhundert oft genug zum Vorwurf gemacht wurde.

Als Ende Februar 1790 die Nachricht vom Tode Josephs II. in Florenz einlangte und sich Leopold Richtung Wien aufmachte, um das zerrüttete Erbe des Kaisers in Ordnung zu bringen und das Habsburgerreich vor dem drohenden Zerfall zu retten, war freilich für Gedanken an die französische Entwicklung eigentlich überhaupt kein Platz. Im Zentrum des Sanierungsprogramms stand die Beruhigung der außen- wie innenpolitischen Lage durch Rücknahme der kränkendsten Maßnahmen des josephinischen Zentralstaates und Friedensbeteuerungen an die äußeren Gegner. Schon Joseph II. hatte kurz vor seinem Tod im Januar 1790 seine Reformen für die ungarische Reichshälfte revozieren müssen, ohne dadurch das Problem zu lösen und die Gefahr einer von Preußen weidlich geförderten Sezession Ungarns zu bannen.

Die Bereinigung der unerquicklichen außenpolitischen Situation, die durch eine peinliche Frontstellung gegen Preußen und das mit diesem verbündete Polen bei gleichzeitigem Kampf gegen das Osmanische Reich an der Seite Rußlands (seit 1788) und den Abfall der Österreichischen Niederlande gekennzeichnet war, erforderte einen gewissen Mut zur Selbsterniedrigung. Nach Einleitung freundschaftlicher Kontakte mit dem preußischen König suchte Leopold im Gegensatz zur Linie Kaunitz' den Ausgleich mit dem Erbfeind im Norden und stimmte schließlich in den Verhandlungen von Reichenbach (Juni/Juli 1790) der Beendigung des durchaus erfolgreichen Türkenkrieges auf der Basis des status quo ante bellum zu. Großbritannien, Preußen und die Niederlande, seit 1788 in einer Tripelallianz verbunden, erklärten sich daraufhin bereit, die Rückkehr der Österreichischen Niederlande unter habsburgische Botmäßigkeit zu unterstützen. Entsprechende Detailverhandlungen wurden von Oktober bis Dezember 1790 in Den Haag geführt.

Dies ist für uns der Ort, nochmals zur Belgischen Revolution von 1789/90 zurückzukehren, um zu sehen, wie die einzig wirklich bedeutende "revolutionäre" Erschütterung innerhalb des habsburgischen Herrschaftsgebietes einerseits durch ihre räumliche Nähe auf die Beziehungen zu Frankreich ausstrahlte und wie sie zum anderen das "Revolutionsbild" der Wiener Zentrale im allgemeinen mit beeinflußt haben mag.

1. Die habsburgische "Revolutionserfahrung". Der Aufstand der Österreichischen Niederlande

Das französische Interesse an Belgien und Lüttich und den dortigen "Schwesterrevolutionen", wie es uns ganz besonders im Vorfeld des Kriegsausbruchs vom April 1792 entgegenzutreten beginnt, darf nicht zu einer unzutreffenden Parallelisierung der Belgischen und der Französischen Revolution führen. Die obsiegende Tendenz der Brabanter Revolution definierte sich selbst - ganz anders als die Französische - aus dem Widerstand gegen den absolutistischen Willen zu Reform und Veränderung und trägt den Charakter einer "rückwärtsgewandten" ständischen Fronde. Hierin gleicht sie im wesentlichen dem ständischen Widerstand, auf den die josephinischen Reformen auch in Ungarn stießen.

Erst über die nach Frankreich emigrierten, sowohl von den konservativen, adelig-klerikalen "statistischen" Partnern wie von den reformunwilligen Österreichern enttäuschten Demokraten (Vonckisten) war im Laufe des Jahres 1792 eine Verbindung zwischen der Kriegskurs steuernden Französischen Revolution und dem belgischen Unzufriedenheitspotential gegeben. Schon lange vor dem tatsächlichen Einsetzen dieser von der Gironde tatkräftig geförderten Unterstützung der heimatvertriebenen belgischen und lüttichschen Revolutionäre hat Österreich französische Umtriebe und besonders Aktionen der "Jakobiner" als Hauptursache für die Gefährdung der endgültigen Pazifizierung der belgischen Provinzen vermutet. Eine Beruhigung der Lage in den Österreichischen Niederlanden schien abhängig von einer Beruhigung der Lage in Frankreich selbst. Die österreichische Empfindlichkeit war sicher nicht ganz unberechtigt, erinnert man sich an die preußischen Wühlarbeiten zur Unterstützung der revolutionären Bewegungen in Belgien und Lüttich, an die Bemühungen des Herzogs von Orléans um die Nachfolge der Habsburger in den Österreichischen Niederlanden oder an Versuche aus dem Kreis um Lafayette, die Kontrolle über die belgische Revolution zu übernehmen.

Nach der Machtergreifung der Gironde im März 1792 konnten unter Außenminister Dumouriez die Unterstützung der emigrierten Belgier und Lütticher und die Aufwiegelung der beiden Gebiete zur Erleichterung eines gleichzeitigen bewaffneten Vorstoßes französischer Truppen mit Elan quasi offiziös betrieben werden. Selbst nach der verheerenden Schlappe des ersten französischen Einfalls in die Österreichischen Niederlande Ende April 1792 war die zweite Invasion im Juni immer noch in der Voraussetzung einer allgemeinen belgischen Erhebung unternommen worden, aber erst ab November 1792 realisierte Dumouriez - nun als militärischer Befehlshaber - die Vertreibung der Österreicher aus den belgischen Provinzen. Die schon 1793 ausgesprochene

Annexion Belgiens wurde nach einer kurzfristigen Rückkehr der Österreicher 1793/94 unwiderrufliche Realität.

Die vermutete französische Einflußnahme auf die instabile Lage in Belgien nach der Niederschlagung der dortigen Revolution war, wie mir scheinen will, die einzige Nahtstelle, an der österreichischerseits die Kontagiosität des von den politischen Clubs gezogenen revolutionären Bazillus gefürchtet werden mußte. Schon Botschafter Mercy sprach vom schädlichen "Einfluß einer verpesteten Nachbarschaft". Im übrigen dürfen wir aber der Beteuerung des Fürsten Kaunitz, die Erblande seien dank der klugen habsburgischen Politik weitgehend immun gegen den französischen Krankheitserreger, einige Aufrichtigkeit zubilligen. Wenn wir in Schlüsseltexten seit Sommer 1791 dann doch das Ansteigen einer gewissen "Revolutionsfurcht" und eine verstärkte Betonung der gesamteuropäischen Solidarität antreffen, so mag dies zum einen vielleicht mit dem Bemühen, die nun ins Auge gefaßte Politik des Einschreitens zu rechtfertigen, zum anderen aber auch mit einer tatsächlich neuen Dimension der revolutionären Außenwirkung in Zusammenhang stehen, wie sie in den außenpolitischen Reden einzelner Abgeordneter der Legislative - fassen wir sie etwas anachronistisch unter dem Überbegriff "Girondisten" zusammen - seit Herbst 1791 offenkundig wurde: die Tendenz, der vermeintlichen Bedrohung durch konterrevolutionäre Absichten des Auslands umgekehrt die Drohung mit der Revolutionierung Alteuropas zu begegnen - nach dem bekannten Schlagwort "Guerre aux rois, paix aux nations".

Im Jakobinerklub sprach man schon seit 1791/92 von einer neuen Kreuzzugszeit, von einer "croisade de liberté universelle". Abzuschätzen, wo hier die Grenze zwischen Schwärmerei bis zur Weltrevolution, verbaler Einschüchterung und echter Absicht lag, dürfte den Fürstenhöfen Europas genauso schwer gefallen sein wie dem heutigen Betrachter. Der Konvent, die Volksvertretung der republikanischen Ära, beschloß jedenfalls am 19. November 1792 ein für den Kontakt zu anderen Staaten sehr bedenkliches Dekret, in dem den freiheitswilligen Völkern Europas die bewaffnete Unterstützung Frankreichs bei der Abschüttelung ihres Jochs angetragen wurde. Von Beginn der Revolution an war Paris Anlaufstelle und Zielpunkt für Enthusiasten, politisch Denkende oder Verfolgte und Exulanten unterschiedlichster Provenienz gewesen. Mit dem aggressiven revolutionären Messianismus der Gironde erhielt die Französische Revolution dann natürlich eine Qualität, die sie von den konventionellen "Staats-Revolutionen" der Vergangenheit abhob. Bei der Förderung letzterer - denken wir an Preußens Rolle in der Belgischen Revolution oder an Frankreichs Unterstützung für die nordamerikanischen Kolonien - ging es um "politische" Destabilisierung des Gegners zum Besten der eigenen außenpolitischen Zielsetzungen. Kurzum - auch die Revolutionäre oder eben besser: "die Aufständischen" blieben innerhalb eines gemeinsamen Werterahmens. Eine "Ansteckung" mit revolutionärem Gedankengut war also bislang im ganzen nicht zu fürchten gewesen. Mit der Französischen Revolution erfuhr jedoch auch der Revolutionsbegriff eine tiefgehende Wandlung, indem nun nicht nur eine Umwälzung des politischen Systems an sich, sondern darüberhinaus profunde geistige und gesellschaftliche Veränderungen - der "Wille zu Neuem" - und die entsprechende ideologisch-programmatische Ausstrahlung zu den nötigen Ingredienzen einer "Revolution" wurden.

Erst zur Zeit der Terreur kam es wieder zu einer Rücknahme des Propagandakrieges und einem Abgehen vom "bewaffneten Sendungsbewußtsein", vom "idéalisme conquérant" der Gironde (F. Furet), den Robespierre schon in den innenpolitischen Debatten von 1791/92 mit bemerkenswertem Scharfsinn als wenig zielführend abgelehnt hatte. Die harte Realität der militärischen Expansion seit Herbst 1792 und ihre gleichsam imperialistischen Ausuferungen straften den "propagandistischen Überbau" ohnedies stets Lügen.

Sporadische "revolutionäre Bewegungen" in der Habsburgermonarchie sind aber im übrigen von der französischen Entwicklung weitgehend abgesondert gewesen. Die österreichischen "Jakobinerverschwörungen" 1793-1795 mit ihren utopischen Umsturzplänen beschränkten sich auf kleine Zirkel politisch Denkender, etwa aus dem enttäuschten josephinischen Beamtentum, und entfalteten keinerlei Breitenwirksamkeit. (Bäuerliche) Unruhen in vielen österreichischen Provinzen und auch in der Toskana zu Ende der Achtziger- und zu Beginn der Neunzigerjahre können letztlich wohl ebensowenig mit französischer Vorbildwirkung erklärt werden. Echte Revolutionsfurcht bestand bei den Verantwortlichen lange Zeit nur in einem schwer bestimmbaren Maße, und erst 1793, zu einem Zeitpunkt, als die Revolution in Frankreich sich wirklich dramatisch radikalisiert hatte und Österreich härter als erwartet mit ihr zu kämpfen gezwungen war, kam es unter Franz II. zu einem reaktionären Rückfall, der auch in einer Verschärfung der Polizei- und Zensurmaßnahmen seinen Niederschlag fand. Solange die revolutionäre Entwicklung Frankreich nicht gänzlich von den Spielregeln der Völkergemeinschaft abrükken ließ, die monarchische Regierungsform nicht in Frage stellte und sie ihre zelotische Seite nicht überdeutlich nach außen kehrte, blieb auch das übrige Staatenkonzert im wesentlichen in Abwarteposition.

2. Der Kaiser, das Projekt eines Mächtekonzerts und der "Weg in den Krieg"

Die Entwicklung der Jahre 1791/92 zeigt uns bereits ein vorsichtiges Herauswachsen Frankreichs aus dem europäischen Staatensystem. Es offenbarte sich ein unleugbarer Niveauunterschied zwischen einer von gewählten Volksvertretern kontrollierten und letztlich auch gesteuerten Außenpolitik im Gleichklang mit einer kursbestimmenden öffentlichen Meinung einerseits und einer mit alteingeführten Begriffen und Vorstellungen operierenden Kabinettspolitik andererseits. Mit derart divergierenden Instrumentarien ließen sich die anstehenden Probleme eben nicht bereinigen. Die verklausulierte Sprache der diplomatischen Notenwechsel des 18. Jahrhunderts konnte in Frankreichs aufgeheizter Stimmung ebensowenig richtig und nüchtern eingeordnet werden wie im Ausland die auf Feingefühl wenig Rücksichten nehmende Beredsamkeit leidenschaftlicher Revolutionsredner. Es wäre aber dennoch verfehlt, die Kriegsentwicklung 1791/92 auf eine gleichsam in der Natur der Sache liegende Konfrontation "Alt gegen Neu" zu reduzieren. Auch entsprang die Austrophobie des revolutionären Frankreich nicht einem ideologischen Gegensatz, sondern vielmehr, wie gezeigt werden konnte, alten Traditionen. Gerade dem Betrachter des 20. Jahrhunderts, an jahrzehntelange Frontstellung zwischen westlicher Welt und kommunistischem Osten gewöhnt, muß ganz abgesehen davon einsichtig sein, daß selbst Gegensätze zwischen fundamental divergierenden "politischen Systemen" nicht notwendigerweise zu einer kriegerischen Eruption führen und Realpolitik über jeden auch noch so scharfen Kontrast durchaus zu siegen imstande ist.

Ein überblickbarer und dennoch über Schulbuchgemeinplätze hinausragender ereignisgeschichtlicher Rahmen für die österreichische Frankreichpolitik 1789-1792 liegt, soweit ich sehe, bislang nicht vor. Es ist deshalb auch nicht ungefährlich, sich in waghalsige Interpretationsversuche einzulassen, um so dem fehlenden Detailwissen ein Schnippchen zu schlagen. Eine eingehende Aufarbeitung der österreichischen Haltung gegenüber der Französischen Revolution würde wahrscheinlich auch nicht die gesuchte unmißverständlich klare Linie zutage fördern, sondern, wie meist, eine stark schwankende, auf die Bedürfnisse und Möglichkeiten des Augenblicks reagierende Außenpolitik. Zudem haben wir uns gewisse Richtungsstreitigkeiten innerhalb der österreichischen Politik zu vergegenwärtigen, denn nicht nur die Linie Leopolds II. gegenüber Preußen, sondern auch des Kaisers ureigenste Meinung zur Entwicklung in Frankreich scheint sich nicht immer mit den rigiden Vorstellungen des greisen Staatskanzlers Kaunitz gedeckt zu haben.

Bis ins Jahr 1791 hat Österreich jedenfalls die Entwicklungen in Frankreich lediglich als neutraler Beobachter verfolgt. Die Constituante vollendete ihr Reformwerk zur Gesundung Frankreichs, die Entzündbarkeit außenpolitischer Fragen war gering, zumal Europa mit anderen Krisenherden kämpfte. Die unentwegten Anläufe der Emigranten, den Kaiser zu radikalem Vorgehen in ihrem Sinne zu bestimmen, scheiterten immer aufs neue. Marie-Antoinette selbst hatte ihren Bruder vorerst noch um Zurückhaltung ersucht, und Leopold II. blieb fest bei seiner Linie, keinesfalls zu intervenieren, solange die königliche Familie nicht in Sicherheit sei und die revolutionäre Entwicklung entschieden desavouiere. Mit dem Argument, die schwierige Position Ludwigs XVI. und Marie-Antoinettes nicht noch weiter kompromittieren zu wollen, ließ sich die Passivität Wiens noch längere Zeit rechtfertigen. Ohne die Unterstützung der wichtigsten europäischen Mächte war für Leopold an eine Intervention im Sinne der Schwester überhaupt nicht zu denken. Dabei ging es Kaunitz und Leopold sicher nie um eine Wiedererrichtung des vorrevolutionären Absolutismus, sondern um die Stabilisierung einer konstitutionellen Monarchie in Frankreich, die - kräftig genug in sich - dennoch nach außen ohne die alte Stärke bleiben sollte. Diese Festigung wollte man, um mit Ranke zu sprechen, durch "Konterreform" im Inneren und nicht durch "Konterrevolution" von außen erreichen, und zu diesem Behufe mochten Drohgebärden und die Unterstützung stabilisierender innenpolitischer Kräfte völlig ausreichend sein.

Die rapide fortschreitende Aussöhnung mit dem alten Erzrivalen Preußen seit Januar 1791 war ein erster Schritt, jenes internationale Klima der Einmütigkeit zu schaffen, dessen man für die entsprechenden Schritte bedurfte. Nun mag es vielleicht stimmen, daß König Friedrich Wilhelm II. die Ereignisse in Frankreich emotionaler als der Kaiser betrachtete, Preußens Drang zur Intervention in Frankreich[19] ist aber letztlich bloß eine Fortsetzung jener wirren, auf Landgewinn berechneten Außenpolitik gewesen, die nach dem Tode Friedrichs II. auf die Tagesordnung gesetzt wurde und erst mit der langersehnten Arrondierung in der 2. Polnischen Teilung zur Ruhe kam. Auf beiden Seiten, sowohl auf preußischer wie auf österreichischer, waren es die Monarchen und eine neue Generation von Staatsdienern, die gewissermaßen gegen ihre leitenden Minister (Hertzberg und Kaunitz) die Annäherung betrieben und das Axiom der alten Feindschaft für obsolet erklärten. Beiden standen damit Vorteile offen: Österreich durfte den Hohenzollern-Staat als Gefahrenherd vernachlässigen, Preußen sich aus der wenig nützlichen englischen Allianz von 1788 allmählich lösen und die Bedrohung durch das ja mit Österreich verbündete Rußland abbauen. Schon am 25. Juli 1791 konnte ein preußisch-österreichischer Vorvertrag abgeschlossen werden, ehe eine Defensivallianz vom 7. Februar 1792 endgültig aus dem Gegeneinander ein Miteinander zu machen schien. Die Achse Berlin-Wien blieb aber bis zum Schluß auf sich alleine gestellt und erwies sich letztlich trotz entsprechender Einladungen an andere Mächte als nicht ausbaufähig. Die v.a. von Preußen forcierte Frage der Entschädigung für den Kriegsaufwand gegen Frankreich als Vorwand für Ländertausch- und Länderraubprojekte ließ dann die brüchige Interessensgemeinschaft nach der ersten Belastungsprobe auch platzen, da das Kriegsziel hoffnungslos verfehlt wurde. Die Ausgrenzung Österreichs aus der 2. Polnischen

---

19 Kurt HEIDRICH, Preussen im Kampfe gegen die Französische Revolution bis zur zweiten Teilung Polens, Berlin 1908 (Dissertationteilabdruck); Willy REAL, Von Potsdam nach Basel. Studien zur Geschichte der Beziehungen Preußens zu den europäischen Mächten vom Regierungsantritt Friedrich Wilhelms II. bis zum Abschluß des Friedens von Basel 1786-1795 (Basler Beiträge zur Geschichtswissenschaft 70), Basel/Stuttgart 1958.

Teilung 1793 schien den ungebrochenen Kaunitzschen Vorbehalten gegen Preußen recht zu geben. Das Kriegsziel war von Anfang an weit jenseits der gegen Frankreich projektierten Polizeiaktion gelegen. Preußen versuchte, seine Eroberungsgelüste, die man *gegen* Österreich nicht hatte durchsetzen können, nun *mit* diesem zu stillen, und Wien wieder hoffte, den langersehnten Tausch Bayerns gegen die Österreichischen Niederlande realisieren zu dürfen. Der Verlust der Niederlande im Herbstfeldzug von 1792 raubte dafür die Grundlage, während sich Preußen die polnische Option offengehalten hatte.

Kehren wir aber wieder ins Jahr 1791 zurück, in dem der Kriegskurs seinen Ausgang nahm. Der Fluchtversuch der königlichen Familie im Juni 1791 und die Suspendierung der königlichen Gewalt nach seinem Scheitern entzogen den kaiserlichen Ausflüchten der Vergangenheit den Boden. Der Gegensatz zwischen Königtum und Revolution, von dem man natürlich schon lange wußte, war allzu augenfällig geworden. Den Kaiser erreichten die Nachrichten über den unglücklichen Ausgang der "Flucht von Varennes" auf einer ausgedehnten Italienreise (April/Juli 1791). Nun nach der Machtübernahme durch die Nationalversammlung und der verstärkten Artikulierung republikanischer Ideen mußte es um die Rettung der allerwesentlichsten Bestandteile der monarchischen Staatsform gegen die vermeintlich "zügellose Volksanarchie" gehen. Von Padua aus wandte sich der Kaiser Anfang Juli 1791 in einem Rundschreiben an die Zarin, den Kurfürsten von Mainz und die Könige von England, Spanien, Sardinien, Preußen und Sizilien und brandmarkte in gebührender Schärfe die Entwicklung in Frankreich, die nunmehr die Ehre aller Souveräne und die Sicherheit aller Kabinette beträfe. Gleichzeitig lud er die Monarchen ein, sich mit ihm über Mittel und Wege zu verständigen, die Freiheit Ludwigs XVI. und der königlichen Familie zu erreichen und einer weiteren Zuspitzung der Französischen Revolution entgegenzutreten. Als ersten Schritt dazu empfahl er gemeinsame Erklärungen der diplomatischen Vertreter in Paris, für die er einen Entwurf beischloß. Rundschreiben an die k.k. Repräsentanzen an den einzelnen Höfen präzisierten die nun deutlich akzentuierte Linie Habsburgs während der französischen Verfassungskrise. Die Bemühungen Wiens um ein Mächtekonzert mit dem Ziel einer Einschüchterung Frankreichs blieben allerdings erfolglos, an allen Höfen stieß man auf zögerliches Verhalten, die Vorschläge des Kaisers zur Unterdrucksetzung Frankreichs bzw. im speziellen der "republikanischen Partei" wurden nicht ausgeführt. Die preußisch-österreichische "Deklaration von Pillnitz" vom 27. August 1791 erregte zwar in Frankreich großes Aufsehen, da sie, von den Emigranten ausgeschlachtet, als Vorbotin einer bewaffneten Intervention des Auslandes zur Lösung der innerfranzösischen Krise, als Kreuzzugsdrohung ausgelegt wurde, enthüllte sich aber in Wahrheit bei näherer Betrachtung nur als weiteres Beispiel für das "Schattenboxen" der Kabinettsdiplomatie des 18. Jahrhunderts. Leopold II. und Friedrich Wilhelm II. betrachteten darin die

Lage Ludwigs XVI. als "objet d'un intérêt commun à tous les souverains de l'Europe" und gaben ihrer Hoffnung Ausdruck, daß sich ihnen auch die übrigen Mächte anschließen und zur Unterstützung des Königs von Frankreich beitragen würden. "Alors et dans ce cas" wären Kaiser und König bereit, umgehend zu handeln. Von einem Beitritt weiterer Höfe, insbesondere Großbritanniens, konnte natürlich, wie sich voraussehen ließ, keine Rede sein. Das "alors et dans ce cas" als unabdingbare Voraussetzung des Einschreitens wurde damit zur selbstauferlegten Fessel.

In Frankreich beruhigte sich in währender Zeit die Lage, die monarchiefeindlichen Kräfte konnten vorerst noch von den Konstitutionellen weitgehend unter Kontrolle gebracht werden, und mit der freiwilligen Annahme der Verfassung durch den König am 13. September 1791 endete die Krise des Sommers 1791. In den Turbulenzen der Sommermonate hatte sich auch der politisch einflußreichste Club, die *Société des amis de la Constitution*, allgemein als Jakobinerklub bekannt, gespalten, und zwar in einen republikanisch-radikalen Flügel, der die späteren Gruppierungen der Montagne und der Gironde beherbergte, und in einen gemäßigt-konstitutionellen, der sich im *Club des Feuillants* neu organisierte und vorerst das Übergewicht zu behalten schien. Die europäischen Mächte, darunter auch der Kaiser, nahmen mehrheitlich die Verfassungsbestätigung durch Ludwig XVI. mit Zufriedenheit zur Kenntnis. Selbst aus den Tuilerien waren Signale gekommen, man möge die Beruhigung der Lage nicht durch Drohungen von außen gefährden. Vor diesem Hintergrund konnte der Kaiser seine ohnedies erfolglosen Konzertbemühungen an den europäischen Höfen suspendieren (Zirkularerlaß vom 12. November 1791), zu einer Politik des Abwartens und Beobachtens zurückkehren und der scheinbar befriedeten französischen Entwicklung ihren Lauf lassen.

Mit dem Zusammentritt der Legislative (Oktober 1791) und dem damit verbundenen Linksruck war aber der fadenscheinige Kompromiß zwischen der Revolution und dem Königtum, das die Konstitution in Wahrheit rigoros ablehnte, rasch in Frage gestellt. Die Feuillants, die noch die scheidende Constituante kontrollierten und einen gewissen Einfluß auf das Königspaar auszuüben suchten, mußten in der Legislative bald das Heft aus der Hand geben, und schließlich setzte sich auch der durch die Spaltung im Juli 1791 anfangs arg geschwächte Jakobinerklub wieder als bedeutendste außerparlamentarische Kraft durch. Ganz besonders die Gestalt Jacques-Pierre Brissots ist für die Kriegspropaganda der Zeit zwischen Oktober 1791 und April 1792 von besonderer Wichtigkeit. Auf drei Ebenen entfaltete der bedeutendste Aktivist der österreichfeindlichen Kreise seine Tätigkeit: in seiner seit 1789 erscheinenden Zeitung *Le Patriote français*, im Jakobinerklub, wo sich einzig Robespierre seiner Kriegstreiberei entgegenstemmte, da er die Ausschaltung der inneren Feinde als Voraussetzung für den Kampf gegen die äußeren Gegner sah, und endlich in der Legislative selbst, deren feurigster Kriegsredner Brissot war. Daß seine missionarischen Ansprachen sehr oft des logischen Zusammenhangs entbehrten und die außenpolitische Situation mitunter verzerrt darstellten, tat ihrer Breitenwirksamkeit keinen Abbruch. Um Brissot sammelten sich rasch sympathisierende Abgeordnete (Brissotins), zu denen auch Deputierte aus dem Departement Gironde Kontakt aufnahmen, beide Fraktionen verschmolzen aber erst in der dritten Volksvertretung der Revolutionsära, dem Konvent, zur sog. "Gironde".

Die revolutionäre Entwicklung, die die Konservativ-Konstitutionellen mit den Errungenschaften der Constituante als beendet zu sehen wünschten, drängte zu weiterer Radikalisierung, und in diesem Kontext wurde gerade die außenpolitische Frage zu einem wesentlichen Element des innenpolitischen Kampfes. Die Tendenz in Richtung Krieg ist auf französischer Seite, so scheint es, seit Herbst 1791 eine durchaus gewollte gewesen. Die außenpolitischen Streitfragen waren für sich genommen letztlich wohl nicht gewichtig genug, um ohne vorgefaßten Willen gezwungenermaßen zum Krieg zu führen. Die beiden extremen Pole der Revolution - die Girondisten in der neuen Nationalversammlung einerseits und das Königtum andererseits - versprachen sich gleichermaßen von einem Krieg die Realisierung ihrer politischen Zielvorstellungen. Die Bedeutungsschwere der schließlich beinahe 25 Jahre währenden Revolutions- und Koalitionskriege für die Umgestaltung Europas hat im Rückblick zu einer Überfrachtung der Vorgeschichte mit Interpretationsversuchen verführt und aus realpolitischen Hintergründen einen Prinzipienkrieg konstruiert.

Der romantischen Interpretation eines Jules Michelet, der zufolge das überschäumende französische Nationalgefühl zum Konflikt mit Alteuropa gedrängt habe, ist aber die gewiß klarsichtigere, mit den Kriegsreden der Brissotins übereinstimmende Hypothese vom gesteuerten Kriegswillen vorzuziehen.

Bleiben wir also auf dem Boden der Realpolitik und stellen wir fest: Mit dem Ende der konstituierenden Nationalversammlung schien den noch unbefriedigten progressiven Kräften der revolutionäre Elan erschlafft, neue Enthusiasmierung war zur Wiederentzündung der revolutionären Flamme nötig. Der Krieg bot die Möglichkeit "de remuscler la Révolution" (M. Winock), eine Handhabe zur Bereinigung der dramatischen Finanzlage und zwang gleichzeitig die Krone, Stellung zu beziehen oder die Maske fallen zu lassen.

Daß Paris die Entwicklung bestimmte und die beiden deutschen Großmächte lange Zeit nicht wirklich agierten, sondern bloß reagierten, läßt sich nicht bestreiten. Ebenso offensichtlich ist jedoch, daß sie nach zögerlichen Anfängen gleichfalls Konfrontationskurs steuerten und einen "Blitzkrieg" gegen Frankreich als Rahmen für ihre Arrondierungspläne zu verwerten gedachten.

Nach der Verfassungsannahme vom September 1791 waren Ludwig XVI. und Marie-Antoinette bald zu einer aktiven konterrevolutionären Linie zurückgekehrt, die radikalen Maßnahmen der Legislative wurden durch das königliche Veto abgeblockt. In den seit Sommer 1791 engen Kontakten zu den Architekten der konstitutionellen Monarchie war man ohnedies nie aufrichtig gewesen. Die Tuilerien benutzten sie für ihre Zwecke, effektive Hilfe und ein Entkommen aus der "Erniedrigung" versprach man sich nach wie vor alleine durch ausländische Intervention. Aufs neue begann Marie-Antoinette in ihren geheimen Briefkontakten mit Botschafter Mercy bzw. dem Kaiser in Wien, ein rigoroses Eingreifen des Bruders herbeizusehnen. Sie betonte die anhaltende Unfreiheit des Königs in seinen politischen Entscheidungen und damit die Unbrauchbarkeit der Konstitution von 1791 und unterstrich, daß man die offiziellen Handlungen ihres Gatten nicht mit seinen wahren Intentionen verwechseln dürfe. Wien beharrte nun allerdings unter Nutzung der zwiespältigen Haltung der Tuilerien bei seiner abwartend-passiven Haltung, und je mehr das Königspaar die Überzeugung gewann, daß der Kaiser bei den gegebenen Verhältnissen zu keinem Einschreiten bereit sei, desto deutlicher mußte man auch in den Tuilerien von der Nützlichkeit des von der Gironde eingeschlagenen Kurses der Provokation gegen Österreich eingenommen sein. Ein daraus sich entwickelnder kriegerischer Konflikt konnte bei positivem oder - was wahrscheinlicher war - bei negativem Ausgang der Krone nur förderlich sein. Die Rechnung ging bekanntlich nicht auf, und die unglückliche Konstellation, daß die Alliierten 1792 schließlich im Namen Ludwigs XVI. und seiner Interessen denselben Souverän als obersten Kriegsherrn Frankreichs bekämpften, konnte nur mit Demaskierung und Sturz des nicht hinreichend gefestigten Königtums enden (August 1792).

Bereitwillig nahm der König aber noch im Dezember 1791 den Antrag der Nationalversammlung zu scharfem Protest gegen die Duldung bewaffneter Emigrantenverbände auf Reichsgebiet auf und gab Befehl zur Mobilisierung von drei Armeeblöcken mit insgesamt 150.000 Mann an den Nordost- und Ostgrenzen (14. Dezember 1791), während er die harten Maßnahmen der Legislative gegen die Auswanderer als Individuen ansonsten bekanntlich meist mit seinem Veto belegte. Der Kurfürst von Trier als hauptsächlicher Gastgeber der Emigranten entsprach zwar der ultimativen französischen Aufforderung zur Auflösung der Emigrantenkorps, erreichte allerdings gleichzeitig vom Kaiser die Zusicherung bewaffneter Hilfe für den Fall, daß Frankreich trotz Erfüllung seiner Forderungen zu Tätlichkeiten schreiten sollte. Frankreich verstand dies irrigerweise als Deckung der feindseligen Haltung Triers und der Emigranten. Der darauffolgende, an Schärfe zunehmende Notenwechsel zwischen Wien und Paris und die diesbezüglichen Debatten in der Nationalversammlung bauten schließlich aus einem Mißverständnis eine regelrechte Kriegsstimmung auf. Die harten Wiener Noten, die sich barsche

Abqualifizierungen der Kriegspartei herausnahmen, wirkten nun nicht mehr einschüchternd, sondern waren durch die Kränkung patriotischer Gefühle bestenfalls Wasser auf die Mühlen der Kriegsbefürworter.

Ging nun Wien wirklich bloß ungeschickt zu Werke, oder legte man es bewußt auf Beschleunigung des Bruchs an? Wohl letzteres, denn auch Österreich hatte schließlich im Januar 1792 seine Zurückhaltung aufgegeben und sich dem kriegsfreudigen preußischen Kurs genähert. Daß es den beiden Verbündeten dabei nicht um einen Prinzipienkrieg zu tun war, konnte schon aufgezeigt werden. Inwieweit der Tod Leopolds II. am 1. März 1792 tatsächlich die kriegerische Stimmung auf österreichischer Seite beflügelte, wie dies in der Literatur sehr oft behauptet wird, harrt dagegen noch des Beweises, immerhin blieben die Verantwortlichen dieselben. Auch des Kaisers Sohn und Nachfolger Franz war mehr Exekutor einer schon unumkehrbar gewordenen, von beiden Seiten gewollten Entwicklung, die zum Bruch trieb.

Als eine Art dritte, bremsende Kraft schoben sich bloß noch die Feuillants mäßigend zwischen die beiden kriegswilligen Blöcke. Völlig zutreffend erwarteten sie von einem allfälligen Krieg nicht eine Stärkung des Königtums, sondern eine unaufhaltsame Radikalisierung der Revolution und ein Ende der Kompromißpolitik. Österreich war sich des fortschreitenden Abrutschens der in der Kriegsfrage zudem keineswegs einigen Feuillant-Partei in der öffentlichen Meinung und ihres ebenso deutlichen Machtverlustes wahrscheinlich nicht immer bewußt oder wollte es nicht einbekennen, zu sehr kamen die Vorstellungen der Konstitutionellen und ihre Bemühungen um eine entsprechende Verbesserung des Verfassungswerkes dem Konzept Wiens von einer beschränkten, aber fest verankerten konstitutionellen Monarchie in Frankreich entgegen. So mußte es purer Selbsttäuschung gleichkommen, wenn man einfach nicht zur Kenntnis nahm, daß die Kriegspartei keineswegs jene verschwindend kleine Horde zügelloser Fanatiker war, die nur mit den Mitteln des innenpolitischen Terrors den andersdenkenden "gesunden Teil" der Nation unterdrückte, als die man sie sogar in den nach Paris gesandten Noten anklagte, sondern daß diese vielmehr im Sinne der noch nicht ausgelaufenen revolutionären Entwicklung handelte. Es hat sich Österreich denn auch über die Möglichkeiten und Erfolgschancen eines innerfranzösischen Bürgerkriegs zwischen Gut und Böse, der, wie man erwartete, den äußeren Krieg begleiten würde, schlimmen Illusionen hingegeben. Das chimärische Mächtekonzert, das im Kriegsfall als Zuflucht der Wohlgesinnten dienen sollte, erwies sich in jeder Hinsicht als Schlag ins Wasser. Das "manifeste de Brunswick" vom Juli 1792 und seine Folgewirkungen enthüllten nochmals in aller Deutlichkeit die Verfehltheit dieser Einschüchterungspolitik.

War der tatsächliche Einfluß der Feuillants auf die Tuilerien wie auf die öffentliche Meinung gering, so stellten sie immerhin einige Minister, mit deren Hilfe sie ihre Friedenspolitik umzusetzen hofften. Der dementsprechend sich verschärfende Gegensatz zwischen dem bremsenden Ministerium und der publikumswirksam von den Rednern der Kriegspartei gesteuerten Nationalversammlung beschleunigte aber die Entwicklung Richtung Krieg ganz gegen die Intentionen der Feuillants und führte schließlich im März 1792 zum Sturz des Feuillant-Kabinetts, zur Bestellung eines im Einklang mit der Volksvertretung handelnden "Girondeministeriums" und nach einstimmiger Beschlußfassung im königlichen Rat zum Kriegsvorschlag des Königs in der Nationalversammlung. Diese erklärte am Abend des 20. April 1792 nach langer Anhörung der Gravamina gegen die Allianz von 1756 dem König von Böhmen und Ungarn fast einstimmig den Krieg, nur sieben Abgeordnete hatten dagegen votiert. Die Unterstützung der feindseligen Machinationen der Emigranten und der intransigenten in Frankreich begüterten Reichsstände, die Bildung eines "concert avec plusieurs puissances de l'Europe contre l'indépendance et la sûreté de la nation française" und die Förderung der innerfranzösischen Zwietracht wurden im Kriegserklärungsdekret der Nationalversammlung als Gründe für den Bruch genannt. Nur zur Erhaltung seiner Freiheit und Unabhängigkeit greife Frankreich nun zu den Waffen, es handle sich nicht um einen Kampf Nation gegen Nation, sondern um "la juste défense d'un peuple libre contre l'injuste agression d'un Roi."

Politisch und militärisch ließ sich der solange herbeigesehnte Kampf mit dem Erzfeind für Frankreich nicht gut an. Preußen, dem man den Krieg nicht erklärt hatte, vermochte trotz entsprechender Versuche nicht von Österreichs Seite gedrängt zu werden, Hoffnungen, über Nacht wieder an traditionelle Allianzen anknüpfen und beispielsweise die "osmanische Diversion" noch einmal aktivieren zu können, erfüllten sich ebensowenig. Ein erster Einfall in die Österreichischen Niederlande im April 1792 endete in einem Debakel, ein zweiter im Juni desselben Jahres unter dem Eindruck der innenpolitischen Ereignisse mit einem umstrittenen, militärisch wohl nicht zu rechtfertigenden Rückzug. Schließlich lag es ab August 1792 an den erst allmählich zum Gegenschlag zusammengezogenen preußisch-österreichischen Truppen zu zeigen, wie wehrlos das in Auflösung begriffene Frankreich den disziplinierten Invasionsarmeen der Alliierten ausgeliefert war. Die Demonstration schlug fehl, der Sturz des Königtums wurde im Angesicht des verzweifelten militärischen Kampfes ums Überleben nicht verhindert, sondern vielmehr beschleunigt, und zur Überraschung aller glückte schließlich der neugeborenen Republik im Herbst 1792 sogar die Hinausmanövrierung der Verbündeten aus Frankreich und ein erfolgreiches offensives Nachstoßen an fast allen Fronten. Die Mobilisierung neuer Kräfte nach der Erklärung "La Patrie en danger" vom Juli 1792 und die erfolgreiche Überwindung ärgster Mängel durch geschickte Improvisation und Glück zeigten, wie sehr man die Ressourcen Frankreichs unterschätzt hatte. T.C.W. Blanning hat in seiner Synthese gerade die Fehleinschätzung der gegnerischen Kräfte und Möglichkeiten als wesentlichen Auslöser für die Bereitschaft zum Krieg herausgestellt und damit der Frage, ob nicht doch systemimmanente Gegensätze konfliktverschärfend gewirkt haben, in anderer Richtung neuen Stoff gegeben, dabei aber den Informationsstand Wiens in Dichte und Verläßlichkeit viel zu niedrig veranschlagt und vielleicht Fehlinterpretation mit Wissensdefizit verwechselt. Gerade die Edition bzw. Verzeichnung der Blumendorfschen Berichte nach Wien und Brüssel vermag durchaus aufzuzeigen, daß der habsburgischen Politik kontinuierlich verläßliche Informationen aus verschiedenen Quellen zukamen.

Es ist aber in der Tat nicht zu bestreiten, daß die Schwäche und der Verfall Frankreichs, die von allen Diplomaten - natürlich auch von Blumendorf - in ihren Berichten bis zum Überdruß breitgetreten wurden, die Alliierten gleichsam zu einem "militärischen Spaziergang" gegen die Revolution verführt haben mögen. Das Selbstverständnis des monarchischen Europa empfand nun einmal innere Ruhe und institutionelle Stabilität, soziale Sicherheit, geordnete Finanzen und eine gesunde Wirtschaft als Grundpfeiler eines staatlichen Gemeinwesens, sah diese Stützen in dem sich erneuernden Frankreich fast völlig zerborsten und *über*sah dabei, daß dort bei aller herrschenden Anarchie neue Energien freigesetzt wurden, die sogar jene dramatische Krisenzeit überdauern halfen, ja Frankreich eine gewisse Überlegenheit verschafften. Auch das revolutionäre Frankreich hat seinerseits in übergroßem Optimismus die Kraft der alteuropäischen Staaten zu niedrig veranschlagt und sie zu Unrecht als bereits morsche Gebilde gesehen, die der neuen Dynamik kaum nennenswerten Widerstand entgegensetzen würden. Ein fast zweieinhalb Jahrzehnte dauerndes Ringen war das fatale Ergebnis.

Von einer freudig begrüßten innenpolitischen Schwächung des französischen Konkurrenten, von der zu erwarten stand, daß sie dessen außenpolitische Rückschläge gewissermaßen zementierte, war die Revolution zu einer Herausforderung an Außenstehende geworden. Frankreich konnte nun nicht mehr verharmlosend als ein Staat betrachtet werden, der an inneren Problemen litt. Vielmehr war dort, wo Edmund Burke noch vor kurzem auf der politischen Landkarte Europas einen weißen Fleck geortet hatte, ein revolutionäres Gebilde entstanden, das mehr und mehr die alten Regeln zwischenstaatlicher Beziehungen über Bord warf und dadurch an immer zahlreicher werdenden Punkten die gemeinsame Ebene, den Grundkonsens mit der übrigen Völkergemeinschaft verließ. Daß die Koalition der alteuropäischen Mächte dennoch nie zu einer festgefügten Gemeinschaft wurde, die die Rolle eines ideologischen Widerparts zur Revolution konsequent durchhielt, erweist an sich schon, wie turmhoch das Realpolitische das Weltanschauliche überragte.

Der deutsche Buchhandel im Österreich des 18. Jahrhunderts.

Vorgeschichte, ein vorläufiger Bericht über die Forschung und Ausblick.*

von

PETER R. FRANK

"Ein förmlich organisierter Buchhandel begann in Österreich erst gegen die Periode der Kaiserin Maria Theresia." (Franz Gräffer, Artikel "Buchhandel", *Oesterreichische National-Encyklopädie*, 1835.) Unter den Druckorten im deutschsprachigen Raum rückte Wien von 1750 bis 1800 vom 43. Platz auf den 3. vor, nur hinter Leipzig und Berlin - ein rasanter Aufschwung.[1] Einen ähnlichen Nachhol-Schub hat es dann auch in der Literatur gegeben.[2]

Reformen in Österreich und Druck von außen, sie lösten nach der Mitte des 18. Jahrhunderts tiefgreifende Veränderungen im Buchhandel aus. Diese Veränderungen betrafen keineswegs nur eine Branche. Sie hatten vielerlei Auswirkungen: ökonomische und kulturelle, und nicht zuletzt auf die öffentliche Meinung. Denn mit Kritik und Zustimmung durch die Publikationen trieb der Buchhandel seinerseits die Reformen voran.

---

* Um Text und Anmerkungen nicht zu überlasten, werden vornehmlich zuletzt erschienene Werke zitiert. Dort finden sich dann Hinweise auf die ältere Literatur. Auch auf Angaben zu allgemeinen historischen Werken mußte hier verzichtet werden. Der Akzent liegt eindeutig auf der Literatur zum Buchhandel.
Für Hinweise und Korrekturen habe ich Dr. Murray G. Hall und Prof. Reinhard Wittmann zu danken.

1 Nach der stets zitierten Statistik von Goldfriedrich, zuletzt in Helmuth KIESEL, Paul MÜNCH, Gesellschaft und Literatur im 18. Jahrhundert. München: Beck, 1977, S. 114. Bekannt ist, daß diese Statistik, nach den Meßkatalogen, ein verzerrtes Bild gibt, da nur wenig süddeutsch-österreichische Titel aufgenommen wurden. - Reinhard WITTMANN, Buchmarkt im 18. Jahrhundert, in: Buchhandelsgeschichte 1989/3, B 114, stellt dem anläßlich der Besprechung von D.L. Paiseys Buch eine andere Reihung entgegen, mit Wien um 1750 an 9. Stelle.

2 Siehe Leslie BODI, Tauwetter in Wien. Zur Prosa der österreichischen Aufklärung 1781-1795. Frankfurt a.M.: S.Fischer, 1977. - Zur allgemeinen Literatur über die österreichische Aufklärung siehe den Forschungsbericht von Leslie BODI, The Austrian Enlightenment. An Essay on Publications, 1975-1990, in: Austrian Studies 1991/2, p. 171-187. Eine erweiterte deutsche Fassung wird in der Zeitschrift *Das achtzehnte Jahrhundert* erscheinen.

Der Druck von außen. Jahrhundertelang war Tausch die Usance des buchhändlerischen Verkehrs im deutschsprachigen Raum. Auf den Messen in Frankfurt, in Leipzig tauschten Buchhändler (zumeist Buchhändler, Verleger und oft auch Drucker in einer Person) Buch gegen Buch, Bogen gegen Bogen - den Katechismus gegen eine Erzählung, das Libretto gegen ein Pamphlet. Mit dem Tauschverfahren ignorierten sie einfach die sonst so dicht abgeschotteten Grenzen der vielen deutschen Staaten. Damit stand der gesamtdeutschen Buchproduktion ein Markt offen, der von Riga bis nach Hermannstadt, von Wien bis Aachen reichte. Eingeschränkt wurde dieser Verkehr nur durch die Zensur der jeweiligen Länder, sobald sie die Einfuhr mißliebiger Werke verbot oder diese beschlagnahmte. [3]

Auf tritt Philipp Erasmus Reich. Dieser bedeutende deutsche Buchhändler erzwingt mit seinem spektakulären Auszug von Frankfurt (1764) die endgültige Verlegung des Messeplatzes nach Leipzig. Und 1763 schon hatte er den Tausch abgelehnt. Jetzt verlangte er Bezahlung in barer Münze, ohne ein Rückgaberecht der unverkauften Bücher. Eine schlagartig neue Situation. Reich und seine Kollegen in Leipzig, das sich zum wichtigsten Buchhandelsplatz Deutschlands aufgeschwungen hatte, verbuchten einen klaren Vorteil - keine Reise-, Unterbringungs- und Frachtkosten. Für den süddeutsch-österreichischen, den sogenannten "Reichsbuchhandel", stellte sich das anders dar. Die Frachtkosten waren bedeutend, der von Reich und seinen Kollegen gewährte Rabatt deckte nicht einmal die eigenen Kosten. Der konfessionellen Spaltung in Nord und Süd folgte nun die des Buchhandels, mit ebenso erbitterten Auseinandersetzungen.

In Österreich reagierte der Buchhändler Trattner am sichtbarsten. Er kündigt 1765 ein großangelegtes Nachdruckprogramm an. Da die deutsche Ware wegen der hohen Kosten unerschwinglich sei, würde man sie eben nachdrucken (ohne jedoch dem Originalverleger oder den Autoren einen Pfennig zu zahlen). Aus merkantilistischen Gründen unterstützte Maria Theresia den Nachdruck. Joseph II. hielt es später nicht anders. Nur der Nachdruck inländischer Werke war seit 1775 untersagt. Zeitweise wurde sogar die Einfuhr von Originalausgaben verboten, wenn österreichische Nachdrucke erhältlich waren. Der Protest von Autoren - nicht nur Wielands und anderer deutscher Schriftsteller, sondern auch von Österreichern wie Blumauer, Born, Denis, Haschka und Sonnenfels - blieb wirkungslos, ebenso, daß die Freimaurerlogen sich weigerten, auf Trattners Projekt zu subskribieren. In einem Kupferstich der *Aeneis*-Travestie von Blumauer benagen Hunde (die Nachdrucker) einen Schädel (den Autor) - einer der gierigsten trägt sichtbar auf

3 Siehe dazu und zum Folgenden Reinhard WITTMANN, Geschichte des deutschen Buchhandels, München: Beck, 1991, besonders Kapitel IV.

dem Halsband die Aufschrift T(homas) v T(rattner). Derlei Späße entzückten vielleicht das Publikum, sie hatten aber keinerlei praktische Folgen.[4]

Nachdruck war zu dieser Zeit freilich nichts Ungewöhnliches - es gab ihn in London und Paris so gut wie in Amsterdam oder Neuchâtel. In Deutschland hatte er im Norden eingesetzt. Nach dem Coup von Reich blühte er im Süden auf - in Karlsruhe, Mannheim, Reutlingen und anderswo. Trattner und eine Vielzahl von Firmen in Wien, Brünn, Prag, Preßburg und in anderen Orten waren offenbar besonders tüchtig. Noch bis ins erste Drittel des 19. Jahrhunderts florierte der Nachdruck in Österreich. Die Bücher waren nicht nur erheblich billiger, sie waren oft sogar hübscher ausgestattet als die teuren Originalausgaben. Beides lockte neue Leser an. Gerade die Nachdrucke, mit ihren billigen Ausgaben, haben die vielberufene "Leserevolution" im 18. Jahrhundert befördert. Manchmal waren die österreichischen Verleger-Nachdrucker flinker und einfallsreicher als ihre Kollegen im Westen und Norden. Sie stellten (unrechtmäßige) Werk- und Gesamtausgaben zusammen, oftmals die erste überhaupt, von Klopstock, Wieland, Schiller, Goethe, von Gerstenberg, Leisewitz und Lichtwer etwa, oder von Montesquieu (in Übersetzung). So war die Wiener Wieland-Ausgabe mit den Übersetzungen vollständiger als die vom Originalverleger Göschen in Leipzig, und zudem die am schönsten illustrierte.[5] Allein die umfangreichen Werkausgaben, die zahlreichen Sammlungen und Reihen (mit oft bis zu 200 Bänden) verlangten, abgesehen vom Kapital, bedeutende Papiermengen, Satz-, Druck- und Binde-Kapazitäten - offenbar waren sie vorhanden. So erschienen die umfangreichsten Sammlungen von Theaterstücken nicht in Leipzig, sondern - neben Augsburg - in Wien und Graz. Auch an der Zunahme von Zeitungen und Zeitschriften läßt sich der

---

4 Zum Nachdruck, außer Wittmanns Geschichte (Anm.3), Reinhard WITTMANN, Der gerechtfertigte Nachdrucker? Nachdruck und literarisches Leben im 18. Jahrhundert, u.a. in: Giles BARBER und Bernhard FABIAN (Hg.), Buch und Buchhandel in Europa im achtzehnten Jahrhundert. Hamburg: Hauswedell, 1981, S.293-320. (Wolfenbütteler Schriften zur Geschichte des Buchwesens 4). Frühere allzu pauschale Urteile berichtigend gibt Wittmann eine sehr differenzierte Darstellung für die Gründe und Auswirkungen des Nachdrucks. Wittmanns dort veröffentlichte Liste der Nachdrucker muß allerdings für Österreich wesentlich ergänzt werden. - Zu Trattner siehe Giese (Anm. 46).

5 Die erste Werkausgabe von Klopstock erschien 1784-86 bei Traßler in Troppau/Brünn. Allein von den ersten zehn Wieland-Werk- oder Gesamtausgaben erschienen von 1785 bis 1815 vier in Österreich, die 1. 1785 bei Traßler in Troppau, die 3. bei Schrämbel/B.Ph. Bauer, die 4. und 7. bei Doll in Wien. Die erste Schiller-Gesamtausgabe wurde von 1802-04 bei Pichler in Wien gedruckt (mit Impressum Berlin u.a.), die 2. erschien bei Pichler, die 3. in Commission bei Doll. Auch an den Goethe-Gesamtausgaben waren Wiener Verleger mit Nachdrucken oder Titelauflagen beteiligt, Stahel 1787-90, Schaumburg 1790, spätere bei Geistinger und B.Ph.Bauer. Durch die Zuarbeit Cottas/Goethes nimmt dann die von Kaulfuß und Armbruster einen besonderen Rang ein.

Aufschwung ablesen.[6] In der kurzen josefinischen Zeitspanne entlud sich dann das Feuerwerk der Broschürenliteratur.[7] Bis heute haben wir keine zureichende Vorstellung über den Umfang dieser (Nachdruck- und Original-) Produktion und den Vertrieb von Büchern. Beide müssen jedenfalls bedeutend gewesen sein.

Entscheidender wohl als der Druck von außen trieben die Reformen in Österreich die Änderungen voran. Ein modernisiertes Staatswesen, wie es Maria Theresia und dann, ungeduldiger, Joseph II. anstrebten, brauchte nicht nur tüchtige, schreibkundige Beamte. Auch das Staatsvolk sollte mit Lesen und Schreiben vertraut sein. Dabei fiel nun dem Buchhandel eine zentrale Rolle zu, neben dem Unterrichtswesen, den Schulen. Der Bericht einer Audienz des Buchhändlers Trattner bei Maria Theresia ist dafür ein Zeugnis. "Unterdessen aber, lieber Trattner, sagen wir Ihm, daß es unser Staatsprincip sey, Bücher hervorbringen zu lassen; es ist fast gar nichts da; es muß viel gedruckt werden; Er muß Nachdrücke unternehmen, bis Originalwerke zu Stande kommen."

Franz Gräffer hat das Gespräch geschildert.[8] Man muß das "Es ist fast gar nichts da" ebenso cum grano salis nehmen wie anderes. Gräffer liebte es, Pointen zu setzen, Fakten durch Fiktion farbiger zu mischen. Dennoch darf man annehmen, daß er (der unter anderem auch Buchhändler war), das Atmosphärische, den Kern der Sache traf.

Wenn auch das Merkantile hereinspielte, so hatte Maria Theresia zugleich ein stark ausgeprägtes pädagogisches und kulturelles Interesse. So rief

---

6 Zur Zeitung- und Zeitschriftenproduktion siehe Franz IVAN , Helmut W. LANG , Heinz PÜRER (Hg.), 200 Jahre Tageszeitung in Österreich, Wien: Österreichische Nationalbibliothek... 1983; Helmut W. LANG, Die Zeitschriften in Österreich zwischen 1740 und 1815, in: Herbert ZEMAN (Hg.), Die österreichische Literatur. Ihr Profil an der Wende vom 18. zum 19. Jahrhundert (1750-1830) Tl. 1. Graz: Akadem. Druck-u. Verlagsanstalt, 1979, S.203-227; Andrea und Wolfram SEIDLER, Das Zeitschriftenwesen im Donauraum zwischen 1740 und 1809. Wien: Böhlau...,1988. (Schriftenreihe der Österreichischen Gesellschaft zur Erforschung des 18. Jahrhunderts 1); für Ungarn Heinrich RÉZ, Deutsche Zeitschriften und Zeitungen in Ungarn. München: Verlag für Hochschulkunde 1935.(Veröffentlichungen des Instituts zur Erforschung des deutschen Volkstums im Süden und Südosten 8); ferner A[dolar].G[uido]. PRZEDAK, Geschichte des deutschen Zeitschriftenwesens in Böhmen. Heidelberg: Winter, 1904, und Christian D'ELVERT, Geschichte des Bücher- und Steindruckes, des Buchhandels, der Bücher-Censur und der periodischen Literatur... Brünn: [Rohrer], 1854, (Beiträge zur Geschichte und Statistik Mährens und Oesterreich-Schlesiens; 1). Die beiden letzteren Werke, materialreich, sind inzwischen teilweise überholt.
Auch die umfangreiche Kalender- und später die Almanach- und Taschenbuchproduktion sollte nicht übersehen werden.

7 Siehe dazu BODI, Tauwetter (Anm.2), S.117ff, und WERNIGG (Anm. 69).

8 In: Kleine Wiener Memoiren, Theil 2. Wien: Beck,1845, S.65, wieder abgedruckt in: Franz GRÄFFER, Kleine Wiener Memoiren und Wiener Dosenstücke, Hg. von Anton SCHLOSSAR unter Mitwirkung von Gustav Gugitz. München: G.Müller, 1922, 2. Bd., S.281. (Denkwürdigkeiten aus Alt-Österreich XIV).

sie 1772 den Verlag der deutschen Schulanstalt in Wien ins Leben (heute Österreichischer Bundesverlag), mit dem Monopol, Schulbücher herzustellen. Gleichartige Verlage folgten bald für die Provinzen: in Laibach, Brünn, Prag, Innsbruck, Graz, in Vorderösterreich und Galizien. Dort wurden Schulbücher auch in der jeweiligen Landessprache gedruckt. Für Joseph II. war der Buchhandel dann ein "bloßes commercium": "Um aber Bücher zu verkauffen, braucht es keine mehrere Kenntnisse, als um Käß zu verkauffen..."[9] Goethe replizierte darauf mit dem Epigramm: "Einem Käsehandel verglich er Euer Geschäfte?/ Wahrlich der Kaiser, man sieht's, war auf dem Leipziger Markt".[10] Mit seiner Maxime ließ Joseph II. dem Buchhandel freien Zustrom und freien Lauf. Die erweiterte Preß-(= Druck-) Freiheit von 1781 tat ein übriges. Den Aufschwung im letzten Drittel des 18. Jahrhunderts spiegelt der österreichische Buchexport wieder: Von 135.000 Taler (1773) steigt er auf 3,260.000 Taler (1792) an.[11] Die Situation entbehrt nicht einer pikanten Note: In diesem Prozeß spielten nämlich Buchhändler aus Deutschland, wie Calve, Doll, Haase oder Wallishausser, die schnell zu Wahl-Österreichern wurden, eine bedeutende Rolle.[12] (Als "Gegengabe" trugen dann später Autoren wie Hofmannsthal, Kafka, Musil, Rilke und Schnitzler zum Ansehen deutscher Verlage ebenso bei wie die aus Österreich-Ungarn kommenden S. Fischer oder Jakob Hegner...). Wie die österreichische Literatur des 18. Jahrhunderts, nahm der Buchhandel, durch Schranken von innen und außen auf Distanz zu den übrigen deutschen Staaten gebracht und in einem multikulturellen Umfeld, hier einen Sonderweg. Dieser Entwicklung besonderes Interesse und Verständnis entgegenzubringen war die zumeist deutsch-deutsch dominierte Buchforschung wenig disponiert.

Daß diese aufregende Epoche des österreichischen Buchhandels, vom Barock bis zur Zeit Leopolds II., lange so wenig Aufmerksamkeit gefunden hat, ist unverständlich. Die zögernde Erforschung des deutschen Buchwesens (von dem Österreich immer ein Teil war), und da wiederum des 18. Jahrhun-

---

9 Zitiert nach A. MAYER, Buchdruckergeschichte (siehe Anm. 41), Bd.2, S 275.

10 Epigramm 286 aus den Gedichten aus dem Nachlaß. Xenien von Goethe und Schiller. In: GOETHE, Johann Wolfgang, dtv-Gesamtausgabe 4, Sämtliche Gedichte Vierter Teil. München: Deutscher Taschenbuch Verlag, 1961, S.138.

11 Nach Oskar SASHEGYI, Zensur und Geistfreiheit unter Joseph II. Beiträge zur Kulturgeschichte der habsburgischen Länder. Budapest: Akadémiai Kiadó, 1958, S.89. (Studia historica Academiae Scientiarum Hungaricae 16).

12 Diese Zuwanderung hält bis ins 19. Jahrhundert an (Braumüller, Fromme, Manz u.a.). Im 18. Jahrhundert war das Einzugsgebiet deutscher Buchhändler nach Wien und in den Westen vornehmlich Bayern, Schwaben, Württemberg und Baden, für Prag und Böhmen Mitteldeutschland. Die Querverbindungen zwischen Deutschland und Österreich (Monath Nürnberg/Wien, Bader Regensburg/Wien z.B.), sowie zu den Kommissionären (Liebeskind, Leipzig u.a.) sind noch kaum untersucht.

derts, ist nur ein Grund. Gravierender waren und sind die Versäumnisse in Österreich selbst.

Spät erst entdeckte die Wissenschaft in Deutschland, was sie als Stiefkind beiseite geschoben hatte: Das Buchwesen (Autor, Buchherstellung und -handel, Bibliothekswesen, Leser). Dabei spielten Druckwerke "als erstes und jahrhundertelang einziges 'Massenmedium'" (Reinhard Wittmann) eine nicht zu übersehende, folgenreiche Rolle - eben für die Wissenschaft, aber auch für alle anderen Bereiche des Lebens und der Kultur. Welch elementare Wirkung Gutenbergs Erfindung den Schriften Luthers und der Reformation verschafft hat, ist bekannt. In Büchern, Pamphleten, Zeitschriften übersprangen die Ideen der Aufklärer die Grenzen ihrer Länder. Den Anteil der Buchgeschichte daran, mit allen Verflechtungen und Implikationen, hat der Leipziger Romanist Werner Krauss eindrucksvoll nachgewiesen.[13] In seinem Beitrag bemerkt Krauss einleitend: "Die Literaturgeschichte hat eine materielle Seite, die einer systematischen Bearbeitung bis heute nicht gewürdigt wurde: die Geschichte der Buchproduktion und der gesamten Organisation des literarischen Lebens. Die Beschäftigung mit diesen Faktoren ist eine unabdingliche Voraussetzung für eine genaue Situierung und für die zutreffende Beurteilung der literarischen Werke." Daß diese Feststellung nicht nur auf literarische Werke, und nicht nur auf die Aufklärung zutrifft, ist klar.

So ist es erstaunlich, daß die Wissenschaften in Deutschland (anders als in England, Frankreich, Amerika) erst seit einiger Zeit bereit sind, das Buchwesen als Gegenstand ernstzunehmender Forschung anzuerkennen. Trotzdem hat es im deutschen Bereich, vor allem seit der 2. Hälfte des 19. Jahrhunderts, einschlägige Forschungen gegeben. Getragen wurden sie vorerst von Bibliothekaren, Buchhändlern und einigen neugierigen Außenseitern. Angeregt vom Verleger Brockhaus gründete der Börsenverein des deutschen Buchhandels 1876 in Leipzig eine Historische Kommission. Sie bemühte sich intensiv, Quellen aufzufinden, zu sichern und das Material zu publizieren. Frucht dieser Arbeit war die großangelegte, materialreiche Darstellung von Kapp/Goldfriedrich.[14] 1935-1937 erschien dann das international angelegte Lexikon von Löffler/Kirchner.[15]

---

13 Werner KRAUSS, Über den Anteil der Buchgeschichte an der literarischen Entfaltung der Aufklärung, zuerst in: Sinn und Form 12/ 1 u.2, 1960, wieder in: Werner KRAUSS, Studien zur deutschen und französischen Aufklärung. Berlin: Rütten & Loening, 1963, S.73-155. (Neue Beiträge zur Literaturwissenschaft 16).

14 Friedrich KAPP, ab Bd.2 Johann GOLDFRIEDRICH, Geschichte des deutschen Buchhandels, 4 Bde. und Register-Bd. Leipzig: Börsenverein, 1886-1923. (Reprint Leipzig: Zentralantiquariat, Aalen: Scientia, 1970).

15 Karl LÖFFLER, Joachim KIRCHNER (Hg.), Lexikon des Buchwesens, 3 Bde. Leipzig: Hiersemann, 1935-37. Der Artikel über den österreichischen Buchhandel (der sich noch dazu auf STIERLE, s. Anm.18, beruft) ist freilich so kurz wie nichtssagend. Nun erscheint das Werk

Mit neuen, fruchtbaren Ansätzen und Fragestellungen ist dieser Bereich nach dem 2. Weltkrieg in den damals beiden deutschen Staaten wiederbelebt, intensiviert und entschieden ausgeweitet worden. Sowohl in Frankfurt am Main (1953) wie in Leipzig wurde von den getrennten Börsenvereinen eine Historische Kommission eingesetzt, beziehungsweise fortgeführt, auch im universitären Bereich die Forschung aufgenommen. Durch die Initiative von Paul Raabe etablierte sich die Herzog August Bibliothek in Wolfenbüttel als ein Zentrum der Buchforschung, mit dem Wolfenbütteler Arbeitskreis für Geschichte des Buchwesens (gegr. 1975).[16] Anders in Österreich, nach Napoleons Dictum "Ces Messieurs de Vienne sont toujours en retard ou d'un idée, d'un année ou d'un armée" (Diese Herren in Wien kommen immer zu spät, um eine Idee, ein Jahr oder eine Armee).[17] Zwar kann sich die Forschung im Bibliothekswesen, wie es die Tradition der ehemals kaiserlichen Hof-Bibliothek und heutigen Österreichischen Nationalbibliothek nahelegt, durchaus mit entsprechenden deutschen Arbeiten messen, auch die Arbeiten zur Handschriften- und Inkunabelkunde, zu Drucken der Frühzeit haben internationalen Rang. Dasselbe wird man Studien zum Kinder- und Jugendbuch, zum Zeitungs- und Zeitschriftenwesen zubilligen. Ein deutliches Defizit und damit ein grosser Abstand zu Deutschland besteht jedoch in den Forschungen zur Geschichte des österreichischen Buchhandels. Den Stand der Erforschung (1984) kennzeichnete Murray G. Hall zurecht als deprimierend.[18]

---

vermehrt und in vollständiger Neubearbeitung: Severin CORSTEN, Günther PFLUG, F.A. SCHMIDT-KÜNSEMÜLLER (Hg.), Lexikon des gesamten Buchwesens, 6 Bde. Stuttgart: Hiersemann, 1987ff.

16 Die Entwicklung ist dokumentiert in Beiträgen zu Werner ARNOLD, Wolfgang DITTRICH und Bernhard ZELLER, Die Erforschung der Buch- und Bibliotheksgeschichte in Deutschland. (Festschrift Paul Raabe). Wiesbaden: Harrassowitz, 1987. - Zwei kostenlose Blätter informieren nun laufend über Buchforschung: Libellus Guelferbytanus, Wolfenbüttel: Herzog August Bibliothek, 1992/ 1ff.(3-4 x j.), und, international, In Octavo, Paris: Maison des sciences de l'homme; Göttingen, Max-Planck-Institut für Geschichte, 1991/1ff.

17 Nach Adam WANDRUSZKA, " 's'ist möglich, daß in Sachsen und beim Rhein / Es Leute gibt, die mehr in Büchern lesen;...", in: Anzeiger des österreichischen Buchhandels 1985/120, 10, S.106.

18 Im Vorwort und im 1. Kapitel des 1.Bandes von Murray G. HALL, Österreichische Verlagsgeschichte 1918-1938. Wien...:Böhlau, 1985. Wie nachlässig einschlägige Studien von den Universitäten abgesegnet wurden, zeigen die Arbeiten von Rauscher, Stierle und Lotschak. Otto RAUSCHER, Joseph Geistinger 1769-1829. Ein Wiener Buchhändler und Verleger. o.O, J.[1942],. wurde 1939 als Habilitationsschrift der Universität Wien akzeptiert. In der Druckfassung sind etliche Versehen, man bekommt nur knappe Hinweise auf Geistingers Zweigfirmen in Triest und Odessa, das Ganze gerade eine Dissertation.. Adolf STIERLE, Der österreichische Buchhandel in der Nachkriegszeit... Wien:Hölder-Pichler-Tempsky, 1928, Diss. der Univ.Innsbruck, bediente sich kräftig bei C. Junker (s. HALL I, S.19), während Johanna LOTSCHAK, Geschichte des österreichischen Buchhandels unter besonderer Berücksichtigung von Wien, Diss. Universität Graz, 1973, unbekümmert von H.LECHNER (Anm.42) abschreiben durfte (Hinweis von Murray G. Hall).

Daran können einzelne herausragende Arbeiten wenig ändern - allen voran die von C. Junker [19] , dann die von A. Durstmüller d.J., Murray G. Hall, H.W. Lang und A. Martino, u.a.. Der Anstoß von Junker, dem es leider nicht vergönnt war, die Geschichte des österreichischen Buchhandels zu schreiben, blieb jahrzehntelang ohne Nachfolge. Die Arbeiten nach dem 2. Weltkrieg, auch eine Zeitschrift wie *Das Antiquariat* (1945 von Walter Krieg begründet, bis 1967 in Wien), sie entsprangen fast alle persönlicher Initiative, entstanden ohne besondere Förderung oder institutionellen Rückhalt. Bis heute konnte sich der Hauptverband des österreichischen Buchhandels nicht durchringen, eine Historische Kommission einzusetzen, die helfen könnte, vielfach verstreutes Material zu registrieren und oft auch zu sichern. An keiner österreichischen Universität gibt es einen Lehrstuhl zur Erforschung des Buchwesens. Immerhin mehren sich jetzt an den Universitäten (z.B. in Wien) einschlägige Vorlesungen und Seminare.

Allerdings ist die Forschungslage für Österreich bis 1918 ungleich schwieriger als für das weithin homogene Sprachgebiet des deutschen Reiches. Neben einem deutsch-österreichischen Buchhandel und seiner Leserschaft gab es in der Habsburger Monarchie noch einen tschechischen, polnischen, ungarischen, kroatischen, serbischen u.a. Buchhandel. Er wurde manchmal auch von deutsch-österreichischen Druckern und Buchhändlern ausgeübt, während z.B. Tschechen wiederum deutsche und lateinische Werke vorlegten. So leiten die bisherigen pauschalen Vergleiche zwischen dem "deutschen" und dem "österreichischen" (gemeint ist der deutsch-österreichische) Buchhandel in die Irre. Nimmt man die Ungewißheiten früher Statistiken in Kauf, so ergibt sich ungefähr folgendes Bild: Einer Bevölkerung in den Staaten Deutschlands, 1816, mit ungefähr 23.500 Millionen, steht 1810 die von Österreich mit 24.500 Millionen gegenüber. Darin war aber der Anteil der Deutsch-Österreicher nur etwas mehr als 1/3 an der Gesamtbevölkerung, etwa 8-9 Millionen. In dieser Relation zu den deutschen Staaten, und damit zum deutschen Buchhandel, müßte die Leistung des deutsch-österreichischen Buchhandels gemessen werden.

Die Produktion eines multikulturellen Staatswesens, katholisch im Gegensatz zum protestantischen Norden, mußte anders sein als die in Deutschland. Es gab die vielberufene bipolare Trennung zwischen Nord und Süd. Viele der österreichischen Titel kamen nicht über die Grenze nach Deutschland, sind dort in den Bibliotheken nicht vorhanden, wurden in den Bibliographien nicht verzeichnet (es gab keine österreichische Bibliographie). So entzogen sie sich der deutschen Buchforschung. Die Unkenntnis über das Aus-

---

19 Über Junkers Tätigkeit und Veröffentlichungen gibt es die Arbeit von Karl MEGNER, Carl Junker (1864-1928). Biographisches und Bibliographisches, als Hausarbeit für den Bibliotheksdienst Wien: Österreichische Nationalbibliothek, 1980, Typoskript. Die Arbeit ist leider und kennzeichnenderweise bis heute ungedruckt.

maß und die Art der Produktion färbte das Bild vom rückständigen Süden, vor allem Österreichs, ein. Er war, wie jüngere Forschungen von Wittmann, Böning u.a. inzwischen belegen, so rückständig nicht.[20] Das in österreichischen Archiven und Bibliotheken vorhandene Material ist bisher freilich nur zu einem kleinen Teil bekannt und aufgearbeitet worden. Viele Vorarbeiten fehlen. Unter diesen Umständen schien es geraten, den Bericht erstmals auf den deutsch-österreichischen Buchhandel einzugrenzen, mit gelegentlichen Hinweisen auf den der anderen Nationalitäten der Monarchie.

In seinem großangelegten Forschungsbericht "Buchhandel" hat Horst Meyer festgestellt: "Die ersten Dezennien des 18. Jahrhunderts sind ohne Zweifel die *terra incognita* der historischen deutschen Buchlandschaft...".[21] Das war 1987. Nur ein Jahr später erschien dann David L. Paiseys Werk[22], in dem zum ersten Mal die Karte dieser Buchlandschaft abgesteckt wurde. In Listenform sind Firmen und Namen, Tätigkeiten, Daten verzeichnet, mit einem Ortsregister und einer knappen Bibliographie. Damit ist endlich eine solide Grundlage für weitere Forschungen gegeben. Für die Habsburger Monarchie sind ein Gutteil der Druckorte verzeichnet, von Bozen, Brixen, Brünn über Hermannstadt, Ofen bis zu Znaim, neben Wien, Graz u.a. Schmerzlich vermißt man Prag in dieser Zusammenstellung, der zweitwichtigsten Druck- und Verlagsstadt nach Wien. Paisey schließt mit dieser Liste, außer an Benzings *Die Buchdrucker des 16. und 17. Jahrhunderts (1963)*, an Helmut W. Langs *Buchdrucker des 15. bis 17. Jahrhunderts in Österreich*[23] an, das in manchem auch noch auf das 18. Jahrhundert vorweist. Ähnliche Bestandsaufnahmen von 1750 an bis ins 19. Jahrhundert fehlen. Sie sind ein dringendes Desiderat.

Fülliger als Paisey, und zugleich limitierter, weil, wie Lang, auf das Gebiet des heutigen Österreich (mit den Ausnahmen Bozen, Brixen, Krain) und den Buchdruck beschränkt, ist der 1. Band von Anton Durstmüller d.J., *500 Jahre Druck in Österreich*[24]. Das Werk bietet ein farbiges Panorama der öster-

---

20 So Reinhard WITTMANN, Buchmarkt im 18. Jahrhundert, in: Buchhandelsgeschichte 1989/3, B 114, in der Besprechung von David L. Paiseys Buch (siehe Anm. 22). Holger BÖNING, Reinhart SIEGERT, Volksaufklärung. Bibliographisches Handbuch zur Popularisierung aufklärerischen Denkens im deutschen Sprachraum von den Anfängen bis 1850. Stuttgart-Bad Cannstadt: Frommann-Holzboog, 1990, Bd.1, S.710.

21 Horst MEYER, Buchhandel, in Werner ARNOLD, Die Erforschung...(siehe Anm.16), S.235. Dieser Forschungsbericht mit insgesamt 75 Seiten und einem eigenen Abschnitt über das 18. Jahrhundert, weist auf zahlreiche Lücken hin und korrigiert an etlichen Stellen überlieferte Auffassungen.

22 David L. PAISEY, Deutsche Buchdrucker, Buchhändler und Verleger 1701-1750. Wiesbaden: Harrassowitz, 1988.

23 Baden-Baden: Koerner, 1972.(Bibliotheca bibliographica Aureliana 42).

24 Der Band, mit dem Untertitel: Die Entwicklungsgeschichte der graphischen Gewerbe von den Anfängen bis zur Gegenwart (obwohl er nur bis 1848 reicht), Hauptverband der graphischen Unternehmungen Österreichs, zeigt nirgends an, daß es sich um den 1. Band eines dreibändi-

reichischen Druckgeschichte von Gutenberg bis 1848, wobei das 18. Jahrhundert in den Abschnitten 3 und 4 abgehandelt wird. Da zu dieser Zeit Drucker, Verleger und Buchhändler - von van Ghelen bis Trattner - meist in Personalunion waren, erhält man einen Überblick über die Verlagstätigkeit solcher Firmen, wobei drucktechnisch oder typographisch besondere Produktionen hervorgehoben werden. Nützlich sind die Diagramme im Anhang, die eine schnelle Übersicht über die Abfolge (und Dichte) der Unternehmen in den einzelnen Orten geben. Da der reine Buchhandel (Sortiment, Buchführer), der Absicht des Buches entsprechend, ausgeklammert ist, bleiben Firmen wie Doll, J.P. Krauss und andere außer Sicht. Manche Angaben und Daten finden sich dafür in den Anhängen der Neuausgaben von Gräffer und Pezzl[25]. Nach wie vor bieten die Übersichten und Artikel bei Gräffer-Czikann wertvolle Hinweise.[26]

Die bibliographisch-biographische Situation. Es gibt keine Bibliographie des Buchwesens in Österreich. Die meiste Literatur von 1840 bis 1980 wird die neue Wolfenbütteler Bibliographie enthalten.[27] In den bislang erschienenen drei Bänden der *WBB* ist bereits relevantes Material verzeichnet, (siehe Besprechung auf S. 131f.). Zwei laufende Bibliographien berichten über die jeweils neuen Titel.[28] Für Wien sind die Einträge unter Buchbinder, Buch-

---

gen Werkes handeln wird. Mehr noch: Das übliche Impressum mit dem Erscheinungsjahr fehlt. So wurde der 1982 erschienene Band in etlichen Bibliotheken (und Bibliographien) als 1981 erschienen verzeichnet. Ein österreichisches Kuriosum.

25 Franz GRÄFFER, Kleine Wiener Memoiren und Wiener Dosenstücke. In Auswahl hg....von Anton Schlossar unter Mitwirkung von Gustav Gugitz. 2 Bde. München: G.Müller, 1918-1922. (Denkwürdigkeiten aus Alt-Österreich XIII/XIV). Johann PEZZL, Skizze von Wien. Ein Kultur- und Sittenbild aus der josefinischen Zeit. Hg. von Gustav Gugitz und Anton Schlossar. Graz: Leykam, 1923.

26 Franz GRÄFFER, Johann Jakob Heinrich CZIKANN, Oesterreichische National-Encyklopädie oder Alphabetische Darlegung der wissenswürdigen Eigenthümlichkeiten des oesterreichischen Kaiserthums..., 6 Bde. mit Supplement im 6.Band. Wien: Beck in Commission, 1835-37. Und Reinhard WITTMANN (Hg.) hat in seiner Reihe Quellen zur Geschichte des Buchwesens, Bd. 5, Der Buchmarkt in der Habsburger Monarchie. München: Kraus 1981, drei zeitgenössische Broschüren von Birkenstock, Gerle und Fetzer (Autorschaft fraglich) wieder zugänglich gemacht.

27 Erdmann WEYRAUCH (Hg.), Wolfenbütteler Bibliographie zur Geschichte des Buchwesens im deutschen Sprachgebiet: 1840-1980. (WBB). 5 Bände und Register-Band. München...: Saur, 1990ff.

28 Im internationalen Rahmen und sehr selektiv die Bibliography of the history of the printed books and libraries. (ABHB). The Hague: Nijhoff, 1973ff, und, im deutschen Kontext, Bibliographie der Buch- und Bibliotheksgeschichte. (BBB). Bad Iburg: Meyer, 1982ff., mit Berichtsbeginn 1981. Die Österreichische historische Bibliographie. Santa Barbara, Calif.: Clio Press, 1967ff., dann auch Salzburg, Graz: W. Neugebauer, liefert jährlich (Berichtszeit ab 1945ff.) Hinweise vor allem auf in Österreich erschienene Forschungsbeiträge unter den Schlagworten Buchdruck, -kunst, -malerei, Buchwesen.

drucker und Buchhandel bei Gugitz einzusehen.[29] Bis zum vollständigen Erscheinen der *WBB* wird man immer wieder die bibliographischen Anhänge bei Durstmüller, Giese, Lang, Winter u.a. zu Rate ziehen müssen. Wegen der verschiedenen Anlage und den unvermeidlichen Doppelnennungen ein mühsames Unterfangen.

Stichproben in biographischen Lexika enden oft mit Fehlanzeige. Auch das nun umfangreichste deutsche biographische Sammelwerk bis zum Ausgang des 19. Jahrhunderts, das *DBA*,[30] (es kumuliert die Artikel von nicht weniger als 264 relevanten Werken, darunter auch die von Wurzbach), hat für österreichische Buchhändler des 18. Jahrhunderts oft keine Nachweise. Einer der vier bedeutenden Buchhändler des theresianisch-josephinischen Wien, Johann Paul Krauss, taucht nirgends auf. Größer sind die Chancen zur Aufnahme nur, wenn Buchhändler auch Beamte, Erzieher, Schriftsteller oder sonst etwas Respektables waren. Es ist paradox: Da verlegen Buchhändler massenweise biographische Werke, in denen ihre eigenen Standesgenossen vernachlässigt werden. Auch in neueren Lexika (zum Beispiel dem *Österreichischen Biographischen Lexikon, ÖBL.*) sieht es nicht besser aus. Die Prager Verleger Diesbach, Gerle und andere sucht man im *Biographischen Lexikon zur Geschichte der böhmischen Länder*[31] vergebens. Für den Raum der heutigen Republik steuert allerdings Durstmüller (s.o.) etliche Daten bei. Wenn es sich um Länder wie Böhmen oder Ungarn handelt, muß man sich auf längere und oft vergebliche Suche einlassen. In vielen Fällen erweist sich der Portheim-Katalog in der Wiener Stadt- und Landesbibliothek[32] für die habsburgische Monarchie des 18. Jahrhunderts als hilfreich, schon wegen der Verweise auf Artikel in Zeitungen und Zeitschriften. Gustav Gugitz hat Einträge aus den Wiener Totenbeschau-Protokollen von 1648-1800 zusammengestellt und damit weitere Namen und Daten erschlossen[33]. Trotzdem sind etliche Daten und Umstände bis jetzt unbekannt und ungeklärt geblieben.

Archive und Bibliotheken. Neben den beiden gesamtdeutschen Buchhandelsarchiven des Börsenvereins des deutschen Buchhandels in Frankfurt a.M. und an der Deutschen Bücherei in Leipzig ist das Archiv des Hauptverbandes der Österreichischen Buchhändler im Bücherhaus zu Wien von zentraler Be-

---

29 [Gustav GUGITZ], Bibliographie zur Geschichte und Stadtkunde von Wien. Nebst Quellen- und Literaturhinweisen. 2. Band. Wien: Touristik-Verlag, 1955.

30 Bernhard FABIAN (Hg.), Deutsches Biographisches Archiv. (DBA). Microfiche-Edition. Bearbeitet unter Leitung von Willi Gorzny. München...:Saur, 1982-1985. 623000 S. auf 1447 Fiches. Dazu Willi GORZNY (Hg.), Deutscher Biographischer Index. Ein Register zum Deutschen Biographischen Archiv. 4 Bde. Ebd.,1986.

31 München, Wien: Oldenbourg, 1979ff, Bd.1ff.

32 Der Portheim-Katalog, mit 450.000 Katalogkarten, ist auch in einer Microfiche-Ausgabe, Wien: Mikroform,[1986/87], 443 Fiches, zugänglich.

33 Gustav GUGITZ, Quellen zur Geschichte des Buchdruckes, Buchhandels und Buchbindens in Wien, in: Das Antiquariat 1959/60, 15, 5/6,S.85-86, 9/10,S.182-84, 11/12,S.227-30.

deutung. Über die Bestände, auch über die Bibliothek hat Karl Pleyer in zwei Artikeln summarisch berichtet.[34] Nach dem Tod von Carl Junker, 1928, dem langjährigen Sekretär des Vereins/Verbandes und Verwalter des Archivs, wurde das Archiv zu oft nur mit der linken Hand "betreut". Nach 1945 gab es mehrere Versuche, es zu organisieren, zuletzt von Dr. Karl Megner. Im Augenblick ist es ohne Archivar, und damit ist das wichtigste Archiv für den österreichischen Buchhandel der Forschung entzogen, ein unhaltbarer Zustand. Wie die Forschungen von Giese, Hall, Winter, von Bodi, Klingenstein, Wangermann, von früheren und späteren bezeugen, sind reiche relevante Materialien zum Buchhandel im Haus-, Hof- und Staatsarchiv, im Allgemeinen Verwaltungsarchiv, sowie in den regionalen und örtlichen Archiven zu finden. Der absolutistische Staat war sich der Macht des gedruckten Wortes nur zu bewußt. So versuchte er immer wieder, es zu nutzen, zu steuern - von Konzessionsgenehmigungen und -verweigerungen bis zur Zensur. All das hat vielfältigen Niederschlag in den bürokratischen Vorgängen gefunden. Durch den Brand des Justizpalastes sind allerdings auch wichtige, den Buchhandel betreffende Akten verlorengegangen.

Neben den Beständen in der Nationalbibliothek und der Wiener Universitätsbibliothek sind vor allem die Sammlungen der Wiener Stadt- und Landesbibliothek hervorzuheben, die zahlreiche Verlags- und Sortimentskataloge aufbewahren.

Gesamtdarstellungen. Eine Geschichte des österreichischen Buchhandels gibt es nicht. Im Rahmen des deutschsprachigen Buchhandels gehen Kapp/Goldfriedrich[35] auch immer auf die Lage des Buchhandels in Österreich ein, für das 18. Jahrhundert im 2. und 3. Band. Während etliche Nachweise noch immer wichtig sind, ist die Darstellung aus heutiger Sicht gutteils veraltet, durch Forschungen und neues Material überholt. In den neueren Geschichten des Buchhandels von Hans Widmann und Reinhard Wittmann[36] figuriert der österreichische, von Figuren wie Trattner abgesehen, meist am Rande. Durstmüller ist bis jetzt am umfassendsten, aber er deckt eben nur den herstellenden Teil des Buchhandels ab. Als erster hat Junker 1926 in einer kleinen Schrift versucht, die Entwicklung des österreichischen Buchhandels zu gliedern, in Epochen einzuteilen.[37] Dazu kommen Überblicke, etwa in den Fest-

---

34 Hundert Jahre Wiener Buchhandelsarchiv, und: Hundert Jahre Bibliothek des Hauptverbandes der Österreichischen Buchhändler, beide in: Anzeiger des österreichischen Buch-, Kunst- und Musikalienhandels 1958/92, 18, S.92-93, und 1962/97, 17, S.95-96.

35 Siehe Anm.14.

36 Hans WIDMANN, Geschichte des Buchhandels. Vom Altertum bis zur Gegenwart. Teil 1: Bis zur Erfindung des Buchdrucks sowie Geschichte des deutschen Buchhandels. Wiesbaden: Harrassowitz, 1975.; WITTMANN siehe Anm.3.

37 Carl JUNKER, Die geschichtliche Entwicklung des Buchhandels in Österreich. Den Teilnehmern an der Buchhändlertagung Wien 1926. Wien: Amalthea, 1926. Wie bei Gräffer beginnt für Junker der eigentliche Buchhandel mit der Regierungszeit Maria Theresias.

und Jubiläumsnummern der österreichischen Buchhandels-Zeitschriften.[38] Oskar Maurus Fontanas wohl als Geschichte des österreichischen Buchhandels intendiertes Werk kommt über einen gutgemeinten Abriß nicht hinaus.[39]

Bei den regionalen Darstellungen steht Wien an der Spitze. Carl Junker zeichnet in knappen Strichen die Entwicklung des Buchhandels nach, mit exakten Daten und Statistiken.[40] Wertvoll ist dort auch der Abdruck von Dokumenten im Anhang. Anton Mayers Werk über den Buchdruck in Wien[41] ist neben der Darstellung bei Durstmüller noch immer nützlich, weil es Dokumente zitiert, deren Standort nachweist und außerdem den gleichzeitigen Buchhandel erwähnt. Harry Lechners solide Studien versuchen unter anderem, durch eine Liste der wichtigsten Titel von einzelnen ausgewählten Verlagen deren Profil herauszuarbeiten.[42] Für die einzelnen Bundesländer verzeichnet Durstmüller das entsprechende Material. Mähren und Österreich-Schlesien hat in Christian d'Elvert einen berufenen Chronisten und eine materialreiche Darstellung gefunden.[43] Dazu kommen jetzt für die öst- und südöstlichen Provinzen monographische Darstellungen und Sammelwerke.[44]

Abgesehen von der Trias Buchdrucker, Verleger, Buchhändler (Sortimenter) gibt es noch die Duos Buchdrucker und Verleger oder Verleger,

---

38 In: Oesterreichisch-ungarische Buchhändler-Correspondenz. Festnummer anlässlich des 50jährigen Bestehens 1860-1910. Wien 1910.; Anzeiger des österreichischen Buchhandels. Jubiläumsnummer 125 Jahre Hauptverband und Anzeiger. Wien 1985/ 120, 10.

39 Oskar Maurus FONTANA, Hundert Jahre Hauptverband der österreichischen Buchhändler im Spiegel der Zeit (1859-1959). Wien: Hauptverband der österreichischen Buchhändler, 1959.

40 Carl JUNKER, Korporation der Wiener Buch-, Kunst- und Musikalienhändler. 1807. 1907. Festschrift zur Feier des hundertjährigen Bestehens der Korporation am 2. Juni 1907. Wien: Deuticke,[1907]. Junker geht dabei auch auf die Vorgeschichte ein.

41 Anton MAYER, Wiens Buchdruckergeschichte 1482-1882, 2 Bände. Wien: In Commission bei Frick, 1883-89.

42 Harry LECHNER, Studien zum Wiener Verlagswesen im 18. und 19. Jahrhundert. Wien: R.Lechner, 1986. Vor dem Namenswechsel des Autors 1951 als Dissertation von Harald Schnattinger, Universität Wien.

43 Siehe Anm.6.

44 Genannt seien hier unter anderem Herbert G. GÖPFERT...(Hg.), Buch- und Verlagswesen im 18. und 19. Jahrhundert. Beiträge zur Geschichte der Kommunikation in Mittel- und Osteuropa. Essen: Hobbing, 1987. (Studien zur Geschichte der Kulturbeziehungen in Mittel- und Osteuropa 4); Wilhelm HAEFS, York-Gothart MIX, Der Musenhort in der Provinz. Literarische Almanache in den Kronländern der österreichischen Monarchie im ausgehenden 18. und beginnenden 19. Jahrhundert, in: Archiv für Geschichte des Buchwesens 1986/27, S.171-194; Wolfgang KESSLER, Buchproduktion und Lektüre in Zivilkroatien und -slawonien zwischen Aufklärung und "Nationaler Wiedergeburt". Ebd., 1976/16, S.339-790; György KÓKAY, Geschichte des Buchhandels in Ungarn. Wiesbaden: Harrassowitz 1990. (Geschichte des Buchhandels 3); in der Reihe Publishing, Bibliographie, Libraries and Archives in Eastern Europe, Wojciech ZALEWSKI (Hg.): Barbara BIENKOWSKA, Halina CHAMERSKA, Books in Poland, Past and Present. Wiesbaden: Harrassowitz 1989, Band 1, und Eliska RYZNAR, Murlin CROUCHER, Books in Czechoslovakia, Past and Present. Ebd. 1989, Band 2. Alle diese Werke haben reiche Literaturnachweise.

Buchhändler (jeweils in einer Person oder Firma), und dann endlich "reine" (d.h. ausschließliche) Verleger und "reine" Buchhändler(Sortimenter). Diese Mixtur läßt sich nicht immer leicht auseinanderhalten. So sind die Titel in manchen Verlags- und Buchhandelskatalogen und -anzeigen verwirrend gemischt und verleiten zu Fehlschlüssen.

Gewöhnlich fließen die Quellen für Verlage reichlicher als die für den vertreibenden Buchhandel, das Sortiment, und dann wiederum für das Antiquariat. Als Sonderform hat jüngst der Leihbuchhandel in Alberto Martinos monumentaler Studie eine Darstellung erfahren,[45] die zum 18. Jahrhundert in Österreich zahlreiches wichtiges Material enthält.

Im Geschwindschritt seien hier die wichtigsten Buchhandels- und Verlagsporträts aufgezählt, sofern sie das 18. Jahrhundert betreffen. An erster Stelle sind hier, wegen ihrer methodischen Sorgfalt und Materialfülle, zwei Monographien zu nennen: von Giese zu Trattner[46] und von Winter zu Wucherer[47]. Ein Sonderfall ist der Bilderverlag Löschenkohl.[48] Weil die Gedenk- und Festschriften von Buchhandelsfirmen und Buchdruckereien unter dem Namen der heutigen Firma erscheinen, sind Details über die Vorgänger oftmals versteckt: so bei Carl Junker, Gerold[49] und Hölder-Pichler-Tempsky[50], zu Kalliwoda, Bößkraut, A. Bernardi und Wappler; bei Castle, Salzer[51] zu Schönwetter und Jahn; zu dem wichtigen Nachdrucker Traßler in Troppau/Brünn unter Rohrer[52]; bei Mikoletzky, Österreichischer Bundesverlag[53]

---

45 Alberto MARTINO, Die deutsche Leihbibliothek. Geschichte einer literarischen Institution 1756-1914. Wiesbaden: Harrassowitz, 1990.

46 Ursula GIESE, Johann Thomas Edler von Trattner. Seine Bedeutung als Buchdrucker, Buchhändler und Herausgeber. In: Archiv für Geschichte des Buchwesens 1961/3, Sp.1014-1454, auch als Sonderdruck.

47 Michael WINTER, Georg Philipp Wucherer (1734-1805), Grosshändler und Verleger. In: Archiv für Geschichte des Buchwesens 1992/ 37, S.1-98, gekürzte Fassung der Wiener Dissertation von 1988.

48 Reingard WITZMANN, Hieronymus Löschenkohl. Bildreporter zwischen Barock und Biedermeier. Wien: Ed. Tusch, 1978.

49 Carl JUNKER, Das Haus Gerold in Wien. 1775-1925. Wien Gerold, 1926.

50 Carl JUNKER, Vom Buchführer zur Aktiengesellschaft. Zweihundert Jahre Wiener Buchhändlergeschichte. Wien: Hölder-Pichler-Tempsky, 1926. Dazu auch Günter TREFFER, Drei Jahrhunderte für Schule und Wissenschaft. Der Verlag Hölder-Pichler-Tempsky und seine Vorgänger. ebd. [1990].

51 Eduard CASTLE, Geschichte einer Wiener Buchdruckerei 1548-1948. Wien: Ueberreuter (M. Salzer), 1948.

52 [Anton ALTRICHTER, Gustav KÜNSTLER], Anderthalb Jahrhunderte Rudolf M. Rohrer 1786-1936. Die Geschichte einer deutschen Drucker- und Verlegerfamilie. Brünn...: Rohrer, 1937.

53 Hanns Leo MIKOLETZKY, Der Österreichische Bundesverlag 1772-1972. Voraussetzungen-Grundlagen-Wirken, in: 200 Jahre Österreichischer Bundesverlag. Wien: Österreichischer Bundesverlag, 1972, S.11-82.

der Schulbücherverlag; bei Walter und Durstmüller, Holzhausen[54], zu Kürner, Kurzböck, A. Schmid; schließlich Artaria[55]. Weitere Belege finden sich in Sammelwerken, wie jüngst in Werner M. Bauers und Herbert Zemans Studien zu B. Ph. Bauer, Degen, Kurzböck und Wallishausser in Zemans *Österreichischer Literatur*[56], oder zu Artaria, Schrämbel, Reilly u.a. bei Dörflinger.[57] Manches ist, ungedruckt, nur in Archiven und Bibliotheken einzusehen, so die Dokumentation der Widmanstetter-Drucke an der Steiermärkischen Landesbibliothek in Graz.

Diese "Porträts" sind unterschiedlich in Länge und Qualität. Giese und Winter zum Beispiel versuchen eine Rekonstruktion der Gesamtproduktion, andere erwähnen nur ein paar herausragende Werke. Gerade darin liegt die crux: Denn das Profil eines Verlages, Umfang und Art seiner Produktion, läßt sich nur aus einer annähernd vollständigen Liste der Verlagsartikel, Auflagen usf. erschließen. Sind Verlagskataloge, Produktionslisten u.ä. nicht erhalten, wie meist für das 18. Jahrhundert, dann wird der Versuch einer Rekonstruktion eine Sisyphusarbeit mit ungewißem Ausgang.

Kataloge des Sortiments, des Ladenbuchhandels, lassen uns wissen, was den Lesern zu einer bestimmten Periode zugänglich war. Dabei spielt auch die Relation vom Buchpreis zum Einkommen eine Rolle - der Adel konnte kostbare und mehr Werke kaufen als der Gelehrte, der Beamte und andere. Zumindest für die unteren Schichten und auf dem Lande war die orale Tradierung noch vorherrschend - aber auch Predigten und Theaterstücke wurden gedruckt. Sie geben ein Bild davon, was den Leuten gesagt und was sie von der Bühne hören und sehen konnten. Das bekannte Zurücktreten der theologischen Literatur und lateinischer Werke, die sich mehr und mehr auf einen fachlich interessierten Kreis beschränkten, und das Aufkommen der Belletristik zur auflagenstarken Produktion kündigt deutlich einen Umschwung und zugleich eine breitere, allgemeine Leserschaft an. Nachweise für das Buchhandelsangebot muß man sich mühsam in Anzeigen wie z.B. im *Wiener Diarium* zusammensuchen. Ein Glücksfall ist es, wenn frühe Kataloge von Buchhandlungen erhalten sind, wie z.B. von Camesina, von Gräffer 1780-81, für

---

54 [Friedrich WALTER, Anton DURSTMÜLLER]. 1578 bis 1984. Chronik einer Wiener Buchdruckerei. Von Leonhart Nassinger bis zu Adolf Holzhausens Nachfolgern. Wien: Holzhausen, 1984.

55 [Friedric SLEZAK, anonym], Geschichte der Firmen Artaria & Compagnie und Freytag-Berndt und Artaria. Ein Rückblick auf 200 Jahre Wiener Privatkartographie 1770-1970. Wien:Freytag-Berndt und Artaria, [1970]. [Günter DÜRIEGL]. Der Verlag Artaria ... Wien: Museen d. Stadt Wien (1981). (Sonderausstellungen des Histor. Museums d. Stadt Wien 72).

56 In: Herbert ZEMAN (Hg.), Die österreichische Literatur - Ihr Profil an der Wende vom 18. zum 19. Jahrhundert (1750-1830). Graz: Akadem. Druck- und Verlagsanstalt, 1979, und Die Österreichische Literatur - Ihr Profil im 19. Jahrhundert. ebd., 1982, jeweils im l. Band.

57 Johannes DÖRFLINGER, Die österreichische Kartographie im 18. und zu Beginn des 19. Jahrhunderts unter besonderer Berücksichtigung der Privatkartographie zwischen 1750 und 1820. 2 Bde. Wien: Verlag der Österreichischen Akademie der Wissenschaften, 1984-1988.

Krauss von 1748-66, Monath u.a. in der Wiener Stadt- und Landesbibliothek, zusätzlich zu den frühen Leihbibliothekskatalogen, wie sie Martino verzeichnet hat. Weitere Aufschlüsse geben Beiträge und Rezensionen in den Zeitschriften, ferner die zahlreichen Kataloge der zeitgenössischen Privatsammlungen.[58]

Schließlich muß man den *Catalogus librorum prohibitorum* [59]gegen den Strich lesen. Schon 1765 hatte Joseph II. ironisch bemerkt, die Zensur hätte nur zur Folge gehabt, daß man in Wien jedes verbotene Buch bekäme. Die Frage nach Umfang und Art der Lektüre im Österreich des 18. Jahrhunderts, zur Mentalitätsgeschichte der verschiedenen Schichten, ist bisher nur vereinzelt aufgeworfen worden.[60] Hinweise darauf geben z.B. Bibliographien wie die von Vera Oravetz,[61] mit der Vielzahl von französischen Titeln und ihrer allmählichen Abnahme nach dem 18. Jahrhundert. Entsprechende Arbeiten für englische, italienische u.a. Titel und deren Rezeption, auch in Übersetzungen, fehlen bislang.

In dem mühsamen Versuch, die Buchlandschaft Österreichs im 18. Jahrhundert aufzuhellen, leisten einige Bibliographien und Kataloge gute Dienste. Zu nennen sind Dünnhaupts große Barockbibliographie,[62] das Werk von Rein-

58 Otto Brunner, in seinem wegweisenden Artikel "Österreichische Adelsbibliotheken des 15. bis 18. Jahrhunderts als geistesgeschichtliche Quelle" hat schon 1949 darauf hingewiesen, wie wichtig eine Analyse des Bestands der Privatbibliotheken für eine Geschichte des geistigen Lebens ist. Der Beitrag erschien zuletzt in Otto BRUNNER, Neue Wege der Verfassungs- und Sozialgeschichte. Zweite, verm. Auflage. Göttingen: Vandenhoeck & Ruprecht, 1968, S.281-93.

59 Die editio nova von 1776 ist mit den drei Supplementen (bis 1780) wieder abgedruckt in Reinhard WITTMANN (Hg.), Quellen zur Geschichte des Buchwesens Band 6, Die Zensur, Band 1. München, 1981. In derselben Reihe finden sich auch Die Zensur, Band 2, der Nachdruck von A.F.v.Geißaus (Geusau) Liste der josephinischen Broschüren von 1782 und die Verbotsliste von J.Petzek der von 1783 bis 1794 in Österreich verbotenen Bücher. Ebd. 1981. - Friedrich Münter aus Kopenhagen, auf Besuch in Wien, berichtet über die Wirkungen der Zensur in einem Brief an seinen Vater aus Preßburg, 1. Okt. 1784: "[...] im Grund hilft die ganze Censur doch zu nichts. Gelesen werden die Schriften doch, u. zirkulieren immer mehr, je schärfer sie verbothen werden, nur der einzige Unterschied ist, daß sie nicht von allen u. jedem gekauft werden dürfen, ob sie gleich unter der Hand stark verkauft werden." Zitiert nach Edith ROSENSTRAUCH-KÖNIGSBERG, Freimaurer, Illuminat, Weltbürger: Friedrich Münters Reisen und Briefe [...]. Berlin: Camen 1984, S. 80. (Studien zur Geschichte der Kulturbeziehungen in Mittel- und Osteuropa 7).

60 Für das 18. Jahrhundert in Österreich vor allem von Leslie BODI (siehe Anm. 2), neuerdings im Zusammenhang mit der Leihbibliothek und in größerem Rahmen von Alberto MARTINO (siehe Anm. 45).

61 Vera ORAVETZ, Les impressions françaises de Vienne (1567-1850). Szeged; [Paris: Presses Univ. de France], 1930, (Études françaises...de l'Univ. de Szeged; 3) und Supplement. Les impressions françaises de Vienne 1521-1850. Vienne: Selbstverlag, 1934.

62 Gerhard DÜNNHAUPT, Bibliographisches Handbuch der Barockliteratur, 3 Bände. Stuttgart: Hiersemann, 1980-81, nun in zweiter, verbesserter und wesentlich erweiterter Auflage: Personalbibliographien zu den Drucken des Barock. 6 Bde. ebd. 1990ff.

hart Meyer[63] und das von Werner Welzig[64], Nebehay/Wagners Bibliographie[65], unter anderen. Sie alle haben Orts- und/oder Verlagsregister. Das Theaterwesen der Zeit, zusammen mit anderen Beständen, ist auch in den Katalogen von Schloßbibliotheken in *Teatralia zámecké knihovny*[66] dokumentiert. Romane sind in einem alten Buchhandelskatalog[67] besser nachgewiesen als in den neuen Bibliographien von Hadley und Weber/Mithal.[68] Für das josephinische Jahrzehnt ist das Verzeichnis von Wernigg[69] unentbehrlich. Ohne Verlegerindex ist die Suche freilich ungemein zeitraubend (wie in einigen anderen Fällen habe ich zumindest für Teile des Werkes ein Register erstellt). Goedekes bekannter *Grundriß zur Geschichte der deutschen Dichtung* gibt nur zuweilen Verlagsangaben. So sieht man sich für Autoren auf die großen Bibliothekskataloge und auf Personalbibliographien verwiesen.

Wie Verlags- und Buchhandelsverzeichnisse führen Antiquariats- und Auktionskataloge in den meisten Bibliotheken ein Schattendasein, wenn sie überhaupt aufgehoben werden. Durch die sorgfältigen Einträge, Annotationen usf. geben sie aber oft ausführlicher Auskunft als Bibliothekskataloge und

---

63 Reinhart MEYER, Bibliographia dramatica et dramaticorum; kommentierte Bibliographie der im ehemaligen deutschen Reichsgebiet gedruckten und gespielten Dramen des 18. Jahrhunderts nebst deren Bearbeitungen und Übersetzungen und ihrer Rezeption bis in die Gegenwart. Abt.1. 3 Bde. Tübingen: Niemeyer, 1986.

64 Werner WELZIG (Hg.), Katalog gedruckter deutschsprachiger Predigtsammlungen. 2 Bde. Wien: Verlag der Österr. Akad. d. Wissenschaften, 1984-1987. (Österr. Akad.d.Wiss., philosoph.-histor. Klasse, Sitzungsberichte Bd.430,484).

65 Ingo NEBEHAY, Robert WAGNER, Bibliographie altösterreichischer Ansichtenwerke aus 5 Jahrhunderten. Die Monarchie in der topographischen Druckgraphik von der Schedel'schen Weltchronik bis zum Aufkommen der Photographie. Graz: Akademische Druck-und Verlagsanstalt, 1981-91, 6 Bde.

66 Jitka ŠIMÁKOVÁ , Eduarda MACHÁCKOVÁ (Hg.), Teatralia zámecké knihovny z Krimic. 2 Tle. Praha: Divatelní ustav, 1970;. dies. (Hg.): Teatralia zámecké knihovny v Ceskem Krumlove. 3 Tle. Ebd., 1976; Pravoslav KNEIDL (Hg.), Jitka ŠIMÁKOVÁ , Eduarda MACHÁCKOVÁ, Anezka BADÚROVÁ, Teatralia zámecké knihovny z Radenína. 3 Tle. Ebd.,Národní muzeum, 1962-69.

67 Geschichts- und Romanen-Litteratur der Deutschen. Zur Kunde der unterhaltenden prosaischen Schriften aus dem Gebiete der Wissenschaften, in einen Verzeichnis von 2866 der vorzüglichsten Schriften mit Preisen, welche in einem Zeitraum von einem halben Jahrhundert erschienen sind. Breslau: Korn, 1798. Unveränderter Neudruck, mit einem Nachwort von Hans-Joachim Koppitz. München: Dokumentation, 1973. Ohne Verlagsregister, daher aufwendige Suche.

68 Michael HADLEY, Romanverzeichnis. Bibliographie der zwischen 1750-1800 erschienenen Erstausgaben. Bern...: Lang, 1977. (Europäische Hochschulschriften, Reihe 1; 166) verzeichnet beim Ort keine Verlage. Ernst WEBER, Christine MITHAL, Deutsche Originalromane zwischen 1680 und 1780. Berlin: E. Schmidt, 1983, enthält keine Nachdrucke und nur wenig Titel von österreichischen Verlagen.

69 Ferdinand WERNIGG, Bibliographie österreichischer Drucke während der "erweiterten Preßfreiheit" (1781-1795). 2 Bde. Wien...: Jugend und Volk, 1973, 1979. (Veröffentlichungen aus der Wiener Stadt- und Landesbibliothek 4,6. Wiener Schriften; Heft 35, 41.)

Bibliographien.[70] So sind die beiden Reihen des Antiquariats Gunnar Kaldewey für das 18. Jahrhundert eine Fundgrube,[71] ebenso wie etliche Listen österreichischer Firmen.[72] Da die Verlage in Wien und an anderen Orten der Monarchie und Republik zahlreiche Viennensia und Austriaca produziert haben, kann man die einschlägigen Kataloge (z.B. der Sammlungen Eckl, Mayer und anderen)[73] mit Erfolg konsultieren.

Leicht könnte die Zahl der genannten Titel ein reges Interesse an Buchforschung in Österreich suggerieren. Auch wenn in den letzten Jahren einiges aufgeholt worden ist, kann davon keine Rede sein. Nur wenige Arbeiten kommen an die Qualität der deutschen Studien heran, wie sie seit Jahren B. Fabian, H.G. Göpfert, H.-J. Koppitz, H. Meyer, P. Raabe, H. Sarkowski, E. Weyrauch, R. Wittmann und andere publizieren. Dagegen sind die Forschungen in Österreich weder so intensiv und systematisch, noch sind sie aufeinander abgestimmt oder von Institutionen gefördert.

Um die Situation zu ändern, bleibt ein Katalog von Aufgaben und Wünschen (die keinesfalls nur das 18. Jahrhundert betreffen). Einiges davon ist vordringlich.

Nachdem nun endlich die Nachlässe von Schriftstellern, Nachlässe in Bibliotheken verzeichnet sind, sollten die historischen Archive von Verlagen und Buchhandlungen registriert und gesichert werden. Den jetzigen Inhabern mögen sie, unter der Last der Papiermassen, ohnehin nur mehr als Makulatur gelten. In solchen Beständen tauchen auch immer wieder Autorenkorrespondenzen auf, die bisher unbekannt geblieben sind.

Auf Spurensuche entdeckt man in Bibliotheken seltene Kataloge von Verlags- und Buchhandelsfirmen, Auktionskataloge, Verlagsanzeigen in Konvoluten, und ähnliches. Nachdem auf eine Bibliographie des Buchwesens in Österreich in absehbarer Zeit kaum zu hoffen ist, sollte wenigstens dieses Ma-

---

70 Auf sie hat u.a. Hans BOHATTA, Die Bedeutung der Antiquariats- und Auktionskataloge für den Bibliographen, in: Archiv für Bibliographie, Buch- und Bibliothekswesen 1929/ 2, S.72-79, hingewiesen, und kürzlich Reinhard WITTMANN, Bücherkataloge des 16. - 18. Jahrhunderts als Quellen der Buchgeschichte. Eine Einführung, in: Wolfenbütteler Schriften zur Geschichte des Buchwesens 1984/ 10, S.7-17.

71 Hehres & Triviales. Bd 1-10. Düsseldorf..o.J., dazu Gunnar A. KALDEWEY, Hehres & Triviales. Register Band 1-10. Düsseldorf, New York, 1980. Danach Kaldewey's Lesekabinett. Bd. 11-16. Hamburg...o.J.-1984, neben anderen deutschen Katalogen.

72 Nur als Beispiele seien erwähnt die Kataloge von Gilhofer in Wien, Viennensia, Liste 116, o.J.; Austriaca I-V, Kataloge 126-129, 134 o.J.[1971-85]; Literatur in Österreich, 3 Tle., Kat.131,136,143, o.J. [1983ff]; von V.A.Heck, Wien, die Listen Österreich, 260 und 266, o.J.[nach 1960].

73 Sammlung Georg Eckl. Versteigerungskatalog XIV-XVII. 4 Tle. Wien: I. Schwarz, 1926-27; Sammlung Dr. Arthur Mayer. Bibliotheca Viennensis. Pars I-VI. Wien: Gilhofer o.J.[1942-44]. (Kat.284, 285, 288, 289-91), und andere.

terial zentral erfaßt und nachgewiesen werden, um es der Forschung leichter zugänglich zu machen.

Auch bedeutende Verlage und Buchhandlungen wie Doll, Gräffer, J.P. Krauss, R.Sammer in Wien, Diesbach und Gerle in Prag und andere haben bislang nur marginales Interesse gefunden. Ihnen wären Studien zu wünschen, wie sie Giese für Trattner oder Winter für Wucherer gemacht haben.

Die *WBB* verzeichnet reichlich Material für die Beziehungen zwischen Autoren und Verlegern in Deutschland. Von einigen Fällen abgesehen (Lenau, Stifter, Rosegger, den Modernen) sind solche Beziehungen für Österreich ein unbestelltes Feld. Das gilt auch für Übersetzer und für ganze Gruppen (Freimaurer, radikale Demokraten u.a.), deren Verbindungen zum Buchhandel nachzuspüren wäre.

Eine historische Leseforschung müßte sich der Vorarbeiten, der Kataloge von zeitgenössischen Privatbibliotheken und ähnlichem annehmen um auszumachen, welche Verbreitung und Wirkung herrschende oder subversive Ideen, Strömungen haben konnten, wann und wo sie dem Wandel unterworfen waren.

Gerade das Österreich des 18. Jahrhunderts, im Übergang vom Barock zur Aufklärung und vielen Einflüssen offen, wäre für solche Untersuchungen ein dankbares Feld. Dabei ist zu hoffen, daß die faszinierende Periode von Maria Theresia bis zu den Jakobinerprozessen nicht das Interesse an der noch viel unbekannteren ersten Hälfte des Jahrhunderts lähmt.

Eine Geschichte des späten 20. Jahrhunderts, welche die Wirkungen von Radio, Fernsehen, Film ignorieren wollte, ist kaum mehr denkbar. Ebenso sollte für das Studium des 18. Jahrhunderts, dem Jahrhundert der "Leserevolution", das "Massenmedium" Buch, und damit der Buchhandel, nicht ausgespart bleiben.

Miscellen

Austriaca des 18. Jahrhunderts in Kalifornien

von

PETER R. FRANK

Die Stanford University Libraries in Stanford, California, nahe San Francisco, gehören zu den großen Forschungsbibliotheken der Welt (1992: an die 6 Millionen Bände). In den umfangreichen deutschsprachigen Beständen nimmt eine Austriaca-Sondersammlung besonderen Rang ein. Sie dokumentiert die Kultur Österreichs im weitesten Sinne, von den Anfängen bis zur jüngsten Gegenwart. Kostbares Herzstück dieser Sammlung sind die Bestände des 18. Jahrhunderts. 1967/68 war es der Bibliothek gelungen, über 4.000 Bände - meist Doubletten aus der berühmten Sammlung Max von Portheims - zu erwerben. Durch jahrelange umfangreiche Zukäufe von Originalausgaben, Reprints und Microformen sowie der relevanten Sekundärliteratur wurde die Sammlung bedeutend vermehrt. Heute besitzt sie die größten geschlossenen Bestände, vor allem an Josephinica, in den USA. Als 1977 die Republik Österreich der USA zum Bicentennial zwei *Chairs for Austrian Studies* zum Geschenk machte, erhielt Stanford (neben Minnesota) den Zuschlag, nicht zuletzt wegen der Austriaca-Sammlung.

Von den Werken Abraham a Santa Claras, der Salzburger Emigranten, der *Constitutio Criminalis Theresiana* und der *Theresiada* von Scheyb bis hin zu den Jakobinerprozessen dokumentieren die Bestände diese wechselvolle Epoche. Die seltenen josephinischen Broschüren sind in langer Reihe vorhanden, angefangen von Schillings *Über die Begräbnisse in Wien*, das die Broschürenflut auslöste. Die Literatur der Zeit ist mit Gedichten, Erzählungen und Romanen, Theaterstücken reich vertreten, z.B. Hubers *Schlendrian*, Richters *Frau Liesl*, Spieß' *Schriften* oder Stephanies d. J. *Schriften*. Kein Mangel ist an historischen Werken, Gesetzessammlungen u,ä., angefangen von Pez *Scriptorum rerum Austriacarum*, *Caroli des Sechsten Neue Satz- und Ordnung* bis zu Kropatscheks Gesetzessammlungen. Die Werkausgaben von Sonnenfels und Trenck sind ebenso vorhanden wie der *Wienerische Musenalmanach* oder Retzers engliche Anthologie. Von Alxinger über Eybl, L. A. Hoffmann, Pezzl bis hin zu Zahlheim gibt es unzählige Werke und Kleinschriften. Ergänzt wird dies durch eine große Sammlung von Periodica, Jahrgänge des *Diariums* und der *Gazette de Vienne*, der *Provincialnachrichten* oder der *Miscellaneen der böhmischen und mährischen Literatur*. Dazu kommen Titel aus anderen Sammlungen, der Salo W. Baron Judaica-Collection oder der Barchas History of Science Collection (z.B. Boscovich *Theoriae Philosophiae Naturalis*) sowie Erstdrucke und Autographen von Haydn und Mozart in der Memorial Library of Music.

Alle Titel sind im Computer-Katalog erfaßt und leicht zugänglich. Zur Ergänzung dienen die reichen Bestände der nahen Universitätsbibliothek von Berkeley. Auskünfte für spezielle Forschungsvorhaben können an Dr. Henry Lowood, Curator of Germanic Collections oder Michael T. Ryan, Special Collections, beide Stanford University Libraries, Stanford, CA 94305, USA, gerichtet werden.

Rezensionen

Waltraud Heindl: *Gehorsame Rebellen: Bürokratie und Beamte in Österreich 1780 bis 1848*. Wien, Köln, Graz (Böhlau) 1990 (= Studien zur Politik und Verwaltung, 36)

Gehorsame Rebellen: schon der Titel ist ein Widerspruch in sich, aber einer, der die Wirklichkeit exakt trifft. W. Heindl will nämlich keine Beschreibung des Statischen der Institution Bürokratie – und auch die fiele sicher widersprüchlich aus –, sondern Entwicklungen bloßlegen, "das Drama der österreichischen Bürokratie" nachzeichnen (S. 16). Sie wählt dafür die Phase von 1780 bis 1848, einen Zeitraum, dem insofern etwas Willkürliches anhaftet, als die vierzig Jahre der Regierung Maria Theresias ausgespart werden, eine äußerst wichtige Etappe für die nach Meinung der Rezensentin engstens mit dem Absolutismus verknüpfte Herausbildung der modernen Bürokratie in der Habsburgermonarchie. Aber jede Periodisierung hat etwas Subjektives, vom Historiker in die Geschichte Hineingetragenes. Doch läßt sich immerhin der Argumentation der Autorin folgen, daß die Entwicklung der Bürokratie unter Joseph II. eine ungeheure Beschleunigung erfuhr und den mit seinem Namen verbundenen Aufbruch mitgetragen hat, während sie später, unter Franz dem II. (I.) erstarrte.

Die Autorin wendet sich im ersten Kapitel des sozialgeschichtlich angelegten Buches Grundfragen der Epoche zu. Indem sie die Stadien der Entwicklung untersucht, wirft sie Probleme auf, die damals von der sich herausbildenden Öffentlichkeit heiß diskutiert wurden und die noch heute Gegenstand historischer Erörterungen sind; wie es denn überhaupt ein Vorzug der Publikation ist, die Analyse geschichtlicher Gegebenheiten mit dem Angebot zur Debatte theoretischer Fragen zu verbinden. Zu Beginn der Schrift sind es im wesentlichen drei: Waren die Beamten dieser Zeit mehr Fürsten- oder mehr Staatsdiener? Gab es so etwas wie eine einheitliche Staatsideologie? Wie weit war die Herausbildung des Rechtsstaates gediehen?

Während Rezensentin mit der Darlegung des zweiten Problems und der von W. Heindl angestellten Beweisführung voll einverstanden ist, bleibt bei den beiden anderen viel offen. Vor allem, was den Widerspruch zwischen Anspruch und Wirklichkeit betrifft, den die Verfasserin, in erster Linie fußend auf den von Joseph Kropatschek herausgegebenen Sammlungen von Gesetzen und Verodnungen[1], an sich herausarbeitet, ohne jedoch genügend deutlich zu machen, daß es sich bei dem Ruf nach dem Staatsdiener um ein Postulat der sich emanzipierenden Bürger handelte, daß, solange der Absolutismus währte und der Beamte an die Weisungen des absolut regierenden Herrschers gebunden blieb, dieser als Diener des Staates zugleich "Diener" des absoluten Herrschers, also des Fürsten war. Den Staat als Abstraktum gibt es eben nicht. In Preußen begann ein tatsächlicher Wandel, eine relative Unabhängigkeit der hohen Beamten erst in der Reformzeit, die in der Habsburgermonarchie aber noch auf sich warten ließ.

Und bei dem Problem des Rechtsstaates bleibt bei allen Einwänden, die die Autorin selbst erhebt, zusätzlich zu fragen, ob allein die Bindung an die Gesetze, die Möglichkeit des Bürgers, sich gegen Entscheidungen der Behörden zu wehren und ein entwickeltes bürokratisches System schon den Rechtsstaat ausmachen? Daß letzteres noch nicht genügt, rechtsstaatliche Entwicklungen zu sichern, beweist W. Heindl zur Genüge. Aber kommt es darüber hinaus nicht auch auf den Charakter der Gesetze an? Müssen dieselben nicht die Rechte des Bürgers gegen den Staat sichern? Fordern nicht gerade Entwicklungen der jüngsten Vergangenheit eine solche Sicht?

Im zweite Kapitel beschäftigt sich die Verfasserin mit der sozialen und, daraus folgernd, der politischen Physiognomie der Beamtenschaft. Eingebettet wird die Untersuchung in die umfassendere Fragestellung nach der "Bürgerlichkeit" des Beamten. Nicht umsonst wählt W. Heindl für dieses Kapitel den Titel *Bürokratie und Verbürgerlichung?* Ausgehend vom Bildungsweg des Beamten, der, so das Resümee der Historikerin, auf den bescheidenen, exekutierenden Befehlsempfänger (S. 126) zielte, fragt sie, ob das "Parkinsonsche Gesetz", die Vermehrung dieser Schicht, auch in Österreich wirkte, welchem sozialen Stand die Beamten angehörten (die soziale Herkunft läßt sich aufgrund der Quellen nicht feststellen), um sich dann dem Problem der Besoldung zuzuwenden, die erstaunlicherweise im Verlaufe von hundert Jahren trotz steigender Lebenshaltungskosten faktisch gleich blieb. Das Ergebnis war eine wachsende Unzufriedenheit mit der eigenen Situation, die eine relativ starke Beteiligung der Beamten an der Revolution von 1848 zur Folge hatte.

Die Untersuchung erfolgt mit Akribie, unter Ausschöpfung der oft nicht gerade reichlich fließenden Quellen und mit einem auffallenden Hang zur Differenzierung historischer Tatbestände. W. Heindl liebt keine "einfachen Wahrheiten". Daß sie dabei manchmal Fragen aufwirft, die sie nicht oder nur teilweise beantworten kann, sollte man als Anregung für die weitere Forschung nehmen. Diese Bemerkung gilt nicht für das Problem der Zugehörigkeit des größeren Teiles der Beamtenschaft zum Bildungsbürgertum. Anknüp-

---

1 Vgl. die genauen Angaben im Literaturverzeichnis der renzensierten Publikation, S. 353.

fend an die in Deutschland geführte Diskussion[2] und die Auseinandersetzung vor allem mit Hansjoachim Henning[3] plädiert W. Heindl m. E. zu Recht für deren Zuordnung zu letzterem, indem sie im Gegensatz zu Henning, der das Kriterium der Parteigesinnung ins Spiel bringt, auf die sozialen Lebensbedingungen verweist. Wenn man den Begriff "Bürgertum" schon benutzt, dann sollten in der Tat die Lebensbedingungen im umfassendsten Sinne ein, allerdings nicht das ausschließliche Wesensmerkmal der Begriffsbestimmung bilden.

Das dritte Kapitel, das sich mit dem Alltag im Amt und im Privatleben befaßt – von der Verfasserin als Versuch einer Soziographie bezeichnet – bildet, was die Konkretheit der Beschreibung, die Lesbarkeit, aber auch die Analyse des Stoffes betrifft, einen Höhepunkt des Buches. Schon daß ein besonderer Abschnitt dem Alltag im Amt gewidmet ist, verdient hervorgehoben zu werden, da bisherige "Alltagsgeschichten" doch mehr auf das Private konzentriert waren. Zwar geht es der Autorin nicht um den Inhalt der Beamtentätigkeit – das wäre ein ganz anderes Thema –, aber um den Ablauf des Lebens im Amt, der Herausbildung moderner Normen und bestimmter Tugenden wie Pünktlichkeit, Verschwiegenheit, Fleiß, Moralität, Bescheidenheit, die man mit gewissen Einschränkungen wohl als bürgerlich bezeichnen kann.

Zieht man Vergleiche mit anderen bürgerlichen Gruppen, beispielsweise mit der Großkaufmannschaft oder den Eigentümern großgewerblicher Betriebe[4], kommt man zu dem Schluß, daß sich bei ihnen ähnliche Eigenschaften, aber auch Unterschiede feststellen lassen. Es war die Spezifik des Berufs auch der im kommerziellen oder gewerblichen Sektor Tätigen, die Pünktlichkeit, Fleiß, Verschwiegenheit, Ehrlichkeit, weniger aber Bescheidenheit oder Religiosität förderten. W. Heindl kommt auf S. 236 zu einem anderen Ergebnis. Ich möchte es zumindest infragestellen und auf künftige Forschungen verweisen, ohne damit das Vorhandensein eines spezifischen Beamtenethos zu negieren.

Die Beschreibung des Alltags im Privatleben ist – soweit die Quellen das erlauben – umfassend. Die Autorin beschäftigt sich mit der ersten und zweiten Gesellschaft (wobei sie faktisch aus letzterer Teile des Wirtschaftsbürgertums ausschließt, was m. E. nicht richtig ist), mit dem Heiratsverhalten, Wohnen und Essen, der Salonkultur, dem Vereinsleben, den kulturellen Bedürfnissen

---

2 Die von W. Heindl gemachten Angaben über die Diskussion sind durch die inzwischen erschienenen Bände von Bürgertum im 19. Jahrhundert. Deutschland im europäischen Vergleich. Hg. von Jürgen KOCKA unter Mitarbeit von Ute FREVERT, Bd. 1-3, München 1988, zu ergänzen.

3 Vgl. Hansjoachim HENNING, Das westdeutsche Bürgertum in der Epoche der Hochindustrialisierung. I: Das Bildungsbürgertum in den preußischen Westprovinzen, Wiesbaden 1972 (= Historische Forschungen, 6).

4 Rezensentin arbeitet zur Zeit an einem Buch, das sich mit einem Teil des Wirtschaftsbürgertums in Wien von 1763-1815 befaßt.

und der Besonderheit österreichischer Geschichte, den "Staatscommedianten", also den beamteten Dichtern.

Einige der von der Verfasserin erzielten Ergebnisse wird man, wenn Vergleichsmöglichkeiten mit anderen bürgerlichen Schichten existieren oder andere Quellen erschlossen wurden, noch einmal überprüfen müssen, beispielsweise das Heiratsverhalten. Natürlich ehelichten Beamte hauptsächlich wieder Töchter von Beamten oder Offizieren (S. 246). Doch erst Analysen von Massenquellen, wie sie Helga Schultz für Berlin benutzt hat[5], können Aufschluß über Abweichungen geben, die es auch in Wien gegeben hat. Andererseits scheinen die Unterschiede in der Lebensweise zwischen dem Anfang und dem Ende des Untersuchungszeitraums nicht so gravierend gewesen zu sein, wie die Autorin sie beschreibt. Für die Schlußfolgerung, daß die Nachahmung adligen Lebens, die es natürlich gab, auch in Kaufmannskreisen, von traditionellen Beamtenfamilien als das Passende empfunden wurde, ist die Quellenbasis zu schmal. Auch die Salonkultur unterschied sich zu Beginn des neuen Säculums (man vergleiche den Salon der Fanny Arnsteiner) kaum von der Jahrhundertmitte.

All diese Einwände zielen im Grunde auf den Forschungsstand. Sie sind nur als Anregungen gedacht, über die von der Autorin aufgeworfenen Fragen weiter nachzudenken und vergleichende Untersuchungen anzustellen.

Die Schrift endet mit einem Kapitel, das W. Heindl mit *Anstatt einer Historiographie* überschreibt. Indem sie hier die Literatur über die Bürokratie nicht nur unter historischen Gesichtspunkten aufarbeitet, hätte es – etwas ausgeweitet – gut und gerne als selbständige Publikation dienen können.

Alles in allem ein sehr anregendes Buch, das der inzwischen europaweit geführten Diskussion über das Bürgertum und die bürgerliche Gesellschaft wertvolle Impulse gibt.

Ingrid Mittenzwei (Berlin)

Johannes Wimmer: *Gesundheit, Krankheit und Tod im Zeitalter der Aufklärung. Fallstudien aus den habsburgischen Erbländern*, Wien, Köln, Graz (Böhlau) 1991 (= Veröffentlichungen der Kommission für Neuere Geschichte Österreichs, 80)

Blättert man regelmäßig die Kataloge der neuerschienenen Fachpublikationen durch, so verzweifelt man häufig an der Eintönigkeit und Irrelevanz der ausgewählten Themen. Es ist daher besonders zu begrüßen, wenn ein junger Gra-

5 Helag SCHULTZ, Berlin 1650-1800. Sozialgeschichte einer Residenz, Berlin 1987. Die 2. überarb. Aufl. wurde vom Akademieverlag Berlin für 1992 angekündigt.

zer Historiker sein Erstlingswerk einem zu Unrecht wenig beachteten Gebiet gewidmet hat. Die Auseinandersetzung mit der Gesundheit, der Krankheit und dem Tod im ausgehenden 18. Jahrhundert ermöglicht eine nuancierte Beurteilung des langen und unerbittlichen Kampfes zwischen den im religiösen Bewußtsein wurzelnden Traditionen und dem zur "Gesamtstaatsideologie" erhobenen Nützlichkeitsprinzip der Aufklärung. In der Einleitung seines Buches weist Wimmer auf das allmähliche Verschwinden abergläubischer Bräuche zugunsten einer "Rationalisierung von Gesundheit und Krankheit" hin. Allerdings gibt sich der Autor keinen Täuschungen hin, was das Fortbestehen irrationaler Mechanismen und Verdrängungen bis in unsere Zeit anbelangt.

Die vorliegende Arbeit ist in drei Teile gegliedert. Der erste Teil befaßt sich mit der Gesundheit im allgemeinen und der Politik des aufgeklärten Wiener Hofes sowie der Grazer Lokalbehörden unter der Regierung Maria Theresias und Josephs II. Der Verfasser bemüht sich, die untersuchten Prozesse als Entwicklungen einer europäischen Geschichte darzustellen. Besonders hervorzuheben sind in diesem Zusammenhang die interessanten – leider etwas zu kurz geratenen – Vergleiche zwischen der Zahl und der Verteilung der Heilkundigen in der Steiermark, Frankreich und den Österreichischen Niederlanden.

In einem Reisetagebuch eines Franzosen, Damien de Gomicourt, aus dem Jahre 1782, *Le voyageur dans les Pays-Bas autrichiens ou lettres sur l'état actuel de ces pays*, Bd. 1, bin ich zufällig auf Passagen gestoßen, die in unmittelbarem Zusammenhang zu den Ausführungen von Wimmer stehen. Es wird dort auf die Mängel der niederländischen Medizin hingewiesen. Gomicourt wundert sich auch darüber, daß nur wenige Abhandlungen der neugegründeten Akademie der Wissenschaften in Brüssel sich an heikle Fragen der Medizin heranwagen. Wimmer glaubt nicht an einen Sieg der landesfürstlichen Gesundheitspolitik gegnüber der ständischen. Diese These wird durch das Heranziehen eines umfangreichen Aktenmaterials und detailierter Statistiken sachkundig belegt.

Der zweite Teil befaßt sich mit den Verwaltungsmaßnahmen zur Bekämpfung der Krankheiten und Epidemien. Anhand von guten Beispielen, unter anderem durch das Zitieren eines kostbaren Dokumentes, der Aufzeichnung eines steirischen Arztes aus dem Jahre 1787, wird dies veranschaulicht. In diesem Teil stellt Wimmer ebenfalls flüchtige Vergleiche mit Frankreich und den belgischen Provinzen auf. Die Demographie und das damit verbundene Ernährungsproblem werden prägnant skizziert. Die Wirksamkeit der damals entwickelten und zur Verfügung stehenden Methoden der organisierten Seuchenbekämpfung sowie der Krankheitsprävention erwiesen sich trotz aller Bemühungen aller aufgeklärten Ärzte und Beamten als sehr beschränkt !

Das Beispiel der Versuche zur Einführung der Blatterninokulation in der Steiermark zeigt deutlich, wie langsam die Fortschritte erzielt werden konnten.

Der epidemiemedizinische Einsatz hatte, laut Wimmer, weitreichende soziale Konsequenzen, indem er die landesfürstliche Behörde erstmals mit dem Elend der untersteirischen Bauernschaft konfrontierte. Auch dürften vermutlich die Reisen Josephs II. durch die verschiedenen Provinzen seines Reiches den Blick des Kaisers auf das soziale Elend geschärft und zur Beschleunigung seiner Reformen geführt haben.

Der dritte und letzte Teil des vorliegenden Buches ist dem Wandel der Einstellung zum Tod gewidmet. Dabei unternimmt Wimmer den Versuch, sich der Mentalitätsgeschichte zuzuwenden. Allerdings betont er in seiner Einleitung eine gewisse Skepsis gegenüber der von ihm als eine "intellektuelle Modeströmung" empfundenen privilegierten Methode der französischen Geschichtsschreibung, sowie seinen Willen, den "heimischen Traditionen treu bleiben" zu wollen, was aber nur für die Qualität seiner Grazer Lehrer spricht.

In diesem Kapitel, das ich für das fesselndste des gesamten Buches halte, treten sogar die ersten Ansätze zu einer "Umweltpolitik" zum Vorschein. In seiner pointierten Beschreibung der leidenschaftlichen Debatte um die von Joseph II. neu eingeführte Begräbnisordnung, beweist Wimmer, daß er nicht bloß gewissenhaft zu sammeln, sondern auch kritisch zu relativieren und zu urteilen vermag.

Obwohl man die Verdienste des Autors, sich vor einem wichtigen und schwierigen Unterfangen nicht gescheut und diese Aufgabe mit großer Sorgfalt erfüllt zu haben, nicht leugnen darf, so kann man doch nicht umhin, zwei Faktoren zu bedauern. Erstens die Tatsache daß "die einzelnen Abschnitte dieser Studie nichts anderes als nach thematischen Schwerpunkten geordnete fragmentarische Beispiele historischer Erscheinungen, Entwicklungen und Tendenzen, die sich schwer zu einer knappen Synthese zusammenfassen lassen" zu haben – so Wimmer in seiner Einleitung – sind. Diese Konzeptlosigkeit beeinträchtigt etwas das Lesen und führt zu Unausgewogenheiten und unnötigen Wiederholungen. Zweitens hätte das Buch an Attraktivität gewonnen, wenn der Verfasser dem Stil ebensoviel Aufmerksamkeit wie der historischen Forschungsarbeit gewidmet hätte. Durch diese Mängel an Lebendigkeit in der Darstellung droht dieser an sich wertvollen Arbeit eine schlechte Verbreitung und ein geringes Echo.

Dies ist weniger dem Verfasser anzulasten als vielmehr einer im deutschsprachigen Raum vorherrschenden Unsitte, wissenschaftliche Präzision auf Kosten literarischer Qualität überzubetonen. Man müßte sich daher mehr die Vorzüge der angelsächsischen Tradition aneignen.

Trotz dieser bei einem Erstlingswerk nachsehbaren Schwächen ist dem Autor zu wünschen, daß dieses innovative Werk nicht nur beim Fachpublikum Anerkennung gewinnt.

Christiane Adriaensen (Wien)

***Wolfenbütteler Bibliographie zur Geschichte des Buchwesens im deutschen Sprachgebiet: 1840-1980* (WBB). Bearbeitet von Erdmann Weyrauch. Herzog August Bibliothek, Wolfenbüttel. Bd. 1-3 [von geplanten 6] München u.a. (Saur) 1990-92**

"Bibliographien sind Forschungsberichte ohne Noten" (Paul Raabe im Geleitwort). Wo sie fehlen, ist Forschung gehemmnt, zurückgeworfen. Schlimmer noch: Eine nur partielle Kenntnis, ein Vertrauen auf das, was gerade zur Hand ist, fördert einseitige und oft geradezu falsche Ergebnisse.

Eine umfassende Bibliographie des deutschsprachigen Buchwesens (das österreichische einschließend) war seit langem ein Desiderat. Bisher sah man sich, neben vielen Spezialwerken, vor allem auf zwei Bibliothekskataloge verwiesen: Den Bibliothekskatalog des Börsenvereins (3 Bde., 1885-1902, und somit veraltet) und den Catalogus der Bibliothek te Amsterdam (6 Bde., 1920-49)

Ein Werk wie die WBB war also überfällig. Nicht nur für den Buchhandel selbst, sondern auch durch das endlich erwachte Interesse von vielen Historikern, Soziologen u.a. am Buchwesen. Sie entdeckten nun "das Buch als erstes und jahrhundertelang einziges 'Massenmedium', als Vermittlungsfaktor fast allen geistigen Schaffens [...]" (R. Wittmann). Für die Überlieferung, Rezeption, Imagologie und anderes ist die Kenntnis von Herstellung und Verbreitung des Druckwerkes ein nicht zu übersehender Faktor.

Die WBB gliedert sich in 7 Hauptgruppen: O. Allgemeines (Buch, Bibliographie, Buchgeschichte etc.), 1. Autor (Autor, Verleger, Übersetzer u.ä.), 2. Bucherstellung (Papier, Schrift, Druck, Satz u.a.), 3. Buchgattungen, 4. und 5. Vermittlung des Buches: Verlag, Buchhandel, Bibliotheken und 6. Leser. Die bisher erschienenen 3 Bände verzeichnen die Titel 0-3. Das Material ist systematisch angeordnet, womöglich nach Ländern, Religionen, Orten, nach Epochen und dann nach Firmen, Personen u.a. aufgefächert. Der Abschnitt Buchdruck im 18. Jhdt. weist von den österreichischen Druckern Literatur zu Degen, Kurzböck, Leykam, Rohrer, Trattner, Wallishausser u.a. nach.

Über zehn Jahre hat eine Arbeitsgruppe in Wolfenbüttel, mit Zulieferern, an diesem Projekt gearbeitet, ein Unternehmen, das eigentlich eine "mission impossible", ein unmögliches Unterfangen ist. Nicht nur ist die Literatur sintflutartig gewachsen, vieles davon ist auch an abseitiger, versteckter Stelle erschienen: In regionalen Zeitschriften, Festgaben, in limitierten Publikationen außerhalb des Buchhandels. Damit nicht genug: Viele Titel umspannen mehrere Jahrhunderte mit wechselnden, oft namhaften Besitzern, oder sie behandeln Druck, Verlag und anderes gleichzeitig. Wo sie einordnen, wenn man zwei-, drei- oder fünffache Nennungen vermeiden will? Vielleicht wären Verweise hilfreich gewesen. Ein Beispiel: Unter den Druckern sucht man Traßler (Troppau und Brünn) vergebens, einen neben Trattner bedeutenden Drucker und Nachdrucker. 20 Seiten über ihn sind in *Anderthalb Jahrhunderte Rudolf M. Rohrer* versteckt, das unter Nr. 27.166 nachgewiesen ist ... Drucker wie Alberti oder Kaliwoda tauchen ebensowenig auf wie bei den Autoren Grillparzer, Raimund und Nestroy. Nicht nur für das 18. Jhdt. erweist sich das bisherige Interesse der österreichischen Forschung am Buchwesen, gelinde gesagt, zurückhaltend. Abgesehen von Fehlendem weist die WBB nachdrücklich auf solche Leerstellen hin.

Eben wegen des schwierigen Materials, das begründete Zuordnung oft an mehreren Plätzen möglich macht, ist die WBB im Augenblick mit bereits 46.668 Nachweisen schwer benützbar zeigt – manchmal fördert erst langes Suchen einen Titel aus der Masse zutage. Ein temporäres Register (wie es Hiersemann nach den ersten Bänden des Dahlmann-Waitz angefertigt hat), ein Paar EDV-Ausdrucke zur Benutzung in den Bibliotheken in Berlin, Bern/Zürich, Frankfurt, Leipzig, Wien würden helfen, die Durststrecke bis zum Erscheinen des Registerbandes durchzuhalten.

Dem Herausgeber und seinen Mitarbeitern kann man nicht genug Dank sagen, daß sie sich an diese irrsinnige Kärnerarbeit gewagt haben, von deren Ergebnis noch Generationen zehren werden. Und Dank muß auch dem Verlag gebühren, der ein so schwieriges Werk präsentabel und zügig herausbringt.

Peter R. Frank (Heidelberg)

Mitglieder der Österreichischen Gesellschaft zur Erforschung des 18. Jahrhunderts

INSTITUT FÜR MUSIKWISSENSCHAFT, Universität Graz, Mozartgasse 3, A-8010 Graz, Österreich

INSTITUT FÜR KUNSTGESCHICHTE, Universität Salzburg, Residenzplatz 9, A-5010 Salzburg, Österreich

Dr. Christine ADRIAENSSEN, Teschnergasse 31/1, A-1180 Wien, Österreich

Univ.Prof., Dr. Jacob ALLERHAND, Elisabethstraße 15, A-1010 Wien, Österreich

DDr. Gerhard AMMERER, Institut für Geschichte, Universität Salzburg, Rudolfskai 42, A-5020 Salzburg, Österreich

Univ.Doz., Dr. Theophil ANTONICEK, Blechturmgasse 33/55, A-1050 Wien, Österreich

Dr. Johann APFELTHALER, Markt 258, A-5431 Kuchl, Österreich

Univ.Doz., Dr. Franz BALTZAREK, Ullmannstraße 61, A-1150 Wien, Österreich

Dr. Gerda BARTH-MA 9, Wiener Stadt- und, Rathaus Landesbibliothek Wien, A-1082 Wien, Österreich

Univ.Prof., DDr. Peter BARTON, Dresdner Straße 48/7/9, A-1200 Wien, Österreich

Dr. Wilhelm BAUM, Leidenweg 40, A-9020 Klagenfurt, Österreich

Univ. Prof., Dr. Derek BEALES, Sidney Sussex College, GB-CB2 3HU Cambridge, Großbritannien

Dr. Christian BENEDIK, AlbertinA-Augustinerstraße 1, A-1010 Wien

Univ.Prof., Dr. Michael BENEDIKT, Institut für Philosophie, Universität Wien, Universitätsstraße 7, A-1010 Wien, Österreich

Univ. Prof., Dr. Dan BERINDEI-Str. Deparateanu 8, R-78146 Bukarest, Rumänien

Bruno BERNARD, rue d'En Haut, 15, B-7864 Deux-Acren, Belgien

Dr. Eduard BEUTNER, Institut für Germanistik, Universität Salzburg, Akademiestraße 20, A-5020 Salzburg, Österreich

Dr. Otto BIBA-Josefstädter Straße 29/17, A-1080 Wien, Österreich

Univ.Prof., Dr. Kurt BLAUKOPF, MEDIACULT, Metternichgasse 12, A-1030 Wien, Österreich

Univ.Prof., Dr. Leslie BODI-Department of German, Monash University, AUS-3168 Clayton/VictoriA-Australien

Univ.Prof., Mag. Dr. Wilhelm BRAUNEDER, Institut für Österr. und, Deutsche Rechtsgeschichte/Universität Wien, Schottenbastei 10-16, A-1010 Wien, Österreich

Jean-Daniel CANDAUX, 24, Bourg-de-Four, CH-1204 Genève, Schweiz

Univ. Prof., Dr. Carlo CAPRA-Corso Garibaldi 71, I-29121 Milano, Italien

Mag. Dr. Georg CAVALLAR, Argentinierstraße 16/3/30, A-1040 Wien, Österreich

Univ.Prof, Dr. Marco CERRUTI-Corso Montecullo 127, I-10141 Torino, Italien

Univ.Prof., Dr. Gerhard CROLL, Alberto-Susat-Straße 3/9, A-5026 Salzburg, Österreich

Univ.Prof., Dr. Moritz CSÁKY, Bräunerstraße 10, A-1010 Wien, Österreich

Oberrat, Dr. Eva-Marie CSÁKY, Bräunerstraße 10, A-1010 Wien, Österreich

Univ.Doz., Dr. Johannes DÖRFLINGER, Wittgensteinstraße 65/2/1, A-1230 Wien, Österreich

Dr. Anna-Maria DRABEK, Starkfriedgasse 16/1, A-1190 Wien, Österreich

Dr. Wolfgang DUCHKOWITSCH-Pramergasse 8/2/7, A-1090 Wien, Österreich

Univ. Prof., Dr. Alexander DUTU, Str. AriesululI-6, R-78144 BucarestI-Rumänien

Dr. Robert O. DE CLERCQ, Kaiserstraße 76/1/16, A-1070 Wien, Österreich

Kulturrat, Georges ENGLEBERT, Operngasse 20 b, A-1040 Wien, Österreich

Univ. Prof., R.J.W. EVANS, Brasenose College Oxford, Oxford, Großbritannien

Univ. Prof., Dr. Jean FERRARI-2, Boulevard Garnod, F-21000 Dijon, Frankreich

Dr. Petr FIDLER, Institut für Kunstgeschichte, Universität Innsbruck, Innrain 52, A-6020 Innsbruck, Österreich

Dr. Ilsebill FLIEDEL-BARTA-Schredtgasse 14, A-3400 Klosterneuburg, Österreich

Dr. Peter R. FRANK, Friedensstraße 48, D-6900 Heidelberg, BRD

Univ. Prof., Dr. István FRIED, Akácfa u. 30, H-1072 Budapest VII., Ungarn

Dr. Thomas FRÖSCHL, Institut für Geschichte, Universität Wien, Dr. Karl Lueger-Ring 1, A-1010 Wien, Österreich

Dr. Ingrid FUCHS, Amalienstraße 75/135, A-1130 Wien, Österreich

Univ.Prof., Dr. Elisabeth GARMS-CORNIDES, Istituto Storico presso l'Istituto, Austriaco di Cultur, Viale Bruno BuozzI, I-00187 Rom, Italien

Dr. Andreas GOTTSMANN, An der Niederhaid 35, A-1140 Wien, Österreich

Univ. Prof., Dr. Gernot GRUBER, Robert Stolz-Straße 12, D-8011 Vaterstetten/München, BRD

Mag. Reinhard L. HAGELKRYS, Untere Augartenstraße 31, A-1020 Wien, Österreich

Univ.Doz., Dr. Hilde HAIDER-PREGLER, Institut für Theaterwissenschaften, Universität Wien, Hofburg/Battyány-Stiege, A-1010 Wien, Österreich

Oberrat, Dr. Géza HAJÓS, Dannebergplatz 8/9, A-1030 Wien, Österreich

Univ. Prof., Dr. Christian HANNICK, Lehrstuhl f. Slavische Philologie, Universität Trier, Postfach 3825, D-5500 Trier, BRD

Univ.Prof., Dr. Horst HASELSTEINER, Dapontegasse 13/12, A-1030 Wien, Österreich

Dr. Waltraud HAUK, Wildbretmarkt 1/11, A-1010 Wien, Österreich

Oberarchivrat, Dr. Georg HEILINGSETZER, Leharstraße 1, A-4020 Linz, Österreich

Univ.Doz., Dr. Waltraud HEINDL, Wiedner Hauptstraße 39/II/12, A-1040 Wien, Österreich

Univ.Doz., Dr. Harald HEPPNER, Institut für Geschichte, Abt. Südosteuropäische Geschichte, Universität Graz, Mozartgasse 3, A-8010 Graz, Österreich

Univ.Prof., Dr. Gunnar HERING, Dornbacher Straße 25/3/1, A-1170 Wien, Österreich

Dr. Olga Hering-KatsiardI-Chrysostomou Smyrnis 6, GR-176 71 Kallithea Athen, Griechenland

Dr. Robert HERRMANN, Institut für Publizistik, Universität Wien, Schopenhauerstraße , A-1010 Wien, Österreich

Univ. Prof., Dr. Peter HERSCHE, CH-3510 Ursellen, Schweiz

Univ.Doz., Dr. Klaus HEYDEMANN, Sieveringerstraße 203/II/1, A-1190 Wien, Österreich

Mag. Elisabeth HILSCHER, Siebenbrunnengasse 2/17, A-1050 Wien, Österreich

Univ.Prof., Dr. Hans HINTERHÄUSER, Peter Jordan-Straße 145/1, A-1180 Wien, Österreich

Univ.Prof., Dr. Herbert HOFMEISTER, Institut für Österr. und, Deutsche Rechtsgeschichte/Universität Wien, Schottenbastei 10-16, A-1010 Wien, Österreich

Clemens HÖSLINGER, Jägerstraße 25, A-1200 Wien, Österreich

Mag. Regina KALTENBRUNNER, Weiserstraße 14, A-5020 Salzburg, Österreich

Univ.Doz., Dr. Karl KASER, Institut für Geschichte, Abt. Südosteuropäische Geschichte, Mozartgasse 3, A-8010 Graz, Österreich

Univ.Prof., Dr. Radoslav KATICIC, Reisnerstraße 22, A-1030 Wien, Österreich

Dr. Wolfgang KESSLER, Martin-Opitz-Bibliothek, Berliner Platz 11, Kulturzentrum, D-4690 Herne 1, Deutschland

Dr. Barbara KIENZL, Weidmanngasse 8/19, A-1170 Wien, Österreich

Privatdozent, Dr. Harm KLUETING, Linckenstraße 64, D-4400 Münster, BRD

Dr. C. KNOTIK, Institut für Musikgeschichte, Hochschule für Musik Wien, Schubertring 14, A-1010 Wien, Österreich

Univ.Prof., Dr. Gernot KOCHER, Institut für europäische und, vergleichende Rechtsgeschichte, Universitätsplatz 3/I, A-8010 Graz, Österreich

Univ.Prof., Dr. Zoran KONSTANTINOVIC, Reithenauerstraße 18, A-6020 Innsbruck, Österreich

Univ.Doz., Dr. Elisabeth KOVÁCS, Richthausenstraße 5-9/II/7-8, A-1170 Wien, Österreich

Ilona KOVÁCS, Miklós u. 7V 28, H-Budapest III, Ungarn

Dr. György KÓKAY, Karolina út 51, H-1113 Budapest, Ungarn

Dr. Hildegard KREMERS, Schmiedgasse 21, A-8010 Graz, Österreich

Dr. Wynfried KRIEGLEDER, Institut für Germanistik, Universitätsstraße 7, A-1010 Wien, Österreich

Dr. Herbert KRÜCKEL, Am Mühlweg 10/2, A-3371 Neumarkt a.d.Ybbs, Österreich

Prof., Dr. J.P. LAVANDIER, Artigues près Bordeaux, F-33370 Tresses, Frankreich

Univ.Doz., Dr. Elmar LECHNER, Institut für Unterrichtswissenschaft, Universität für Bildungswissenschaften Klagenfurt, Universitätsstraße 65-67, A-9010 Klagenfurt, Österreich

Herbert LEDERER, Röntgengasse 8, A-2232 Deutsch Wagram, Österreich

Univ.Prof., Dr. Peter LEISCHING, Institut für Kirchenrecht, Universität Innsbruck, Innrain 52, A-6020 Innsbruck, Österreich

Mag. Gerda LETTNER, Kanitzgasse 13-19/5/9, A-1238 Wien, Österreich

Univ. Prof., Dr. Miriam J. LEVY, College of Basic Studies, University of Hartfort, Hartford, Connecticut 06117-0395, USA

Mag. Dr. Peter LEWISCH-Johann Strauß-Gasse 20/11, A-1040 Wien, Österreich

Dr. Dolf LINDNER, Doktorberg 23/1, A-2391 Kaltenleutgeben, Österreich

Univ. Prof., Dr. Edith M. LINK, 1120 Park Avenue, N.Y., 10128 New York, USA

Univ.Doz., Dr. Wilfried LIPP, Rainerstraße 11, A-4020 Linz, Österreich

Univ.Prof., Dr. Hellmut LORENZ, Freie Universität Berlin, Kunsthistorisches Institut, Morgensterngasse 2-3, D-1000 Berlin 45, BRD

Dr. Karlheinz MACK, Endemanngasse 6-18/2/1/7, A-1230 Wien, Österreich

Oberrat, Dr. Rüdiger MALLI-Institut für Geschichte, Abt. Süd-Ost Europäische Geschichte, Mozartgasse 3, A-8010 Graz, Österreich

Univ.Prof., Dr. Alberto MARTINO, Institut für Vergleichende Literaturwissenschaft, Universität Wien, Berggasse 11/5, A-1090 Wien, Österreich

Univ.Doz., Dr. Brigitte MAZOHL-WALLNIG, Alter Markt 5, A-5020 Salzburg, Österreich

Univ.Prof., Dr. Dejan MEDAKOVIC, Proletarskih brigada 15/II, Beograd, Jugoslawien

Univ.Prof., Dr. Michael METZELTIN, Institut für Romanistik, Universität Wien, Universitätsstraße 7, A-1090 Wien, Österreich

Prof., Dr. Günter MIETH-Kommandant Trifanov Straße 35, D-7022 Leipzig, Deutschland

Oberarchivrat, Dr. Lorenz MIKOLETZKY, Friedrichstraße 2/23, A-1010 Wien, Österreich

Dr. Monika MITTENDORFER, St. Julien-Straße 2/811, A-5020 Salzburg, Österreich

Dr. Johanna MONSCHEIN, Blaasstraße 6, A-1190 Wien, Österreich

Dr. Irene MONTJOYE-UHLENHUTH-Ziehrerplatz 4-5, A-1030 Wien, Österreich

Dr. Gerda MRAZ, Marktplatz 5, A-2454 Trautmannsdorf, Österreich

Michael NAGY, Mölker Bastei 8/II, A-1010 Wien, Österreich

Dr. Wolfgang NEUGEBAUER, Prinzregentenstraße 53, D-1000 Berlin 31, BRD

Univ.Doz., Dr. Monika NEUGEBAUER-WÖLK, Prinzregentenstraße 53, D-1000 Berlin 31, BRD

Univ.Prof., Dr. Werner OGRIS, Mariahilfer Straße 71/III/21, A-1060 Wien, Österreich

Univ.Doz., Dr. Sneschka PANOVA, Ul. "Peter Tonev" B.160, Bx.4, Ap.89, - Sofia 1618, Bulgarien

Univ.Prof., Dr. Walter PASS, Beingasse 43/29, A-1150 Wien, Österreich

Ministerialrat i.R., Dr. Herbert PAULHART, Kaiserallee 23a/34, A-2100 Korneuburg, Österreich

Dr. Aron PETNEKI-Elöpatak u. 1/V/5, H-1118 Budapest, Ungarn

Univ.Prof., Dr. Max D. PEYFUSS, Institut für Ost- und Südosteuropaforschung, Universität Wien, Liebiggasse 5, A-1010 Wien, Österreich

Dr. Franz PICHORNER, Franz Josefs-Kai 21/35, A-1010 Wien, Österreich

Univ.Prof., Dr. Richard PRAZAK, Trybova 1, 60200 Brno, CSFR

Dr. Roswitha PREIß, Kaserngasse 8, A-5020 Salzburg/Riedenburg, Österreich

Univ.Prof., Dr. Volker PRESS, Historisches Seminar, Abt.f.Neuere Geschichte, Universität Tübingen, Wilhelmstraße 36, D-7400 Tübingen 1, BRD

Dr. Sonja PUNTSCHER-RIEKMANN, Schleifmühlgasse 15/14, A-1040 Wien, Österreich

Univ.Prof., Dr. Helmut REINALTER, Institut für Geschichte, Universität Innsbruck, Innrain 52, A-6020 Innsbruck, Österreich

Dr. Gustav REINGRABNER, Bergstraße 16, A-7000 Eisenstadt, Österreich

Dr. Hubert REITTERER, Hagengasse 6/9, A-1150 Wien, Österreich

Dr. Luisa RICALDONE, Reisnerstraße 59/10, A-1030 Wien, Österreich

Dr. Eva RING, University of Economics, Department of Economic History, Dimitrov tér 8, H-Budapest, Ungarn

Dr. Edith ROSENSTRAUCH-KÖNIGSBERG, Dominikanerbastei 4/7, A-1010 Wien, Österreich

Dr. Hazel E. ROSENSTRAUCH-Wollzeile 33, A-1010 Wien, Österreich

Dr. Karl SABLIK, Stockerauer Straße 33, A-2104 Spillern, Österreich

Mag. Thorsten SADOWSKY, Kegelhofstraße 79, D-2000 Hamburg 20, Germany

Univ.Prof., Dr. Roman SANDGRUBER, Institut für Sozial- und Wirtschaftsgeschichte, Universität Linz, TNF-Turm, 6.Stock, A-4040 Linz-Auhof, Österreich

Maria SARGENT, Heinestraße 14/11, A-1020 Wien, Österreich

Dr. Ingeborg SCHEMPER-SPARHOLZ, Bastiengasse 107/2/4, A-1180 Wien, Österreich

Dr. Erwin A. SCHMIDL, Gersthoferstraße 144/3/22, A-1180 Wien, Österreich

Dr. Elisabeth SCHMUTTERMEIER, Österreichisches Museum für angewandte Kunst, Stubenring 5, A-1010 Wien, Österreich

Dr. Sylvia SCHUSTER, Wallnerstraße 4/3/23, A-1010 Wien, Österreich

Univ.Doz., Dr. Karl SCHWARZ, Benjowskigasse 30/6, A-1220 Wien, Österreich

Dr. Andrea SEIDLER, Rudolf-Bärenhartgasse 11/1, A-1170 Wien

Dr. Wolfram SEIDLER, Rudolf-Bärenhartgasse 11/1, A-1170 Wien

Univ.Doz., Dr. Herbert SEIFERT, Leesdorfer Hauptstraße 73, A-2500 Baden, Österreich

Dr. Eva STADLER, Cottagegasse 80, A-1190 Wien, Österreich

Dr. Gottfried STANGLER, Staudgasse 42/4, A-1180 Wien, Österreich

Dr. Maria STASSINOPOULOU, Institut für Byzantinistik, und Neogräzistik, Postgasse 7, A-1010 Wien, Österreich

Dr. Harald STEINDL, Hockegasse 61, A-1180 Wien, Österreich

Mag. Friederike STERN, Bäuerlegasse 17/9, A-1200 Wien, Österreich

Mag. Walter STETTNER, Messenhausergasse 13/22, A-1030 Wien, Österreich

Marion STRATIMIROVICH-Praterstraße 66, A-1020 Wien, Österreich

Dr. István György TÓTH-Magyar Tudományos AkadémiA-Történettudom. Intézete, Postfiók 9, H-1250 Budapest, Ungarn

Dr. Gábor TÜSKÉS, Téglavetö köz 6, H-1105 Budapest, Ungarn

Wilgert te LINDERT, Kinderspitalgasse 2/21, A-1090 Wien, Österreich

Dr. Peter URBANITSCH-Schellhammergasse 7/Stiege 1, A-1170 Wien, Österreich

Prof., Dr. Hans URBANSKI-Fichtegasse 2A, A-1010 Wien, Österreich

Univ.Prof., Dr. György Mihály VAJDA-Szánto Béla u. 3, H-1145 Budapest, Ungarn

Dr. Nikolaus VIELMETTI-Rotenturmstraße 19, A-1010 Wien, Österreich

Univ.Doz., Dr. Karl VOCELKA-Lederergasse 33/12, A-1080 Wien, Österreich

Prof., Dr.Josef WALLNIG, Alter Markt 5, A-5020 Salzburg, Österreich

Univ.Prof., Dr. Grete WALTER-KLINGENSTEIN, Schmiedgasse 31, A-8010 Graz, Österreich

Univ.Prof., Dr. Adam WANDRUSZKA-Am Hof 13, A-1010 Wien, Österreich

Univ.Prof., Dr. Ernst Wangermann, Institut für Geschichte, Universität Salzburg, Mirabellplatz 1, A-5020 Salzburg, Österreich

Helmut WATZLAWICK, 22, chemin de l'Esplanade, CH-1214 Vernier, Schweiz

Dr. Karl WEINBERGER, Messeplatz 1/17/3, A-1070 Wien, Österreich

Univ.Doz, Dr. Michael WEINZIERL, Josefstädter Straße 29/25, A-1080 Wien, Österreich

Mag. Hubert WEITENSFELDER, Reinprechtsdorferstraße 40/26, A-1050 Wien, Österreich

Univ.Prof., Dr. Othmar WESSELY, Währingerstraße 55, A-1090 Wien, Österreich

Dr. Michael WINTER, Goldschlagstraße 29/19, A-1150 Wien, Österreich

M.Charles WIRZ, Institute et Musée Voltaire, 25, rue des Délices, CH-1203 Genève, Schweiz

Mag. Renate ZEDINGER, Wilhelminenstraße 182, A-1160 Wien, Österreich

Die Autoren:

Peter R. FRANK: Friedensstraße 48, D-6900 Heidelberg, BRD

Christian GLANZ: Hochschule für Musik und Darstellende Kunst, Abteilung Musikpädagogik, Schubertring 14, A-1010 Wien, Österreich

Michael HOCHEDLINGER: Wipplingerstraße 12, A-1010 Wien, Österreich

Brigitte MAZOHL-WALLNIG: Alter Markt 5, A-5020 Salzburg, Österreich

Sneška PANOVA: Ul. "Peter Tonev" B.160, Bx.4, Ap.89, - Sofia 1618, Bulgarien

Maria STASSINOPOULOU: Institut für Byzantinistik, und Neogräzistik, Postgasse 7, A-1010 Wien, Österreich

Renate ZEDINGER: Wilhelminenstraße 182, A-1160 Wien, Österreich

Schriften der Österreichischen Gesellschaft zur Erforschung des 18. Jahrhunderts

Als *Beihefte* zum Jahrbuch der Österreichischen Gesellschaft zur Erforschung des 18. Jahrhunderts sind erschienen:

Band 1: Vaterlandsliebe und Gesamtstaatsidee im österreichischen 18. Jahrhundert. Hg. von Moritz CSÁKY und Reinhard HAGELKRYS. Wien, VWGÖ 1989

Band 2: Etatisation et Bureaucratie. Staatswerdung und Bürokratie. Hg. von Moritz CSÁKY und Andrea LANZER. Wien, VWGÖ 1990

In der *Schriftenreihe* der Österreichischen Gesellschaft zur Erforschung des 18. Jahrhunderts, die von Moritz CSÁKY herausgegeben wird, sind bisher erschienen:

Band 1: Andrea SEIDLER / Wolfram SEIDLER, Das Zeitschriftenwesen im Donauraum zwischen 1740 und 1809. Kommentierte Bibliographie der deutsch- und ungarischsprachigen Zeitschriften in Wien, Preßburg und Pest-Buda. Wien, Böhlau 1988.

Band 2: Georg CAVALLAR, Pax Kantiana. Systematisch-historische Untersuchung des Entwurfs "Zum ewigen Frieden" (1795) von Immanuel Kant. Wien, Böhlau 1992